Christa Hasselhorst

Der Park der Villa Hügel

Fotos von Peter Gwiazda

Kleine Reihe Villa Hügel
herausgegeben von der
Alfried Krupp von Bohlen
und Halbach-Stiftung

Christa Hasselhorst

Der Park der Villa Hügel

Fotos von Peter Gwiazda

Kleine Reihe Villa Hügel
herausgegeben von der
Alfried Krupp von Bohlen
und Halbach-Stiftung

Deutscher
Kunstverlag

Abbildungsnachweis:

Alex Muchnik, S. 8, 40/41, 126/127
Historisches Archiv Krupp, S. 16, 18, 20, 21, 22, 24/25, 26, 27, 30/31, 32/33 (Fotograf: Hermann Rückwardt), 34, 39, 52/53, 66/67, 67 links unten, 68, 69, 74, 75, 82/83, 84/85, 86 unten, 87, 89, 93, 94, 95, 96, 99, 109, 110, 111, 112, 114, 115 oben, 116, 118 (Fotograf: Hermann Rückwardt), 123, 125 oben
Josef Darchinger, Bonn, S. 185
Fabien Holzer, Essen, S. 182
Schuchrat Kurbanov, Essen, S. 106/107

Alle übrigen Fotos: Peter Gwiazda

Dendrologische Beratung zu Seite 144 bis 165: Berthold Leendertz, Krefeld

Gestaltung und Layout:
Hans Neudecker, Leutkirch
&form Design Studio (Überarbeitung 2024)

Druck und Bindung:
Lanarepro, Lana (Südtirol)

Bibliografische Information der Deutschen Nationalbibliothek
Die Deutsche Nationalbibliothek verzeichnet diese Publikation in der Deutschen Nationalbibliografie; detaillierte bibliografische Daten sind im Internet über http://dnb.dnb.de abrufbar.

3., aktualisierte Auflage

Deutscher Kunstverlag.
Ein Verlag der Walter de Gruyter GmbH
ISBN 978-3-422-80300-8

Fragen zur allgemeinen Produktsicherheit
productsafety@degruyterbrill.com

Öffnungszeiten
der Villa Hügel
und des Parks:
www.villahuegel.de

Inhalt

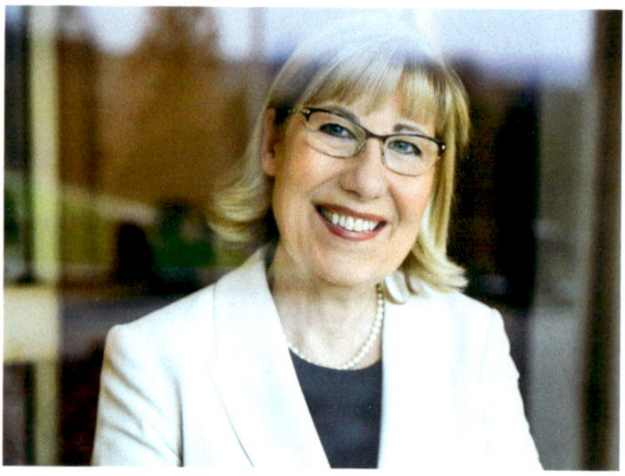

Mit seiner besonderen Atmosphäre, der Ruhe und seiner großzügigen Anlage hinterlässt der Park der Villa Hügel wohl bei fast allen Besucherinnen und Besuchern einen nachhaltigen Eindruck. Er weckt Interesse für die Kunst der Gartengestaltung und macht neugierig – neugierig auf Entstehung und Entwicklung der Parkanlage, auf das Alltagsleben früherer Generationen im Park, neugierig auch auf die exotischen und heimischen Gehölze und sehenswerten Pflanzen, die der Park in unseren Tagen zu bieten hat.

Der Hügelpark ist ein Teil des großen Gesamtkomplexes »Hügel«, in dessen Zentrum die Villa Hügel steht und zu dem auch das Historische Archiv Krupp gehört. Eigentümerin ist die Alfried Krupp von Bohlen und Halbach-Stiftung. Sie möchte die reiche und vielfältige Geschichte des Hügels nicht nur den Besuchern vor Ort, sondern auch einer breiteren Öffentlichkeit nahebringen und gibt zu diesem Zweck die Schriftenreihe »Kleine Reihe Villa Hügel« heraus. Zum Auftakt erschien 2002 der Band «Die Villa Hügel – Unternehmerwohnsitz im Wandel der Zeit«, gefolgt von »Historisches Archiv Krupp«.

Im vorliegenden dritten Band der Reihe wird der Hügelpark vorgestellt. Geschichten aus Vergangenheit und Gegenwart des Parks werden hier erstmals und nach gründlicher Archivrecherche erzählt, anschaulich dargestellt und reich illustriert. »Im Hause Krupp« schließlich ist der Titel des vierten Bandes, der detail- und anekdotenreich über das Alltagsleben im »Kosmos Villa Hügel« berichtet – und zwar aus der Perspektive der Mitarbeitenden und Bediensteten des Hauses.

Jedes Jahr kommen mehr als 100.000 Besucherinnen und Besucher in den Hügelpark und erleben bei ihren Spaziergängen durch die Natur immer wieder aufs Neue die Besonderheiten dieses Ortes. Dieses ganz unmittelbare, individuelle Erleben kann kein Buch ersetzen, wohl aber mit Geschichten und Fakten bereichern.

Prof. Dr. Dr. h. c. Ursula Gather
Vorsitzende des Kuratoriums
der Alfried Krupp von Bohlen
und Halbach-Stiftung

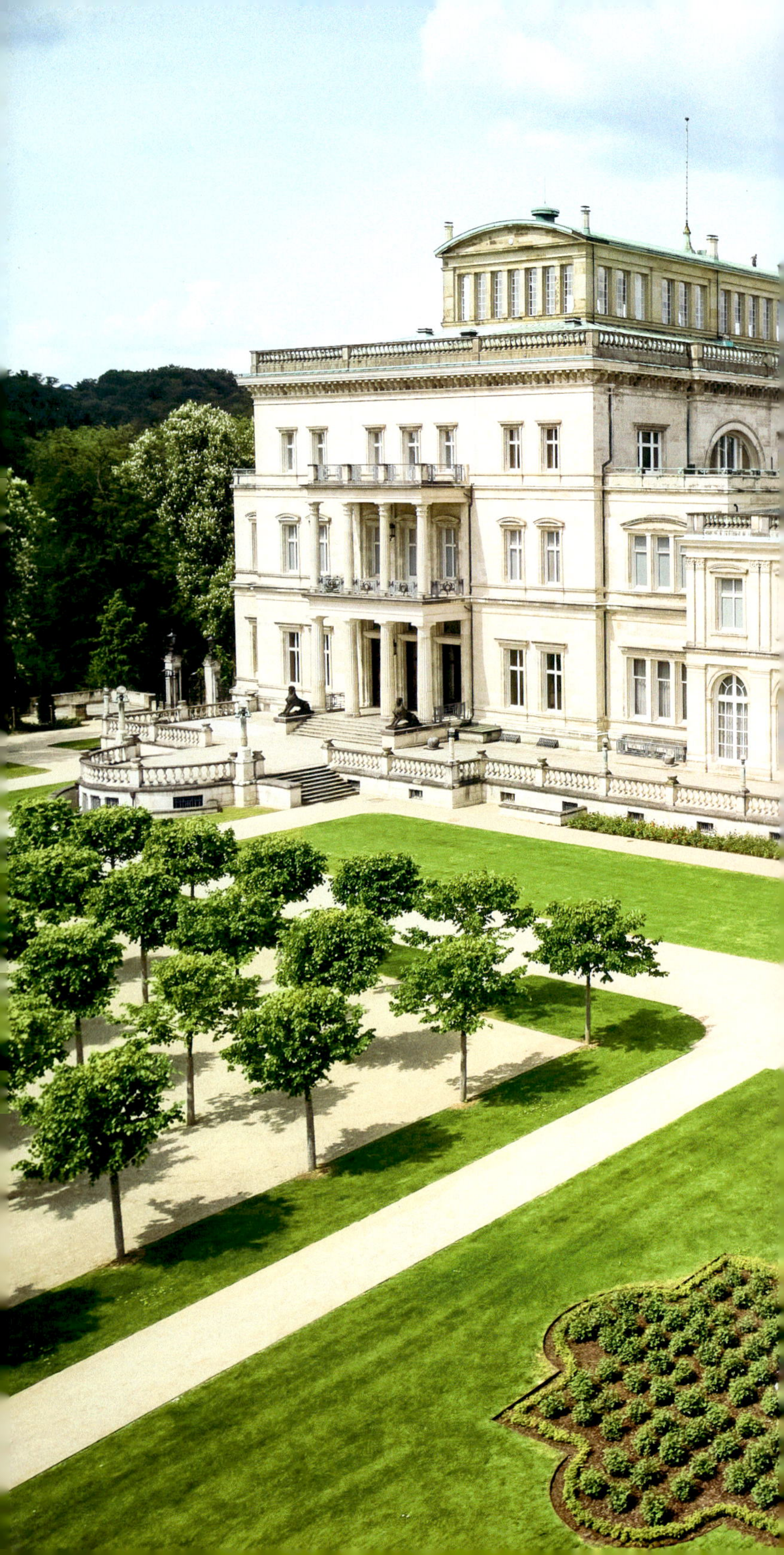

Kurze Geschichte des Hügelparks

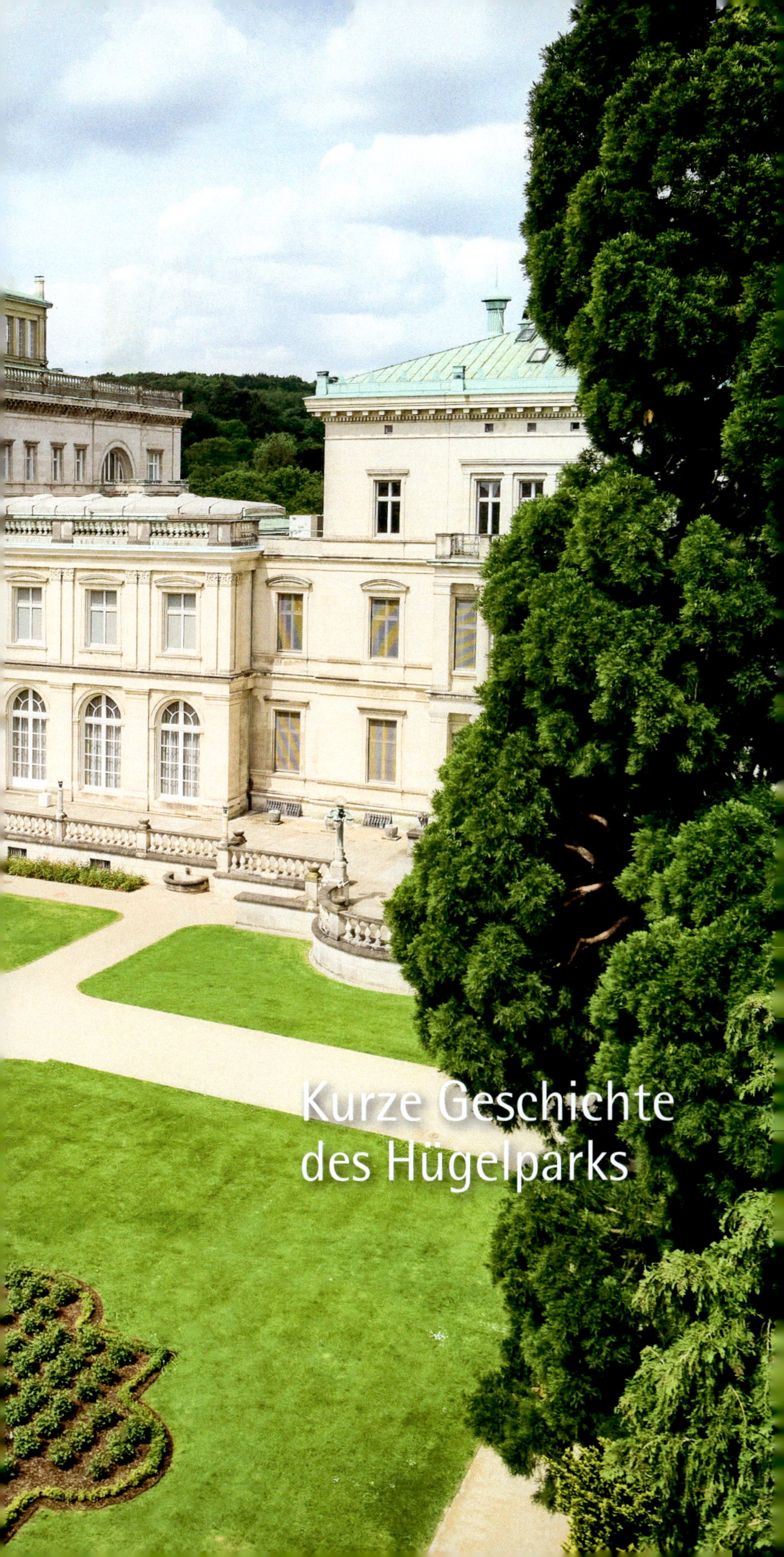

Einleitung

Blick in die Rhododendron-Schlucht mit ihren meterhohen Wällen aus Blüten und Blättern

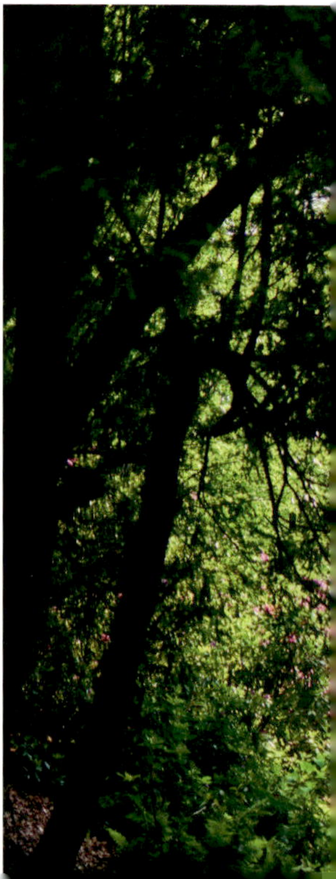

Wer Ende Mai durch die Rhododendron-Schlucht des Hügelparks wandert, fühlt sich in eine englische Grafschaft versetzt. Beschirmt von mächtigen Buchen bilden die Rhododendren blühende Wälle, meterhohe Sträucher mit knorrig verzweigten Ästen. Es sind bizarre Kunstwerke, über 140 Jahre alt und nicht minder üppig und hoch als im Südosten Südenglands, wo die aus Asien importierte Schönheit sonst am prachtvollsten in ganz Europa gedeiht. »Goddam, ich bin in England«, rief einst Ende des 18. Jahrhunderts ein Brite staunend aus, als er im Wörlitzer Gartenreich den ersten englischen Landschaftspark auf dem Kontinent bewunderte.

Ähnlich ergeht es heute Besuchern in der wildromantischen Rhododendron-Schlucht, die zu den ältesten und seit ihrer Entstehungszeit ab 1873 fast unverändert gebliebenen Bereichen des Hügels gehört. Doch lässt der Park der Villa Hügel insgesamt keineswegs von Beginn an erkennen, was später aus ihm werden wird. Dies zeigt seine Geschichte und dies zeigen die Geschichten, die man von ihm erzählen kann.

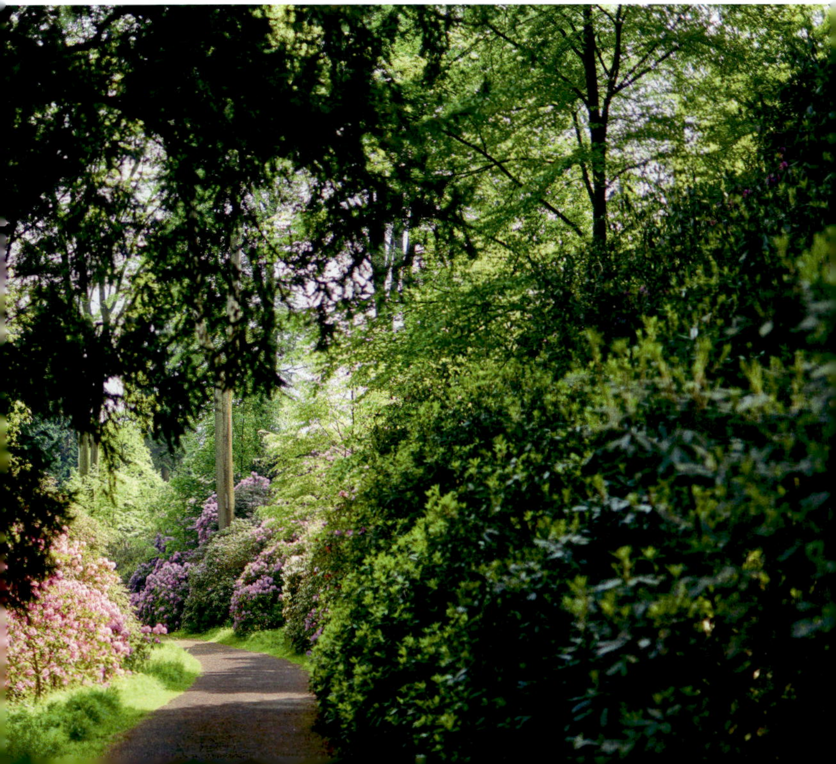

Luftaufnahme des
Hügelparks von Norden

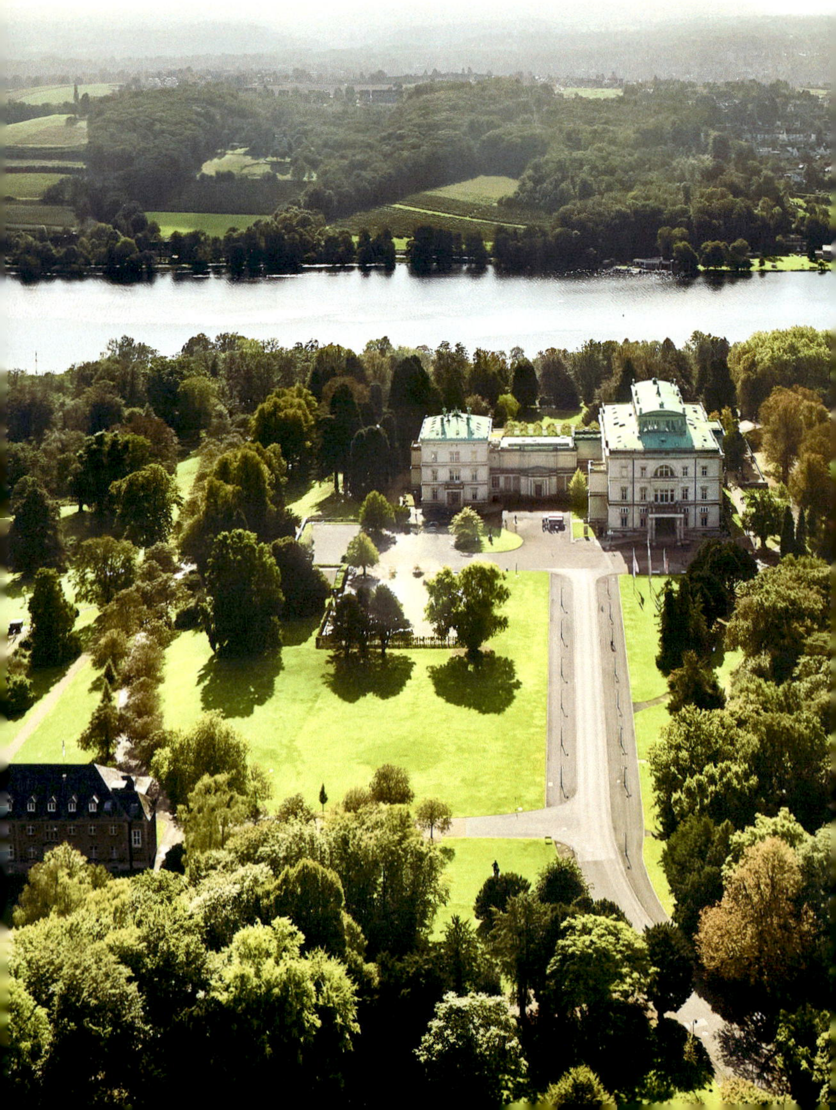

Die Villa Hügel ist ein einzigartiges Vermächtnis eines der größten deutschen Industriepioniere im 19. Jahrhundert. Villa und Park, Architektur und Landschaft fügen sich zu einer harmonischen Einheit. Denn der Park ist weit mehr als nur ein grünes Anhängsel der berühmten Villa. Er war von Beginn an ein wesentlicher Bestandteil des Hügels, auch wenn seine Funktion, seine Gestaltung und vor allem seine Größe sich im Laufe der Zeit erheblich gewandelt haben.

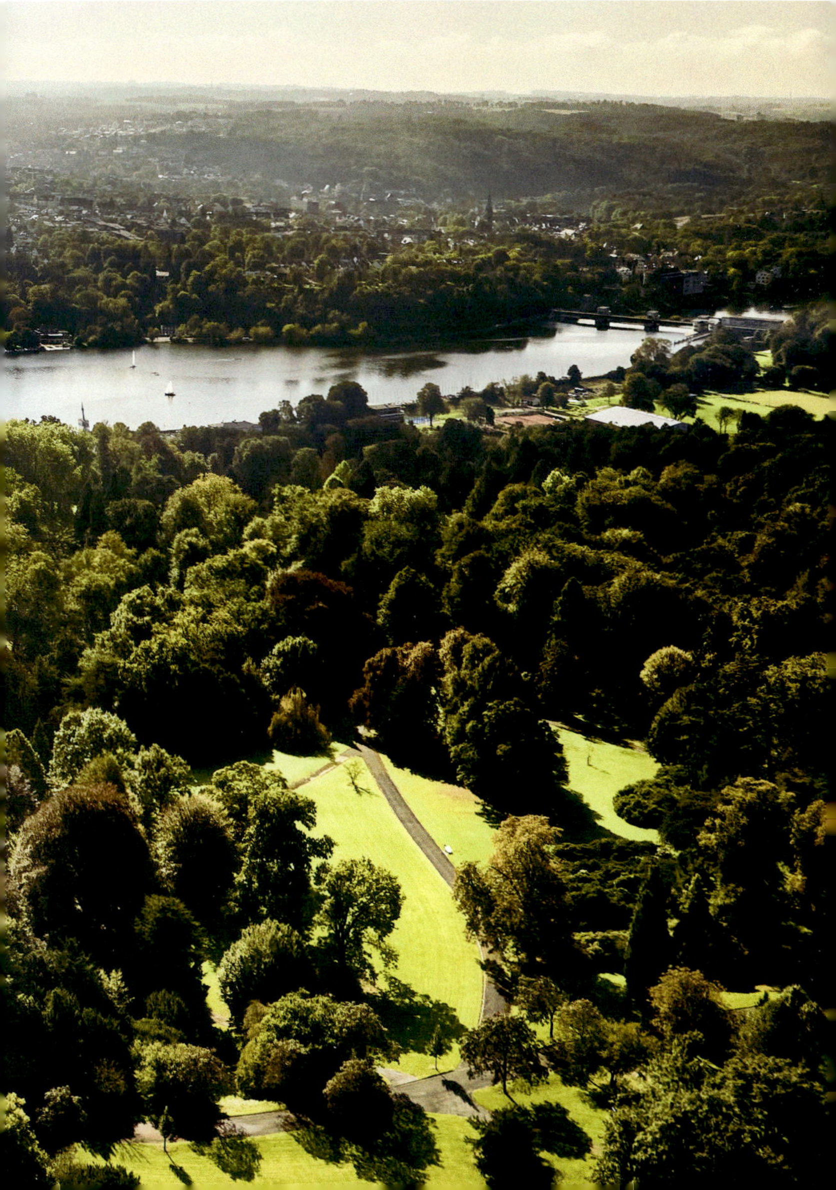

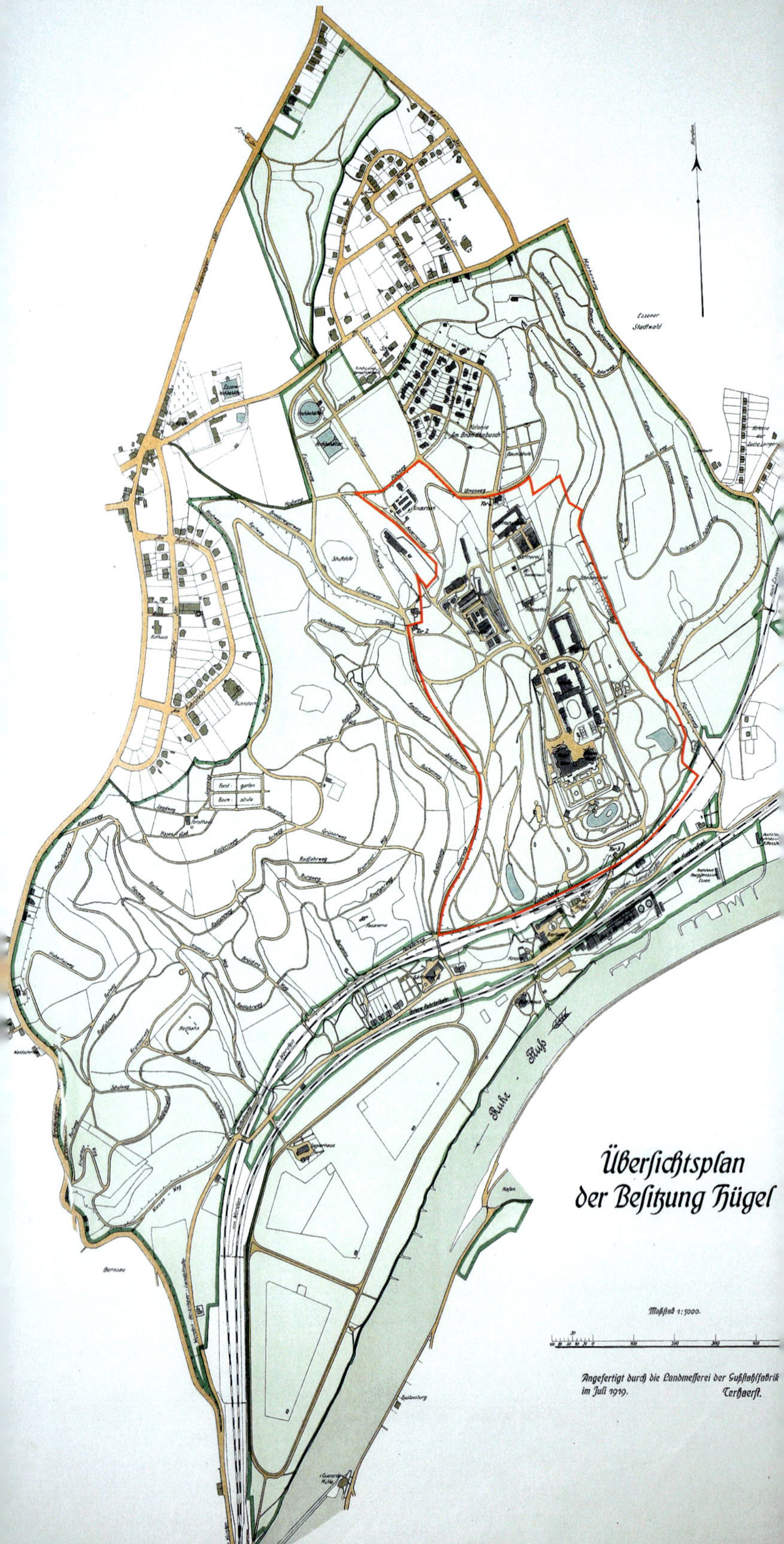
Übersichtsplan
der Besitzung Hügel
Maßstab 1:5000.
Angefertigt durch die Landmesserei der Gußstahlfabrik
im Juli 1919. Terhaerst.
Essener Stadtwald
Ruhr Fluß
Forst garten
Baum schule

Die Villa Hügel liegt 1873 innerhalb eines Terrains, das mit einer Fläche von 230 Hektar mehr als fünfmal so groß ist wie der heutige Hügelpark. Der gestaltete Park, der die Villa unmittelbar umgibt, umfasst nur einen kleinen Teil des gesamten Geländes. Der im Jahr 1919 durch die »Landmesserei der Gussstahlfabrik« erstellte »Übersichtsplan der Besitzung Hügel« zeigt die ursprüngliche Ausdehnung des Geländes anschaulich. Nach den Eingriffen zwischen circa 1955 und 1975 überwiegt heute als Gesamtbild der sogenannte Landschaftspark nach englischem Vorbild. Seine Wirkung verdankt der Hügelpark der harmonischen Folge von weiten gewellten Rasenflächen, überraschenden verträumten Winkeln, kleinen Steilhängen und Schluchten. Immer wieder öffnen sich Lichtungen und Sichtachsen mit Blicken auf majestätische Bäume, die als Gruppen oder Solitäre beeindrucken. Einheimische Prachtexemplare und exotische Raritäten sind hier versammelt.

Blick auf die Nordseite der Villa Hügel

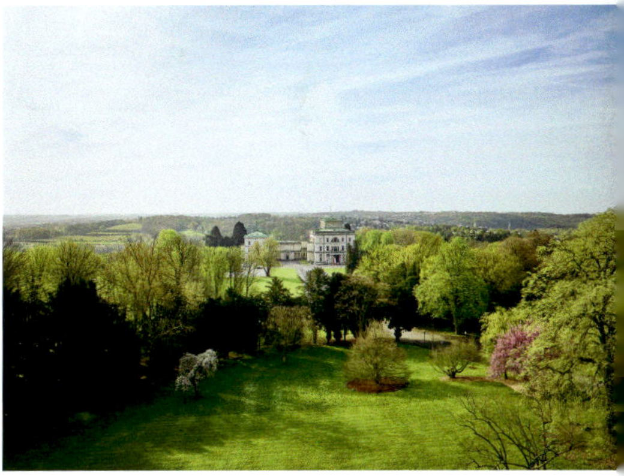

links: Übersichtsplan der Besitzung Hügel, 1919 (die heutige Grundstücksgrenze ist rot markiert)

Alfred Krupp und sein Hügelpark
1864 bis 1887

Das Gelände liegt an einem Hang auf den Hügeln nördlich des Ruhrtals. Es entspricht damit der traditionellen Vorstellung eines idealen Ortes für ein luxuriöses Landhaus, wie sie sich seit der Renaissance entwickelt hat. So forderte schon im 15. Jahrhundert der italienische Architekt und Humanist Leonardo Battista Alberti in seinem 1438 verfassten »Traktat über die Villa«, die ideale Villa und ihr Garten sollten am Hang gelegen sein. Ob Alfred Krupp Alberti gelesen hatte, als er sich entschied, hier seinen Traum von einem ländlichen Refugium zu verwirklichen? Wohl eher nicht. Alfred Krupp hatte das Gespür für den richtigen Ort.

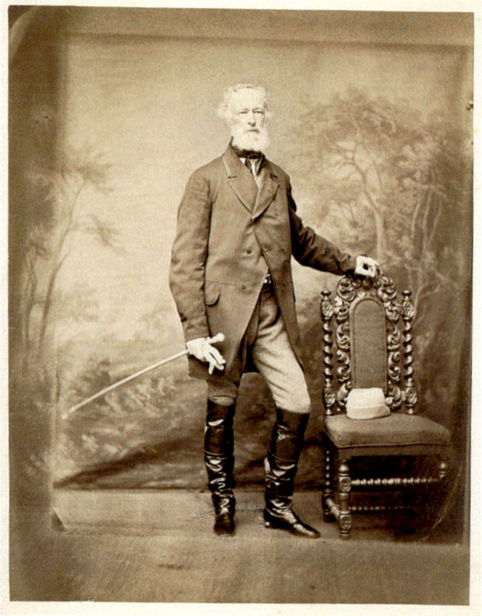

Alfred Krupp im Reitanzug, um 1885 (Atelieraufnahme)

Der älteste Sohn des Unternehmensgründers Friedrich Krupp muss nach dem frühen Tod des Vaters schon 1826 als 14-Jähriger die Hauptverantwortung in der Gussstahlfabrik übernehmen. 1848 wird er Alleininhaber. Fünf Jahre später heiratet der 41-Jährige die 22-jährige Bertha Eichhoff aus Köln, 1854 wird der einzige Sohn Friedrich Alfred geboren. Alfred Krupp ist ein Mann mit zahlreichen Ideen, die er mit ungeheurer Energie möglichst schnell in die Realität umsetzen will. Das gilt auch für seinen Traum vom neuen Wohnsitz inmitten eines weitläufigen Geländes in Bredeney, einer Ortschaft südlich von Essen.

Denn sein damaliges Zuhause in Essen behagt ihm nicht länger: Das 1861 erbaute Wohnhaus ist zwar komfortabel eingerichtet, es steht aber inmitten des Fabrikgeländes, umgeben von lärmenden Hämmern und rauchenden Schloten. Der kleine Sohn kränkelt häufig, und das bringt Alfred Krupp zum Entschluss, aufs Land zu ziehen. Dort möchte er »das Mögliche tun, die Luft und den Blick rein zu halten: Ich will dort zur Vergrößerung der Annehmlichkeit aufbieten, was ich nach meinen Verhältnissen darf«.

Seine Vorstellungen betreffen jedoch nicht nur die erwartete »Annehmlichkeit«. Alfred Krupp verbindet seine Entscheidung für die beträchtlichen Investitionen in das repräsentative Vorhaben auch mit ganz praktischen Erwägungen. »Ich betrachte dieses Projekt als ein Mittel der Lebensverlängerung für mich und die Meinen und wenn ich ein einziges Jahr länger darum lebe, so kann ich ja wohl den Gewinn eines Jahres dort aufwenden«, schreibt er 1864. »Ich hoffe damit die notwendigen teuern Reisen in die Bäder zu ersetzen«. Auch hier erweist sich Krupp als Vorreiter. Die großbürgerliche Stadtgesellschaft macht es ihm später nach und sucht die private Zuflucht auf dem Lande – in Berlin beispielsweise Industrielle wie Siemens und Borsig. Die Landhäuser dienen zuerst nur als Sommerfrische, dann als Hauptwohnsitz.

rechts: Skizze Alfred Krupps für den Bau der Villa Hügel, ca. 1868

Man schätzt die positiven Auswirkungen von Licht, Luft und Sonne.

Krupp findet seine Oase auf einem Hügel, abseits von Industrie und Stadt, mit einem Panoramablick über das Ruhrtal und die bewaldeten Höhenzüge jenseits des Flusses. Das Kernstück ist der Gutshof Klosterbuschhof auf einem Höhenzug über der Ruhr. 1864 erwirbt Krupp für 23.577 Taler das Gebiet, 138 preußische Morgen, entsprechend etwa 34,5 Hektar. Im selben Jahr skizziert er konkret, wie das Projekt auf seiner neuen Erwerbung aussehen soll: »Es handelt sich dann um Wohnung, Stallung, Reitbahn, Höfe, Park und Gartenanlagen, Wasserdruckwerk, Springbrunnen, Kaskaden, Fischteiche auf der Höhe und im Tale, Wildpark, Viadukts über Vertiefungen, Brücken, Weide an der Ruhr für Pferde und anderes Vieh«.

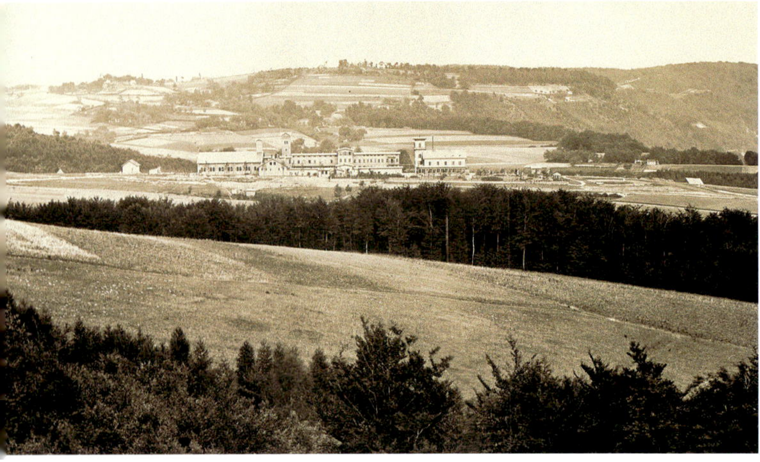

Klosterbuschhof von Nordosten gesehen, 1864

Um seinen Traum zu verwirklichen, muss er erheblich investieren. Denn als bis 1871 insgesamt fast 600 Morgen (rund 150 Hektar) mit Ackerland und Waldungen zusammengekauft sind, ist ausgerechnet die Hügelkuppe mit dem alten Gutshaus recht kahl. Nun soll es dort rasch wachsen und grünen. Er wünscht sich »einen Wald von Bäumen um die Besitzung« herum. Schon im Mai 1864 – die Familie wohnte bereits im umgebauten

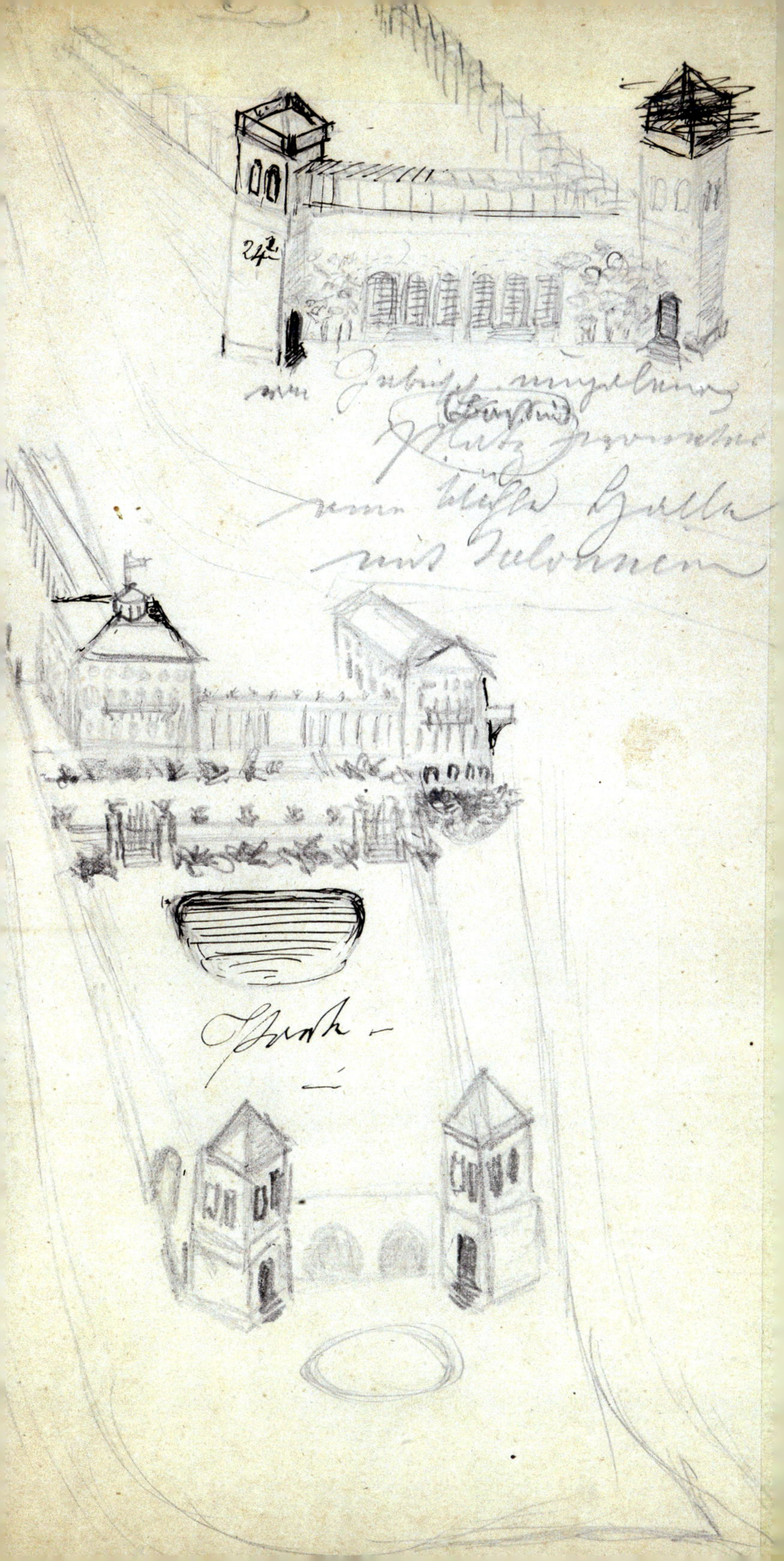

Anordnungen wegen der Güter zu Bredeney.

Gußstahlfabrik bei Essen in Rheinpreußen, den 26ten Oct 186[illegible]

[illegible] Herrn Maxwells Tode die [illegible]
ein sofort [illegible] zu finden, der
bisherige Funktion übernehmen kann [illegible]
[illegible] muß alle betreffenden Papiere und
[illegible] haben und die gegenwärtige [illegible]
[illegible]; ferner [illegible]
ein kleines Bild [illegible] Eigenthums [illegible]
[illegible] u. Beschreibung [illegible] werde [illegible]
[illegible] der Geschäfte [illegible]
Grenzen erkennen und [illegible]
[illegible] feststellen ob [illegible]
[illegible] Wege-Gerechtsame Andere über die [illegible]
[illegible] haben und solche abzuwenden [illegible]
[illegible] ich jederzeit den vollständigen [illegible]
[illegible] sein will. (NB Ursprünglich [illegible]
[illegible] mit dem Herrn Grosbert [illegible]
[illegible] worden haben u. [illegible]
[illegible] über den [illegible] nach Bredeney [illegible]
[illegible] Weil diese Leute [illegible]
wünsche daß Justizrath [illegible] diese Unter-
nehmen möchte und Sie so weit zu [illegible]
[illegible] zur weiteren Verwaltung [illegible]
[illegible], Anordnungen getroffen haben. Ich
[illegible] an alle [illegible]
[illegible] werden, daß Just. Rath [illegible] wünsche [illegible]
[illegible] Stelle etwaige weitere Verhandlungen [illegible]

Niederschrift Alfred Krupps zur Besitzung Hügel, 1864

Klosterbuschhof – hatte er deshalb »vier Pfund Fichtensamen« bestellen lassen. Später lässt er große Bäume ausgraben und auf dem Hügel einpflanzen. In weiser Voraussicht schreibt er im Februar 1866 an einen Verwalter: »Am Haupttor z.B. müssen wir ganz große Bäume hineinfahren können!« So geschah es später auch.

Für die neue Villa engagiert Krupp anstatt eines berühmten Architekten mehrere solide, in der Architektenzunft weitgehend unbekannte Baumeister, von denen etliche während der Bauphase entnervt die Segel streichen. Die anderen führen teils gehorsam, teils widerwillig Krupps Skizzen aus, die er zwischen 1864 und 1869 anfertigt. So geschieht es nun ebenfalls bei Garten und Parkanlagen. Der Pragmatiker Krupp strebt zwar bei dem gesamten Hügelprojekt durchaus nach der Verbindung von Schönheit und Nützlichkeit, doch Letztere steht bei ihm stets an erster Stelle. Dabei ergeben sich durchaus Widersprüche. Einerseits ist ihm nichts zu teuer für die Verwirklichung seines »Zukunfts-Hauses, eines Hauses für Generationen«. Mit seinen 399 Räumen kostet es die stattliche Summe von 5,7 Millionen Mark. Dies entspricht etwa einem Viertel des Firmengewinns während der dreijährigen Bauphase. Andererseits verabscheut der Großindustrielle im Grunde Verschwendung und Luxus. Ein hohes Honorar für einen prominenten Architekten oder Gartenkünstler zahlen, sich vielleicht sogar dessen künstlerischem Diktat unterwerfen? Das kommt für ihn nicht in Frage. Es soll Kontakte zum weit über Berlin hinaus bekannten Gustav Meyer, einem Schüler des preußischen Gartenarchitekten Peter Joseph Lenné, gegeben haben. Auch mit Joseph Clemens Weyhe aus der Düsseldorfer Gärtnerdynastie Weyhe werden offenbar Gespräche geführt. Doch beides verläuft im Sande. Ob die Kooperation an Honorarforderungen oder an unterschiedlichen Auffassungen über die Gestaltung scheitert, ist nicht mehr belegbar. Jedenfalls entschließt sich Krupp selbstbewusst, für den Park seinen eigenen ersten Lageplan umsetzen zu lassen. Dabei unterstützen ihn der Baumeister Ferdinand Barchewitz und der Obergärtner Friedrich Bete, die beide bereits seit Längerem in seinen Diensten stehen.

Handkolorierte Zeichnung von Ferdinand Barchewitz, 1870; rechts der obere und untere Terrassengarten südlich der Villa Hügel

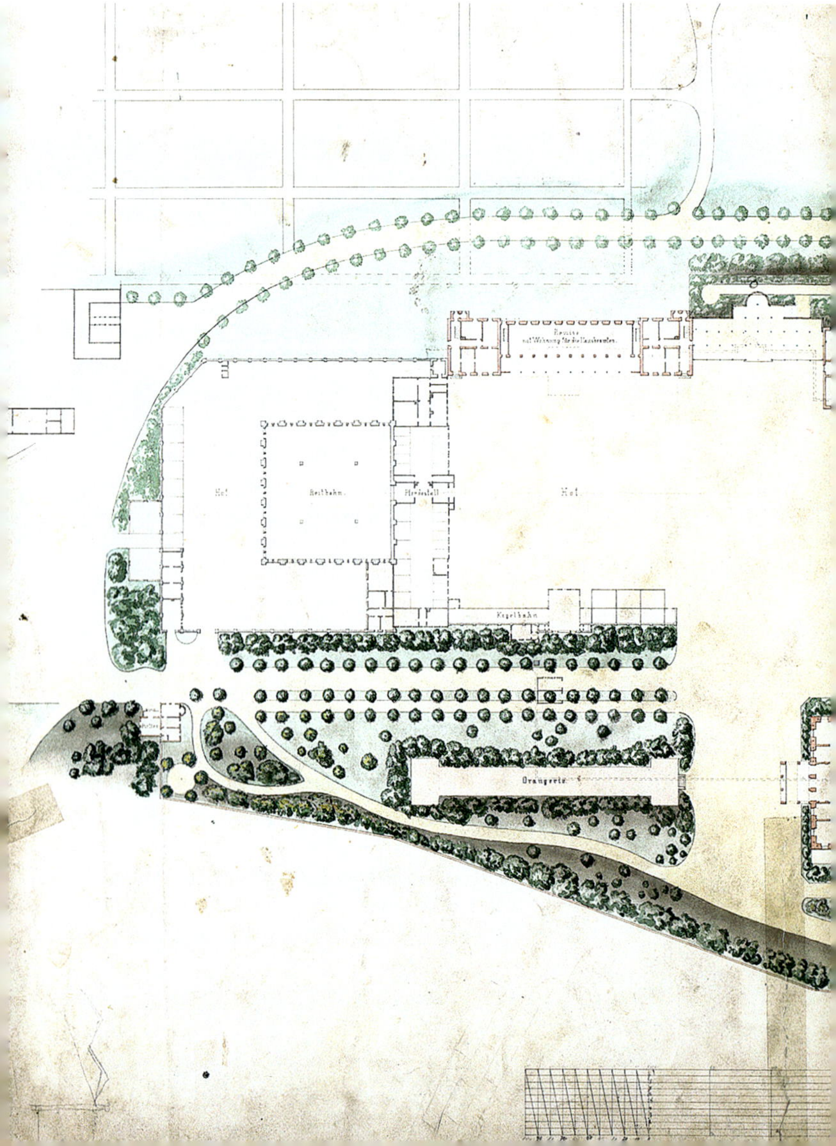

1873, beim Einzug in das neue Haus, sind Park und Garten fast fertiggestellt. Südlich der Villa, am steilen Hang mit Blick auf die Ruhr, werden übereinander zwei Terrassengärten angelegt. Der erste Garten ist von der Villa aus zu betreten. Er wird zum erweiterten »grünen Wohnzimmer«: regelmäßig und symmetrisch gestaltet, mit Springbrunnen, einem Lindenhain und bunten Blumenbeeten. Eingefasst wird er von einem U-förmigen Laubengang mit einem Aussichtsplatz und vier Pavillons. Das Ganze ruht auf einer

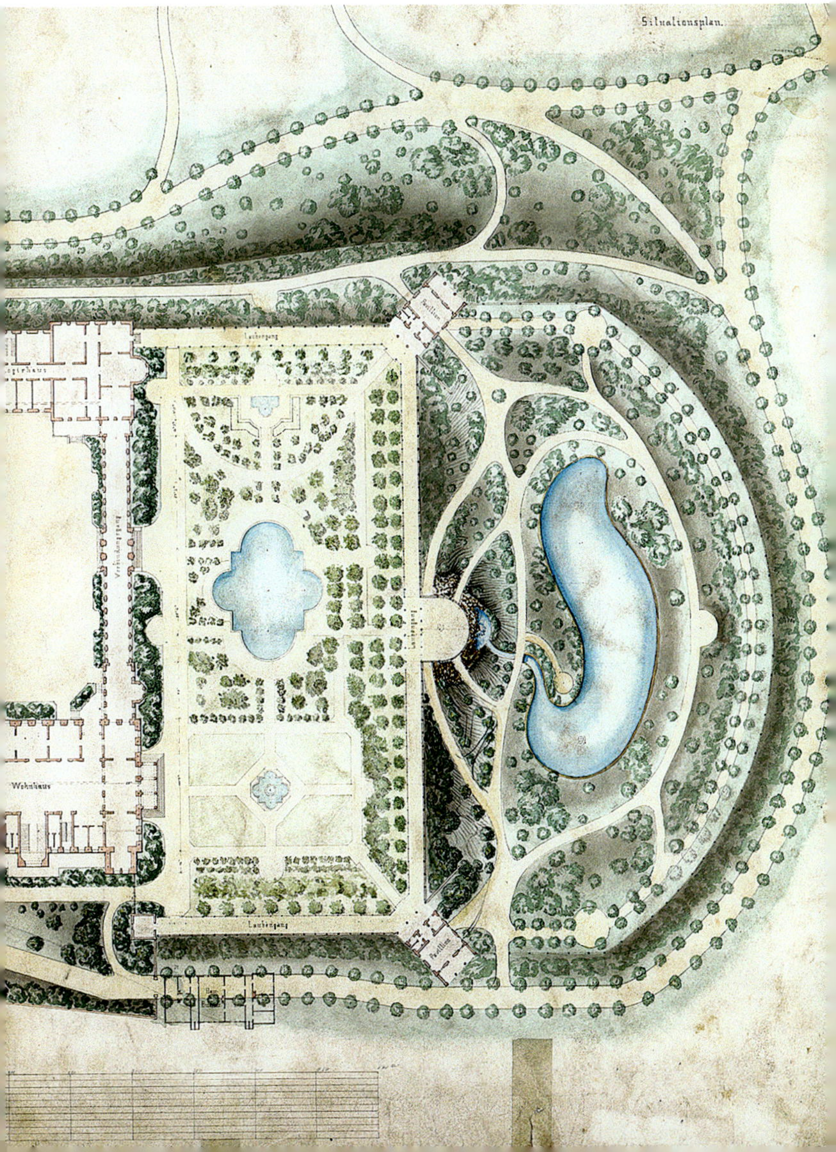

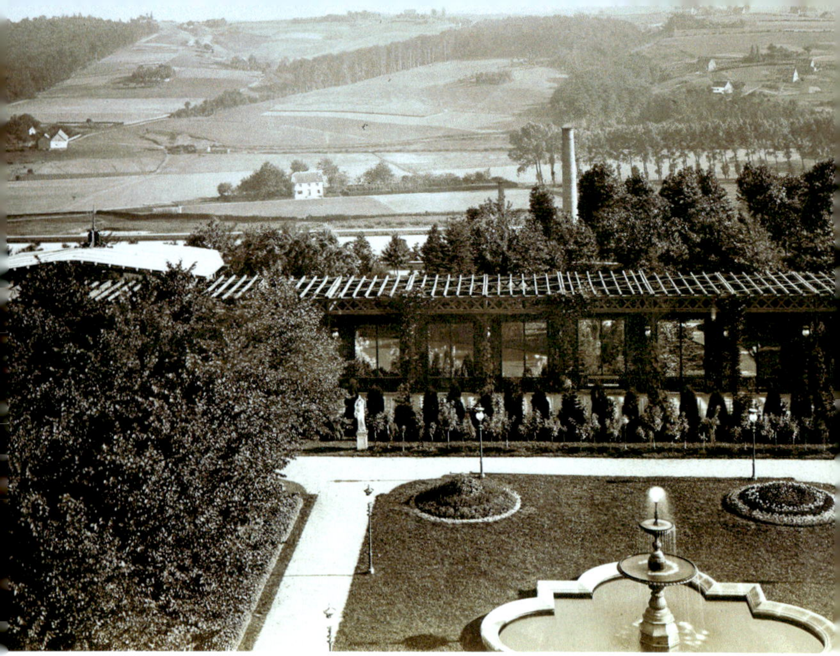

Blick über oberen Terrassengarten, Laubengang und östlichen Pavillon auf das Ruhrtal, 1883

gewaltigen Stützmauer. Durch zwei der Pavillons gelangt man in den unteren Terrassengarten. Dort wird es malerischer. Ein Teich, eine Grotte und mehrere Baumgruppen fügen sich zu einem kleinen Ensemble im Stil des englischen Landschaftsparks, der sich später im weiteren Bereich des Parks fortsetzt.

Viele Bäume, die Krupp neu pflanzen oder umpflanzen lässt, sind einheimisch. Zu seinen Favoriten gehören Buchen, Eichen, Linden und Platanen. Die Pracht des Platanenhains, den er anpflanzen lässt, genießen jedoch erst spätere Generationen. Zwei Hauptachsen durchziehen den Park: Vom hochgelegenen damaligen Haupteingang, der einen Blick auf die Villa gewährt, zieht sich eine geschwungene Kastanienallee zum Haus hinunter, von dort verläuft eine weitere Kastanienallee östlich der Villa an den Terrassengärten und der Stützmauer entlang. Das anschließende Gelände ist überwiegend Wald, durchzogen von einem geschwungenen Netz von Reit- und Spazierwegen. Ein Fischteich und ein ein künstlicher Bach in der Rhododendron-Schlucht vereinen Nutzen und Romantik.

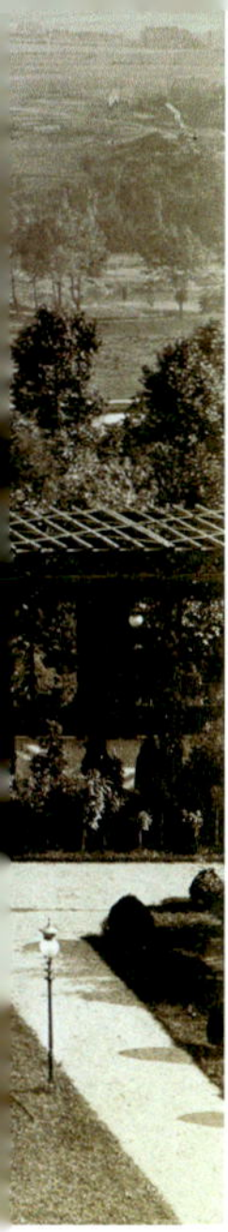

Nicht zuletzt dank der umfangreichen Umpflanzungsmaßnahmen erfüllt sich Krupps Traum von einem abgeschirmten Refugium im ersehnt rasanten Tempo. Bereits Fotografien von 1883 zeigen das Hügelgelände ringsum von Wald umgeben. Das Haus ist wohl eines der aufwendigsten privaten Gebäude seiner Epoche und bildet eine beeindruckende Einheit mit Garten und Park – unverwechselbar bereits durch die im wahrsten Sinne abgehobene Lage. Anfangs nennt Krupp seine neue Besitzung »Bredeneyer Gut«, im Dezember 1864 taucht erstmals der Begriff »Hügel« auf.

Als Alfred Krupp 1887 stirbt, hinterlässt er eine Anlage, die ganz seine persönliche Handschrift trägt. Der Park ist mit seinem »gemischten Stil« kein Meilenstein der künstlerisch anspruchsvollen Gartengeschichte. Aber er ist charakteristisch für die Zeit, imponierend durch seine Größe und den Eindruck, man betrete einen in Jahrzehnten naturwüchsig entstandenen Park.

Laubengang, um 1955

nachfolgende Doppelseite: Japanische Blütenkirsche

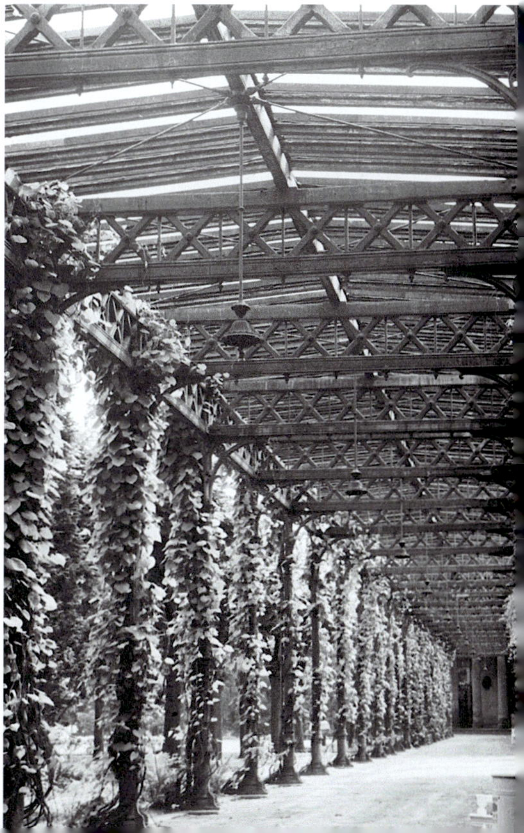

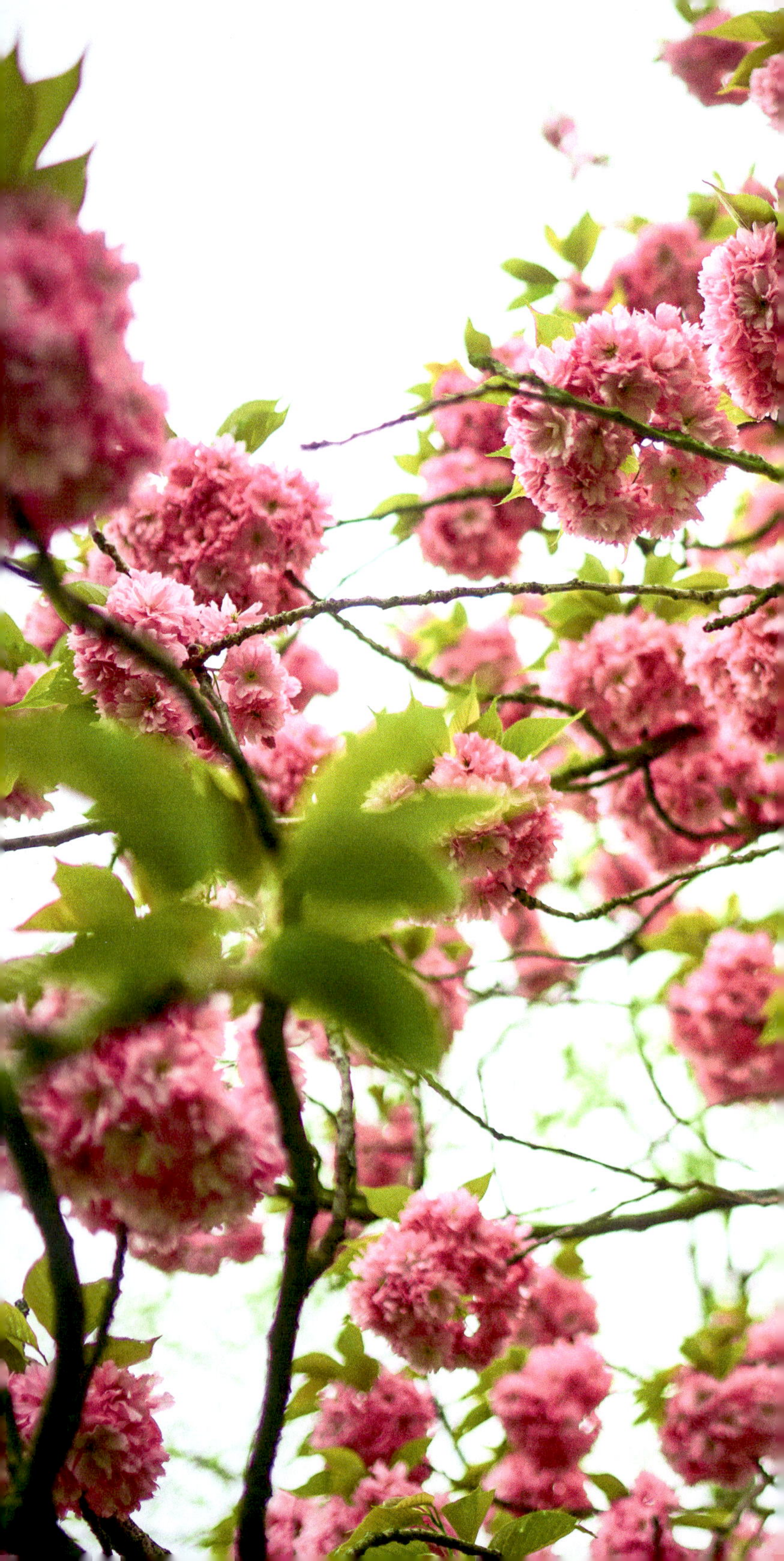

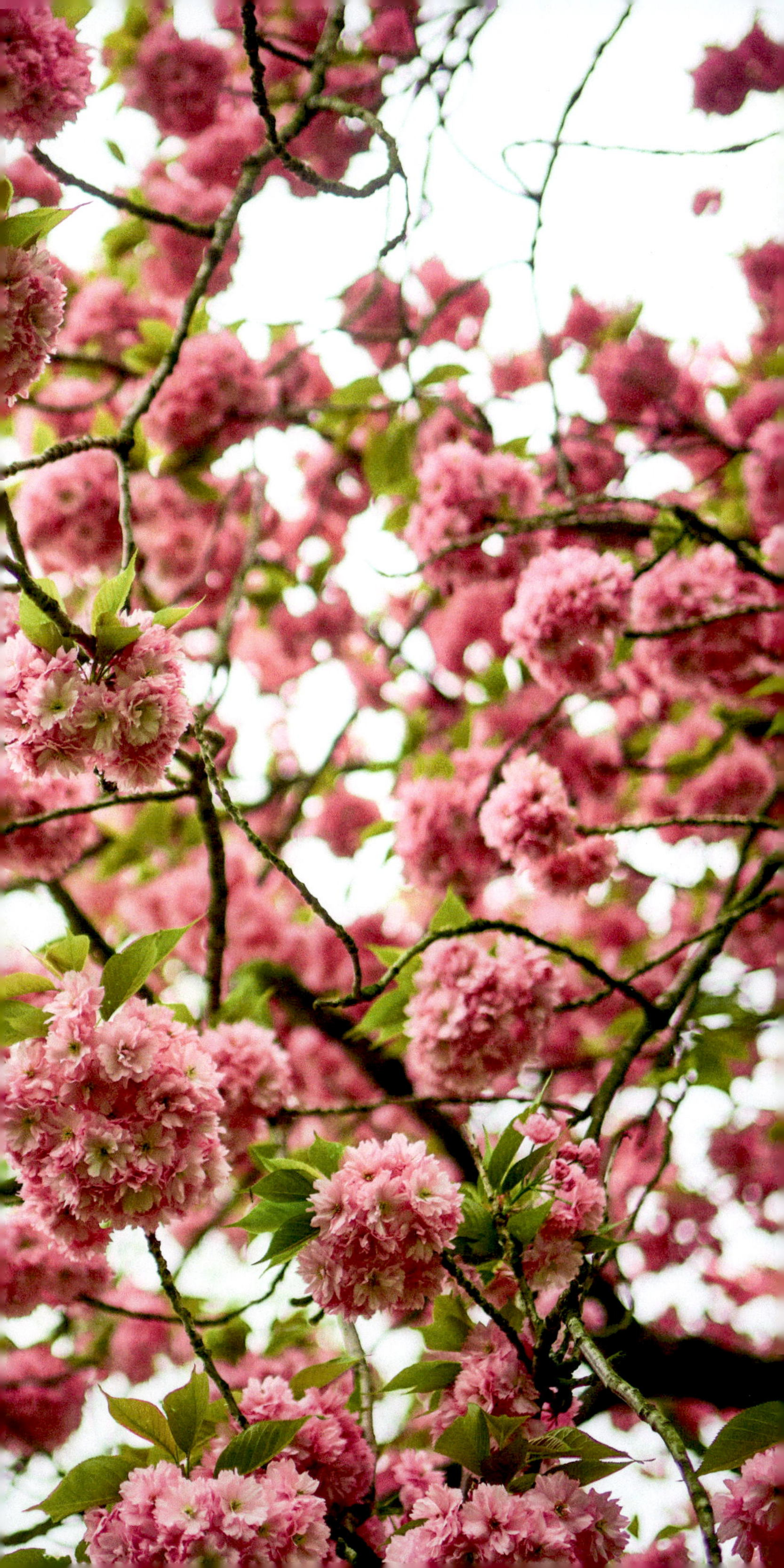

Zwischen Opulenz und Sparsamkeit
1888 bis 1945

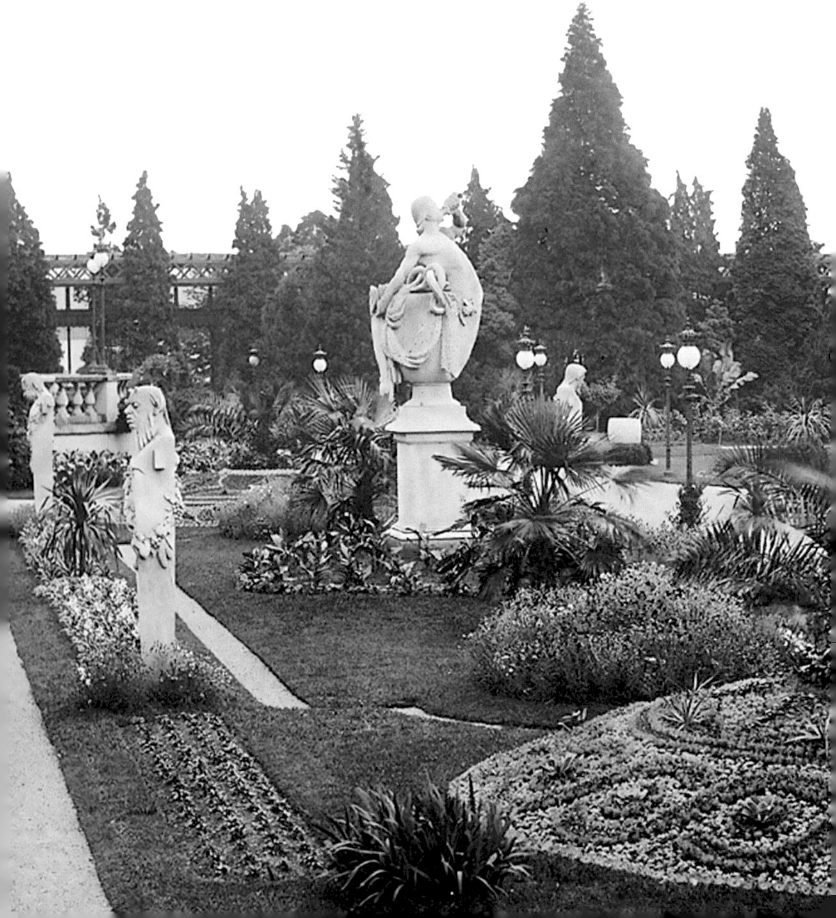

Hermen und Skulptur von Max Dennert im oberen Terrassengarten, um 1900

Die nächste Generation verwandelt das grüne Erbe, vorher mehr ein privates Elysium, zunehmend in ein grünes Schaustück zur Repräsentation. Waren es zu Alfred Krupps Zeiten nur wenige Große wie Nasar al-Din Schah, der Schah von Persien, und der Deutsche Kaiser Wilhelm I., die den Hügel besuchten, so wächst die Zahl der Gäste nun deutlich. Ein Besuch bei Krupps ist ein Muss für Industrielle und Hochadel gleichermaßen. Die großzügigen Gastgeber Friedrich Alfred Krupp und seine Frau Margarethe beziehen verstärkt auch Garten und Park in das Unterhaltungsprogramm für die Gäste mit ein. So berichtet der »Essener General Anzeiger« am 21. Juni 1902 vom Besuch Kaiser Wilhelms II. und seiner Frau Auguste Victoria auf dem Hügel: »Der Kaiser besuchte (...) den Kruppschen Schießstand und unternahm einen längeren Spaziergang durch die Kruppschen Anlagen, während die Kaiserin die prachtvollen Gewächshäuser besuchte.«

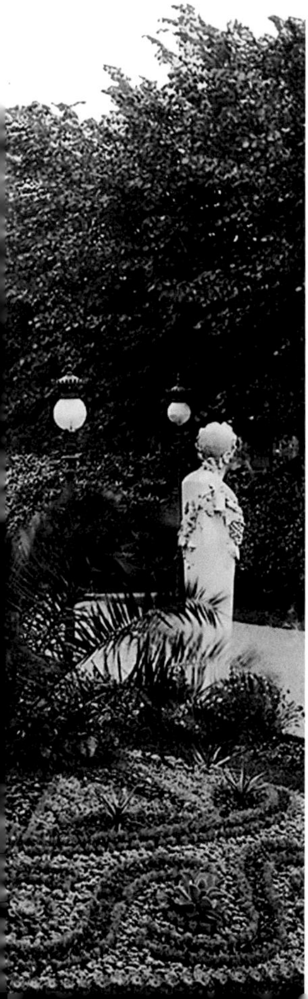

Der Park beeindruckt, lädt zum Promenieren ein, und manchmal wird auch ein Geschäft beim gemeinsamen Spaziergang im Grünen abgeschlossen. Der obere, eng an das Haus gebundene Terrassengarten wird üppiger, die Teppichbeete wachsen zu großen Rondelen an, bunte Blickfänge mit ornamentaler Bepflanzung. Friedrich Alfred gibt Skulpturen in Auftrag und lässt sie an den Wegrändern aufstellen. Sie verkörpern einen neuen kulturellen Anspruch.

Nach einem verheerenden Orkan im Jahr 1891, der ganze Alleen fällt, wird aufgeforstet. Entsprechend dem Zeitgeschmack werden erstmals auch Bäume aus fernen Ländern und Kontinenten auf dem Hügel gepflanzt. Denn wer um die Jahrhundertwende etwas auf sich hält, beeindruckt in seinem Park mit möglichst exotischer Vegetation. Sie ist dezentes Aushängeschild des Besitzers für seinen verfeinerten, weltläufigen Geschmack auf der Höhe der Zeit. Bananenstauden, Agaven und verschiedene Palmenarten verwandeln den unteren Terrassengarten in

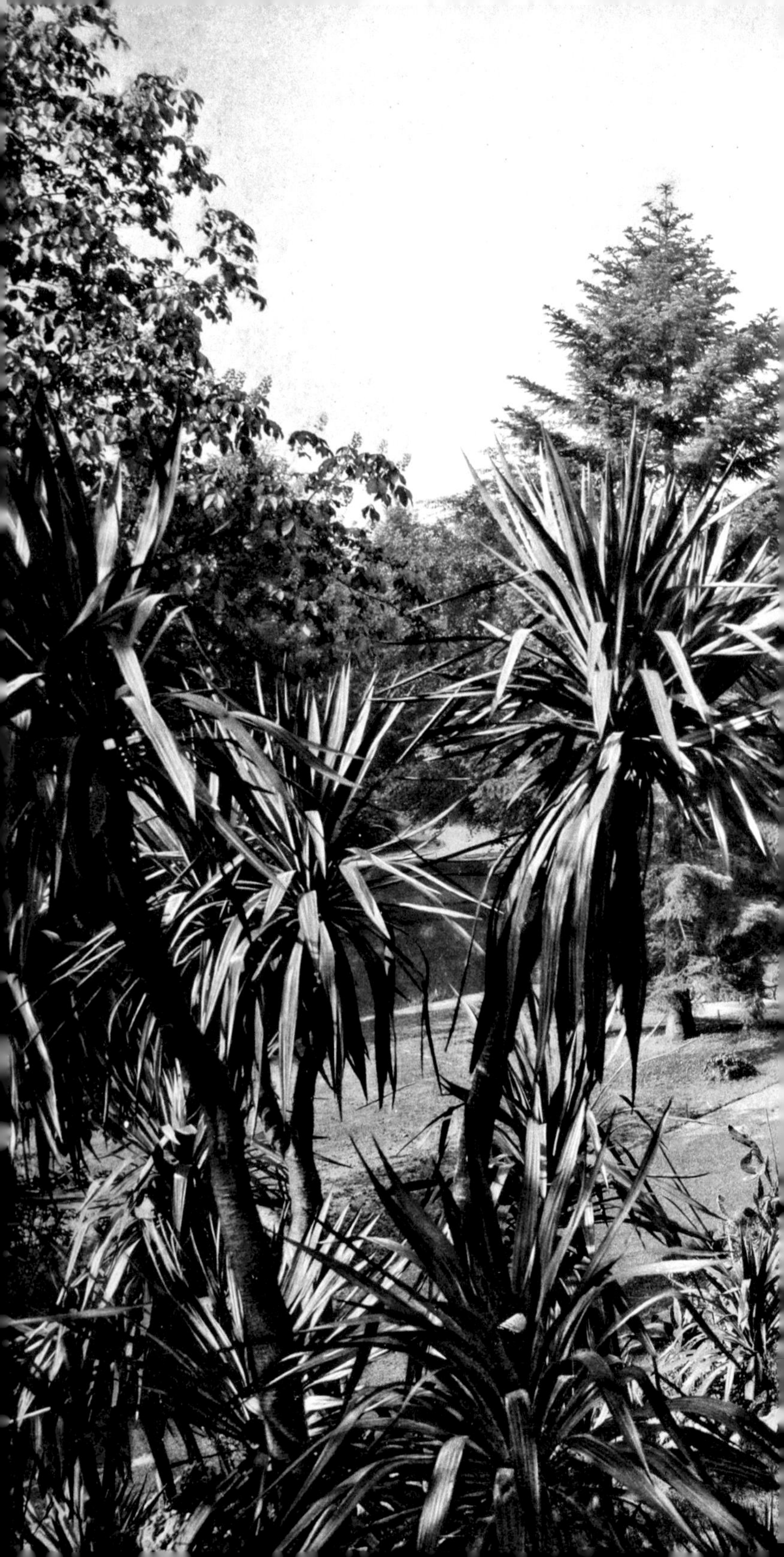

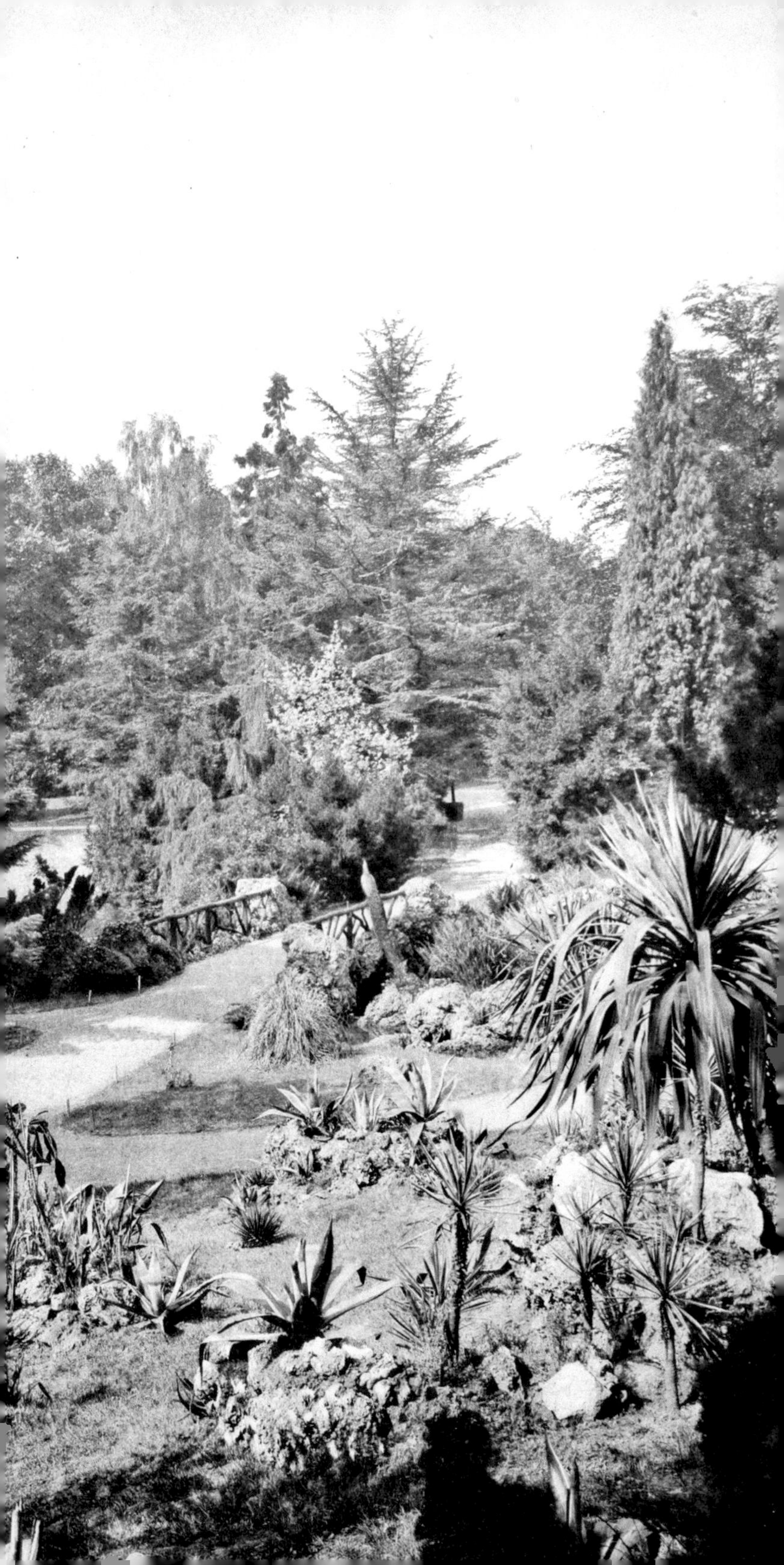

vorige Doppelseite: unterer Terrassengarten, um 1900

rechts: Mammutbaum an der Ostseite der Villa Hügel

einen halbtropischen Dschungel. Raritäten wie Mammutbäume und Libanonzedern ragen mit ihren bizarren Silhouetten in den Himmel; Tulpenbaum und Schwarzkiefer halten ebenso Einzug wie Thuja, Taxus und Scheinzypresse.

Auch in der dritten Generation, unter Tochter Bertha und ihrem Mann Gustav Krupp von Bohlen und Halbach, wird die zeitgenössische Vorliebe für exotische Bäume geteilt. Die einmal vom Großvater vorgegebene Struktur bleibt aber unangetastet.

Im nördlichen Bereich des Hügelkomplexes wächst im Kontrast zur eigentlichen Villa stetig der »Musterbetrieb Hügel«, ganz wie es Alfred Krupp einst wünschte. Zahlreiche Gebäude für wirtschaftliche und sportliche Nutzung entstehen oder werden ausgebaut: Reitanlagen, Ställe für Pferde, Kühe und Hühner, Gärtnereien und Gewächshäuser, Kegelbahn und Tennisplätze. Die beiden Töchter Bertha und Barbara erhalten 1894 ihr eigenes Domizil zum Spielen, das »Spatzenhaus«. Das markante Entree an der damaligen Hauptzufahrt, mit weitem Blick auf das Parkgelände und die Villa, wird durch eine lebensgroße Pferdeskulptur aus Bronze vervollständigt. Die von dem Bildhauer Albert Hinrich Hußmann geschaffene Skulptur ist ein Blickfang. Von der Villa aus wirkt das Pferd so lebendig, dass man es für ein weidendes Tier halten könnte.

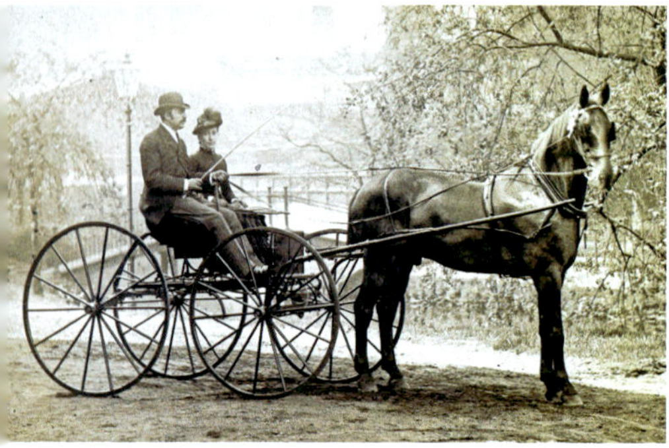

Friedrich Alfred und Margarethe Krupp vor dem Gartenhaus, dem ehemaligen Wohnhaus in der Gussstahlfabrik, 1882

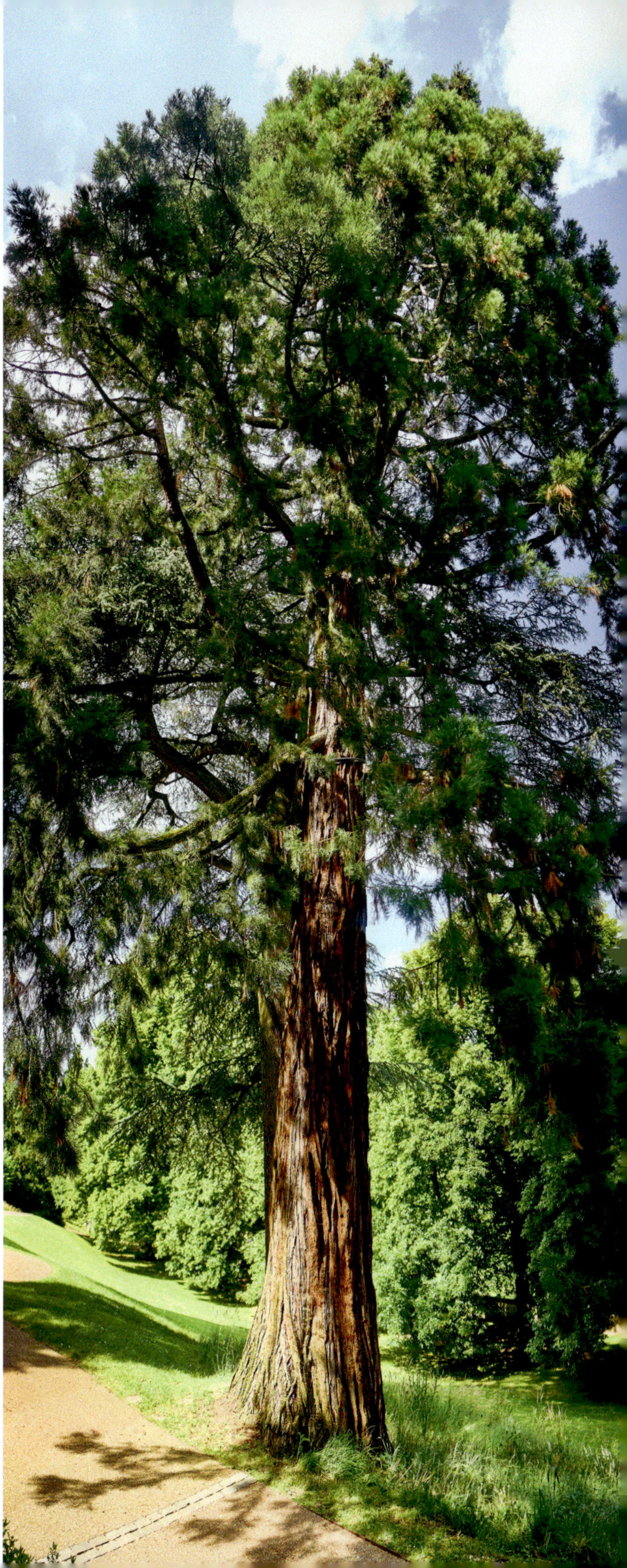

Drei Jahrzehnte lang, vom Beginn des Ersten Weltkriegs 1914 bis zum Ende des Zweiten Weltkriegs 1945, bleibt der Park in seiner Struktur unverändert. Die Gärtner betreiben erhaltende Pflege des Bestehenden. Bedingt durch Kriegsfolgen und Wirtschaftskrisen ist Bertha Krupp zwangsläufig auf Sparsamkeit bedacht. Für neue Pflanzungen wird kein Geld ausgegeben, auch wenn sich die Gartenmode längst geändert hat. 1945 beschlagnahmen die Alliierten die Villa Hügel. Ihre Kontrollkommission für die Bergwerke in Deutschland bleibt dort sieben Jahre.

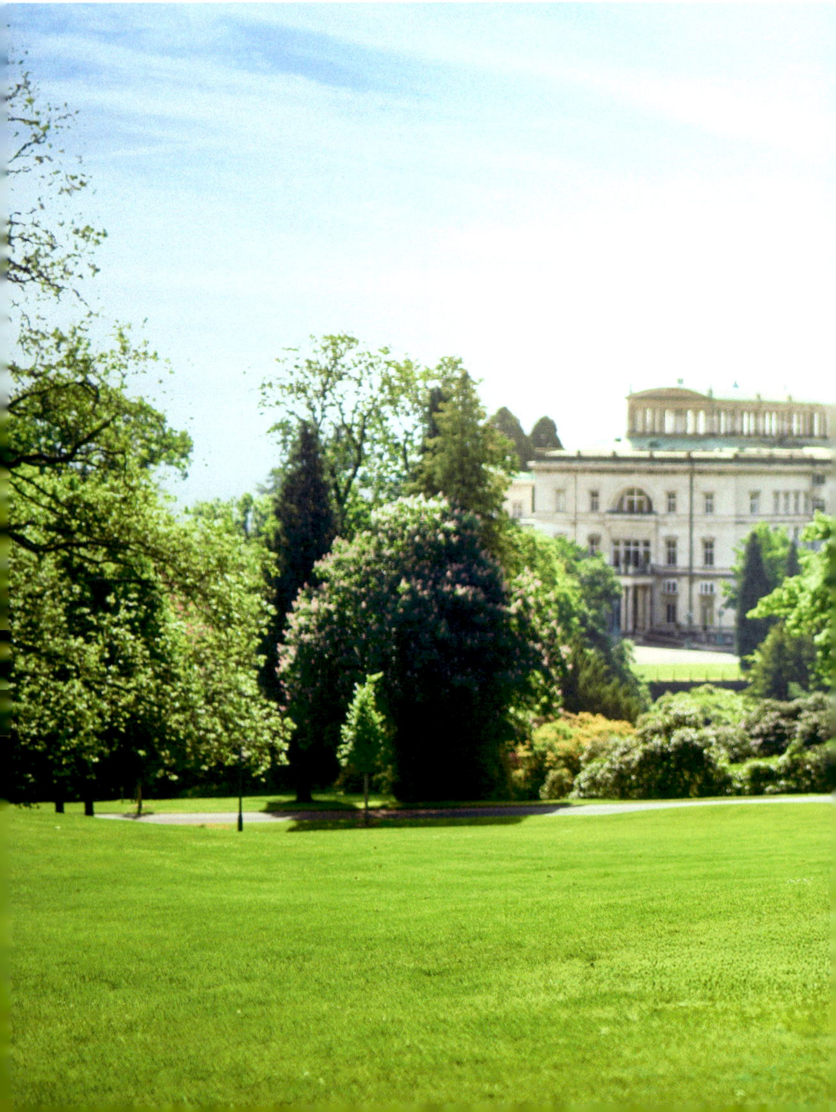

Blick auf die Villa Hügel von der Pferde-
Skulptur Albert Hinrich Hußmanns an Tor II,
der ehemaligen Hauptzufahrt

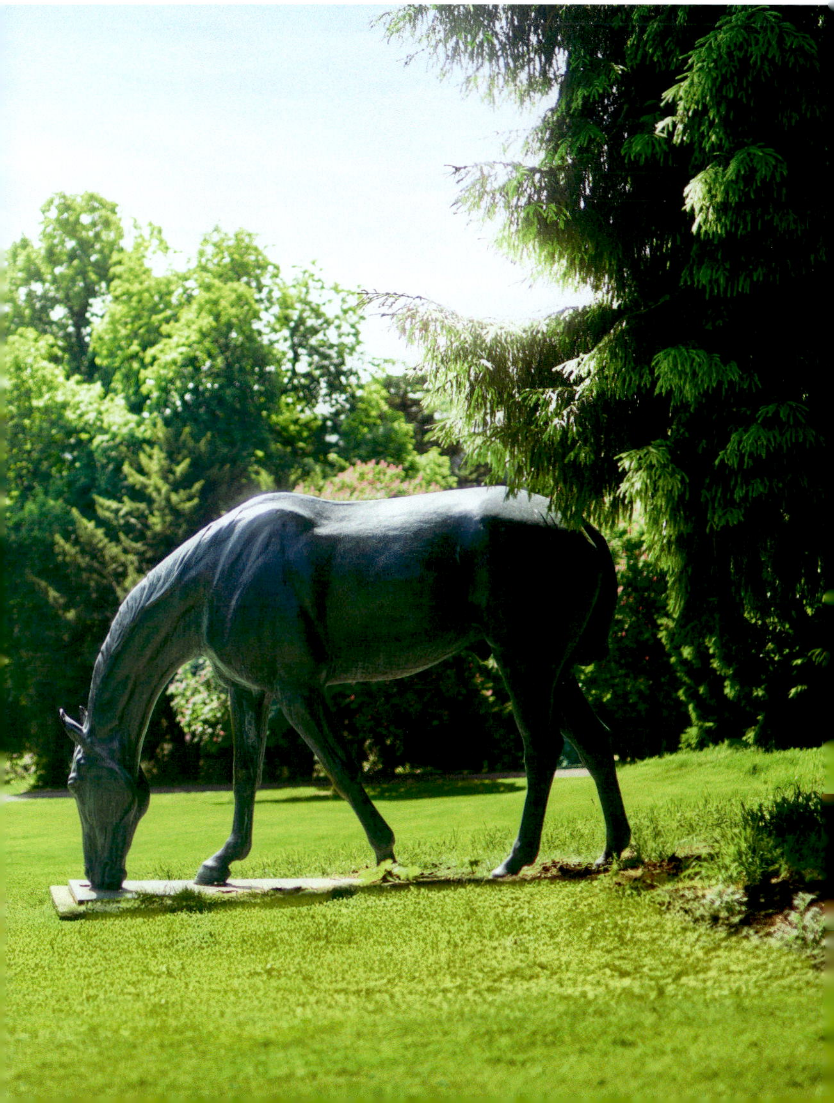

Öffnung für die Allgemeinheit
1945 bis 1967

Am 31. Juli 1952 erhält die Familie das Anwesen wieder zurück. Firmenerbe Alfried Krupp von Bohlen und Halbach, 1951 aus alliierter Haft entlassen, übernimmt 1953 erneut die Leitung des Konzerns. Die Villa Hügel wird den Krupps wieder zuerkannt, doch weder Alfried noch seine Mutter Bertha kehren in ihr einstiges Zuhause zurück. Nach dem Abzug der Alliierten sind höchst unterschiedliche Vorschläge zur Nutzung und Verwaltung des Hügelbesitzes im Gespräch, unter anderem eine dauerhafte Verpachtung an die Stadt Essen gegen einen symbolischen Betrag von nur einer Mark. Alfried Krupp von Bohlen und Halbach und seine Mutter Bertha entschließen sich schließlich, das Haus der Allgemeinheit zur Verfügung zu stellen, insbesondere im Sinne der Förderung von Kunst, Wissenschaft und Kultur.

Im Mai 1953 öffnet sich die Villa Hügel zum ersten Mal der Öffentlichkeit mit einer großen Ausstellung zum Thema »Kunstwerke aus Kirchen-, Museums- und Privatbesitz, Essener Münsterschatz«. Die Essener »Neue Ruhr Zeitung« veröffentlicht wenige Tage vor Beginn der Ausstellung eine Luftaufnahme mit dem Kommentar: »Wir drucken es ab, um unseren Lesern einen Gesamtüberblick zu geben, der die einzigartige Lage des Kruppschen Schlossbaues (...) und seine jetzt wieder instandgesetzten Gartenanlagen eindrucksvoll erkennen lässt!« Der Eintritt für die Kunstausstellung beträgt eine Mark. Das Debüt übertrifft alle Erwartungen: Die Ausstellung lockt mehr als 400.000 Besucher auf den Hügel.

1984 gründet Berthold Beitz, seit 1953 Generalbevollmächtiger von Alfried Krupp von Bohlen und Halbach, die Kulturstiftung Ruhr mit Sitz in der Villa Hügel und gibt ihr den Auftrag, »dem kulturellen Leben im Ruhrgebiet neue Impulse zu geben«.

Auch die folgenden Kunstausstellungen in der Villa ziehen zahlreiche Menschen auf den Hügel und in den Park. Viele Kunstfreunde erfreuen sich nach dem Ausstellungsbesuch an der herrlichen Natur und genießen Promenaden im Park. Aber auch immer mehr Erholungssuchende schätzen die Ruhe und gepflegte Schönheit der großzügigen Anlage.

Es sind daher vor allem pragmatische Gründe, die Alfried Krupp von Bohlen und Halbach, den letzten Inhaber des Unternehmens, und seinen Generalbevollmächtigten Berthold Beitz seit Mitte der 1950er-Jahre veranlassen, den Park umzugestalten. Die zahlreichen Gebäude zwischen Haupteinfahrt und Villa werden abgerissen. Die Reithalle und der Tennisplatz vor dem Kleinen Haus werden von Parkplätzen ersetzt. Auch die Relikte der beiden großbürgerlichen Terrassengärten werden beseitigt. Sie sind zu aufwendig und alles andere als pflegeleicht. Laubengang, Pavillons, Lindenhain und Springbrunnen weichen einer weiten Rasenfläche, eingerahmt

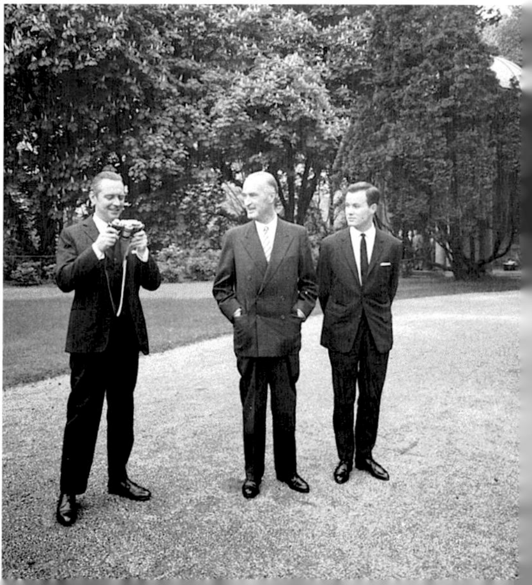

Alfried Krupp von Bohlen und Halbach mit seinem Sohn Arndt und Berthold Beitz im Hügelpark, 1961

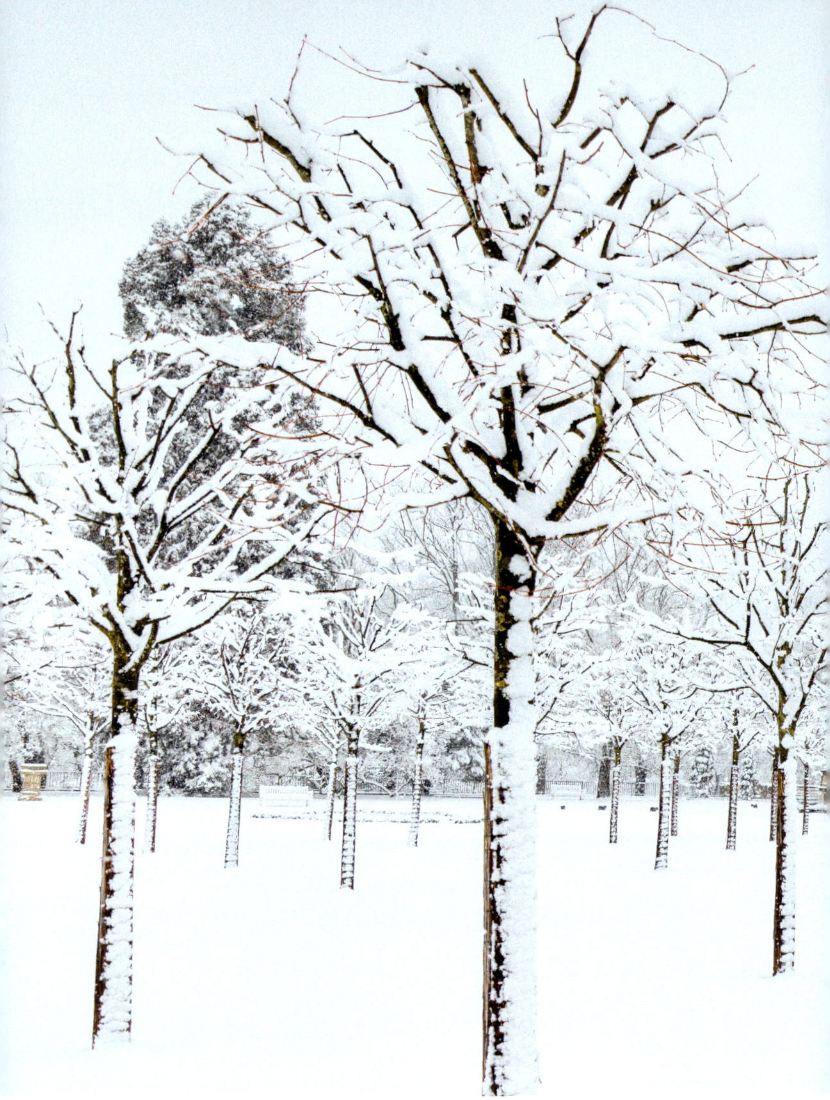

von schmalen Wegen. Im unteren Terrassengarten werden der Teich und die Grotte zugeschüttet und ebenfalls durch Rasen ersetzt, der durch seine Hanglage mit dem umgebenden Parkareal verschmilzt. Dadurch kommen viele prachtvolle Bäume, in Gruppen oder als solitärer Blickfang, umso wirkungsvoller zur Geltung. Der Park hat sich vom einstigen »gemischten Stil« endgültig in einen Landschaftspark englischer Prägung verwandelt.

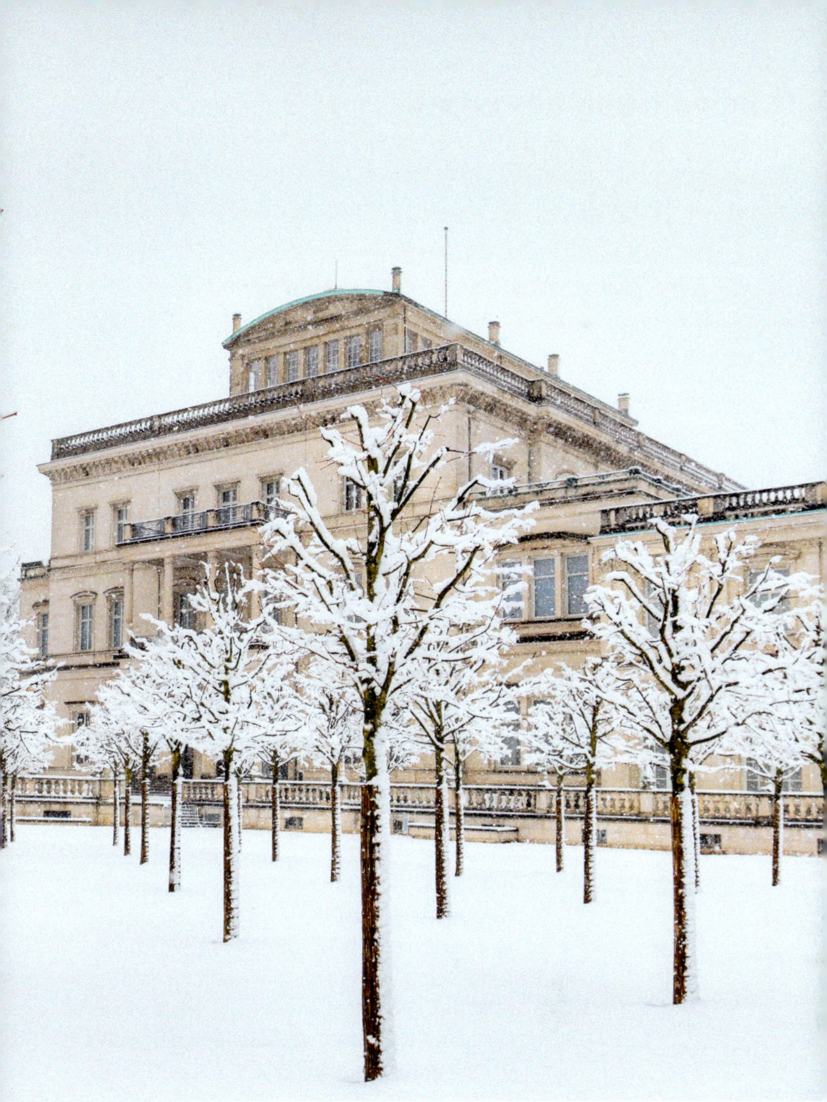

Lindenhain im
oberen Terrassengarten

Bewahrung des Erbes
1967 bis heute

Luftaufnahme des Stiftungsgebäudes

Nach dem Tod Alfried Krupp von Bohlen und Halbachs 1967 geht sein gesamtes industrielles und privates Vermögen in die von ihm testamentarisch errichtete gemeinnützige Alfried Krupp von Bohlen und Halbach-Stiftung über. Heute ist die Stiftung Hauptaktionärin der thyssenkrupp AG. Die Unternehmenserträge verwendet sie ausschließlich für die Förderung von Wissenschaft in Forschung und Lehre, Erziehungs- und Bildungswesen, Sport, Gesundheitswesen, Literatur, Musik und bildender Kunst. Alfried Krupps einziger Sohn Arndt hatte diesen Weg durch seinen Erbverzicht ermöglicht. Neben ihrer Fördertätigkeit gewährleistet die Stiftung als Eigentümerin den Erhalt und die langfristige Sicherung der Villa Hügel und des Parks und macht diesen Ort mit einem vielfältigen kulturellen Angebot für die Öffentlichkeit ganzjährig zugänglich. Mit zahlreichen Restaurierungs- und Sanierungsmaßnahmen legt die Stiftung Strukturen wieder frei, rekonstruiert Orte nach historischem Vorbild und bewahrt Bestehendes. Das Gebäude und das Mobiliar sind einem langsamen, aber stetigen Verfall unterworfen und erfordern dauerhafte Fürsorge fachkundiger Restauratoren und Konservatoren.

Die Villa bildet weiterhin den glanzvollen Rahmen für bedeutende Ausstellungen, der Park wird ein immer beliebteres Ausflugsziel. 1986 wird die Villa Hügel in die Denkmalliste der Stadt Essen aufgenommen. »Als Dokument für die Rolle und die Selbstdarstellung der Familie Krupp hat die Gesamtanlage für die jüngere deutsche Geschichte Bedeutung«, so die Begründung. Zum Baudenkmal Villa

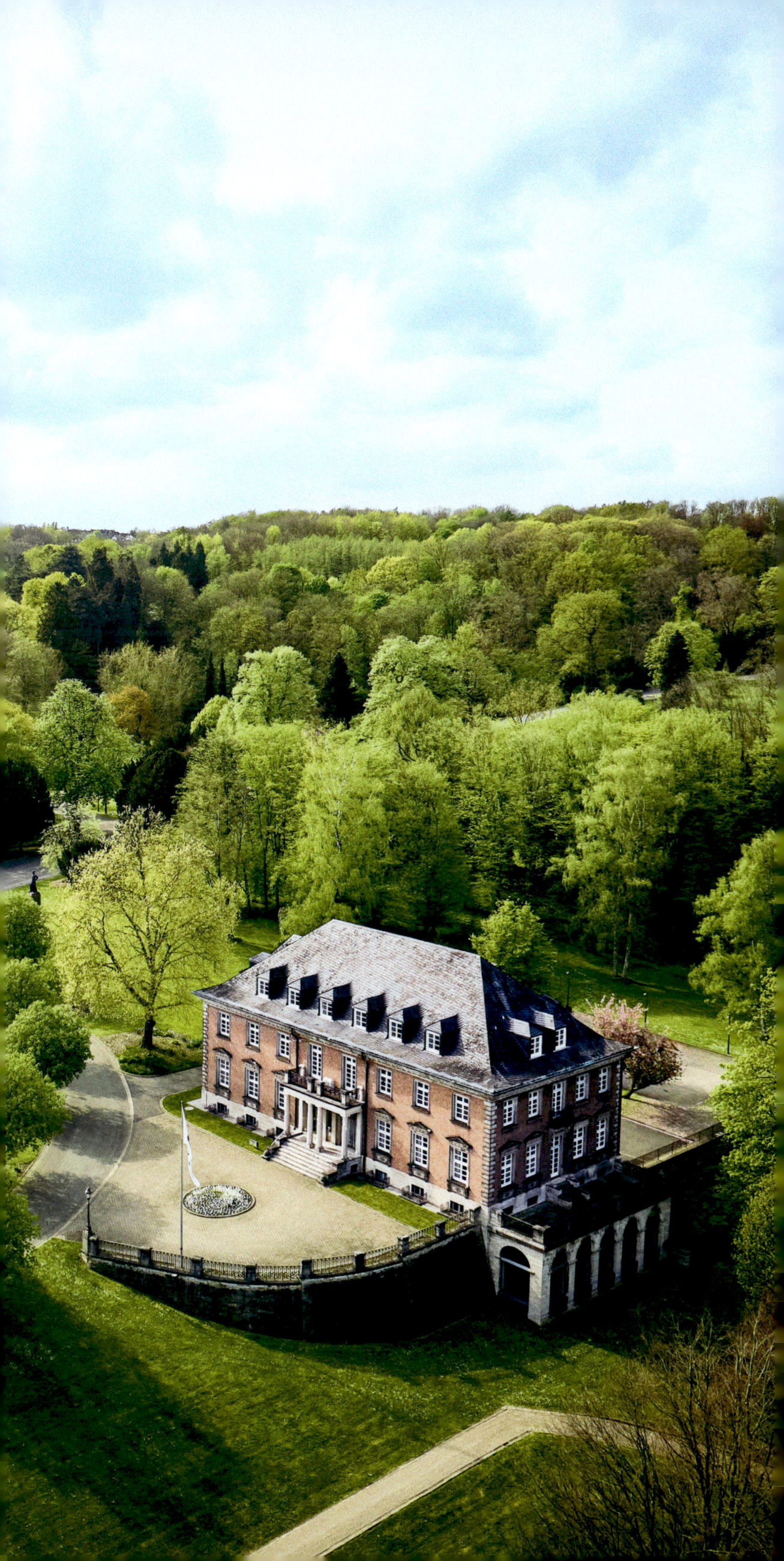

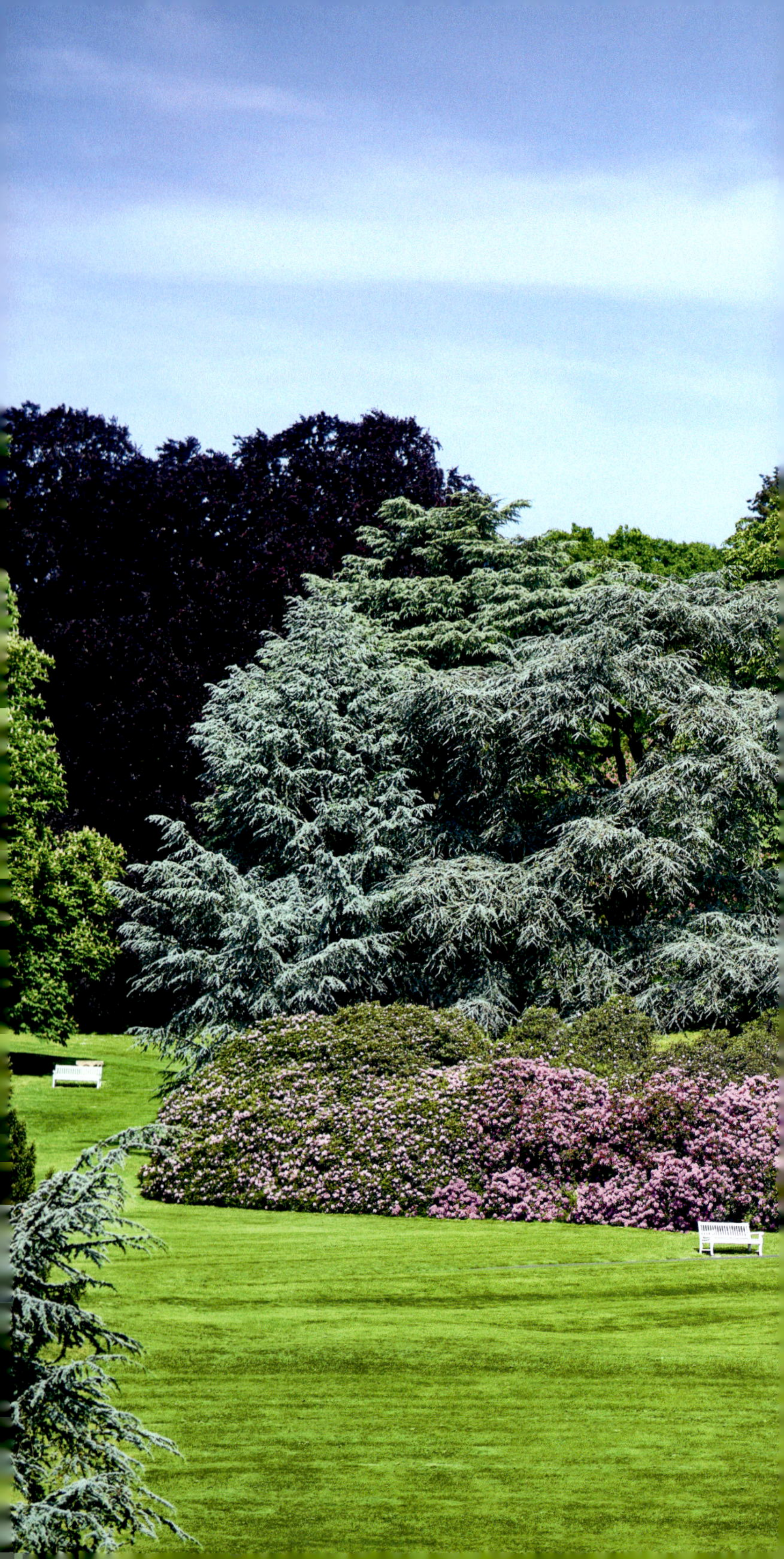

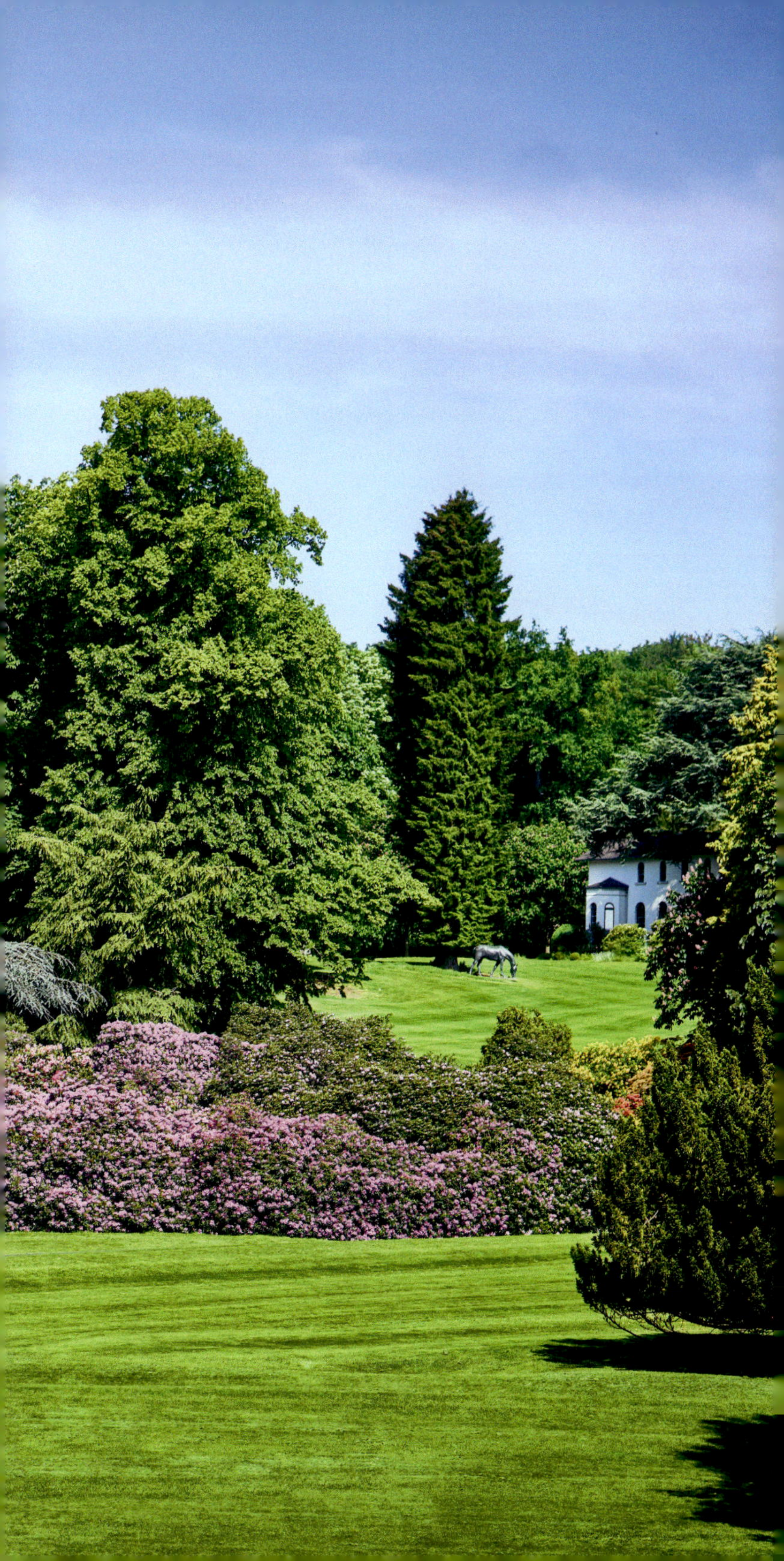

vorige Doppelseite: Wall aus violetten Rhododendren und gelben Azaleen, links eine Blaue Atlas-Zeder

Hohe weißbunter Etagen-Hartriegel Variegata

Hügel gehören auch der Park und denkmalwürdige Gebäude wie die drei Torhäuser und das »Spatzenhaus«. Der Ostpark und Teile des Westparks mit ihren großen Waldgebieten und Wanderwegen werden abgeteilt und als Kruppwald öffentliches Naherholungsgebiet. Der eigentliche Hügelpark umfasst seither immerhin noch circa 41 Hektar. Rund 9.000 Bäume stehen im Hügelpark, darunter einige noch unter Alfred Krupp gepflanzte Kastanien, Buchen und Platanen sowie Mammutbäume und Zedern.

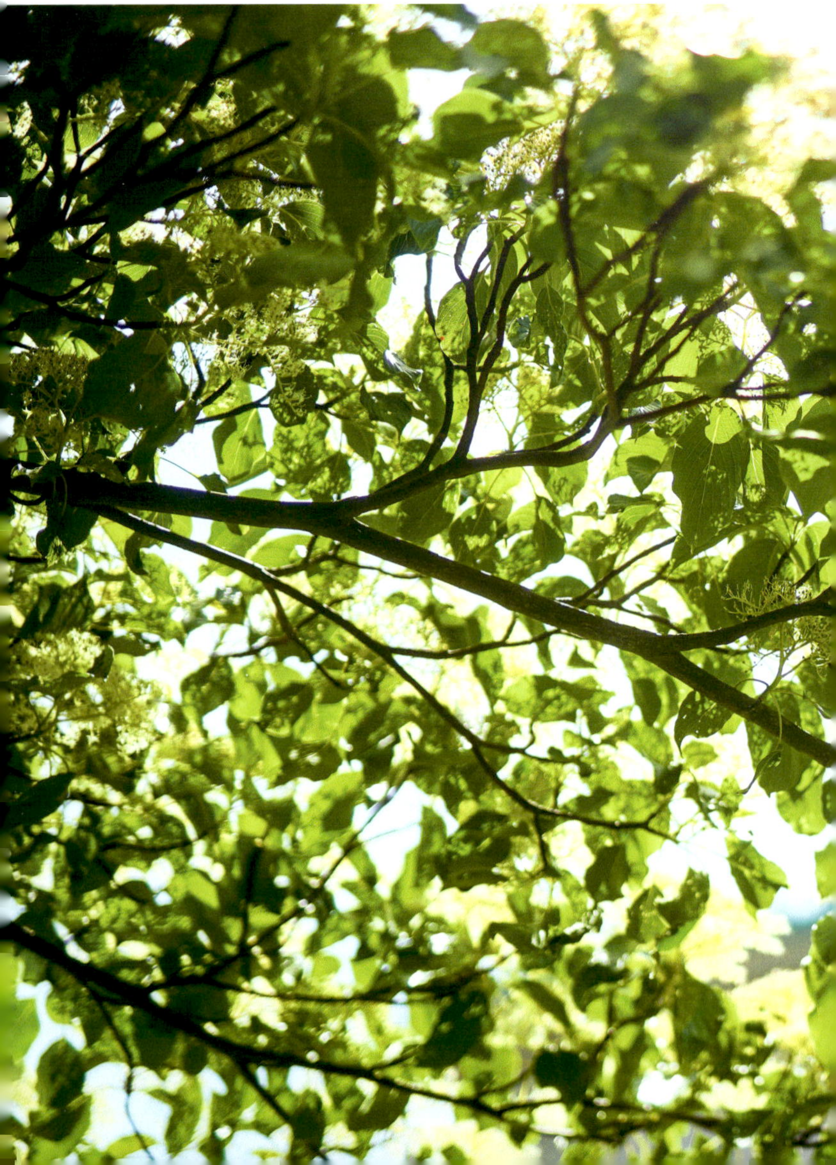

Den Jahreszeiten entsprechend bietet der Park immer neue reizvolle Bilder, zwölf Monate im Jahr. Schneeglöckchen und Märzenbecher bedecken im Frühjahr ganze Hänge im unteren Terrassengarten. Später übersät ein Meer von Sibirischen Blausternen den Waldboden im Platanenhain, die alles in tiefes Blau tauchen. Danach breiten die Waldhyazinthen, auch Spanisches Hasenglöckchen genannt, ein pastellfarbenes Patchwork aus blau, weiß und rosé aus. Schließlich sind im Mai große Abschnitte des Waldbodens mit weiß blühen-

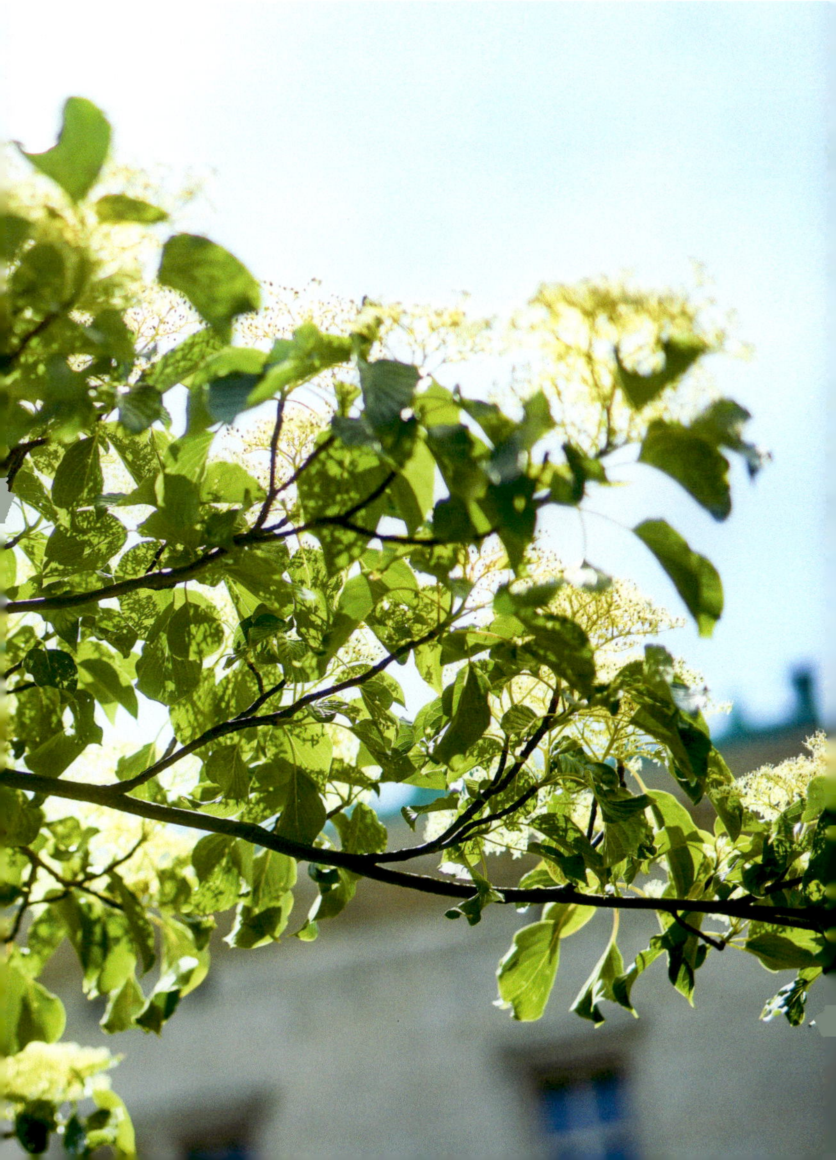

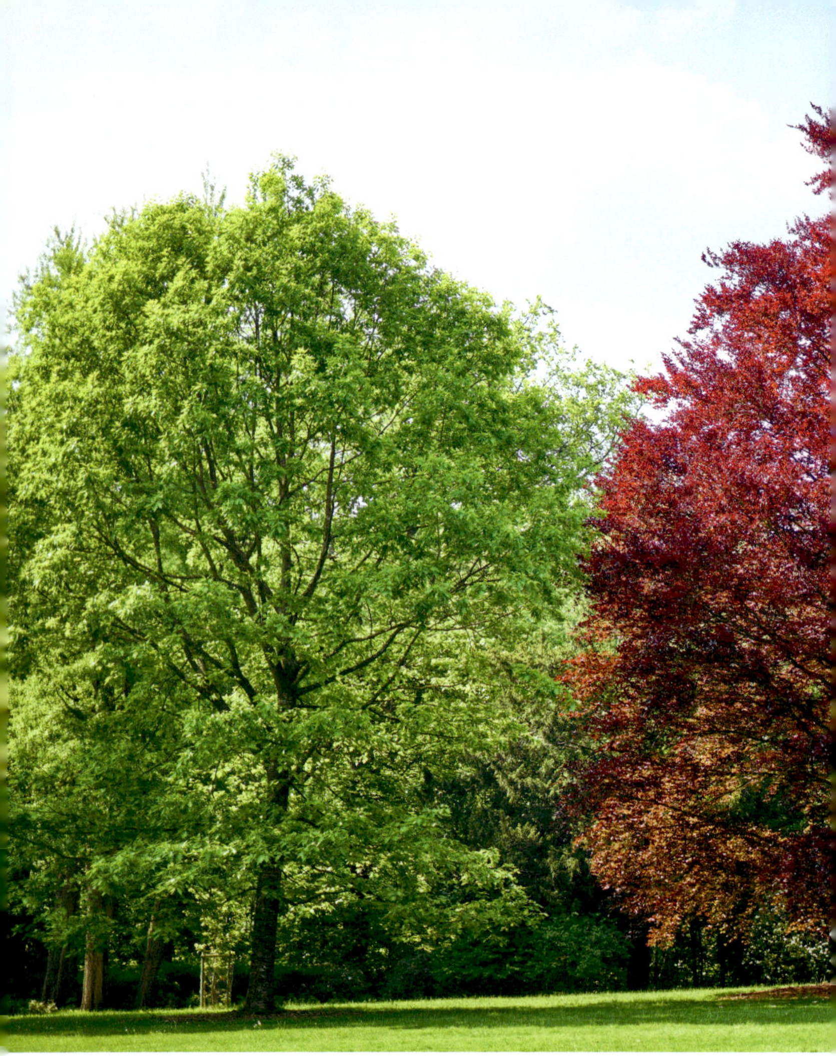

dem Bärlauch bedeckt. Der opulenten Fülle der Frühlingsblüher folgt die Magnolien-, Kastanien-, Azaleen- und Rhododendronblüte, die herbstliche Farbenpracht der Laubbäume ist eines »Indian Summer« ebenbürtig, und der erste Raureif im November verwandelt Bäume und Sträucher in lebende Skulpturen. Der Hügelpark ist eine grüne Oase am Rande der Großstadt, die Tradition und Schönheit ausstrahlt.

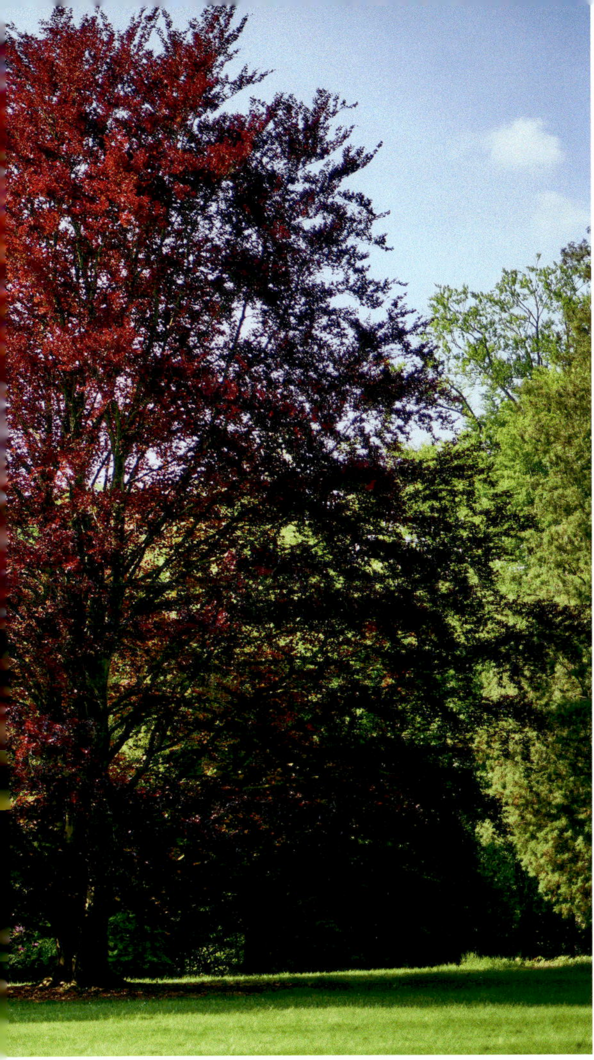

rechts eine Blutbuche, links eine Rot-Eiche
im unteren Südwestpark

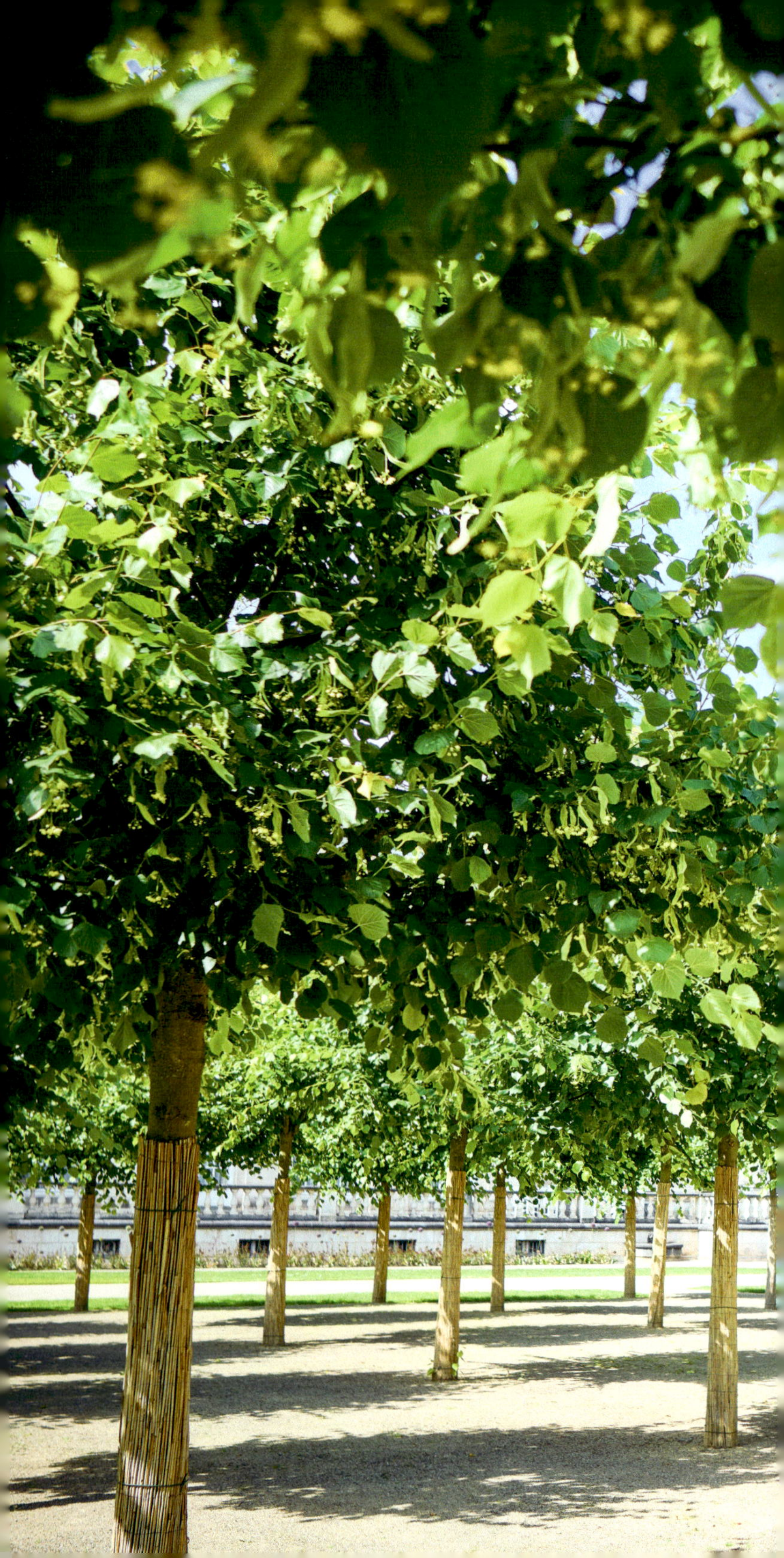

Gestaltete Natur

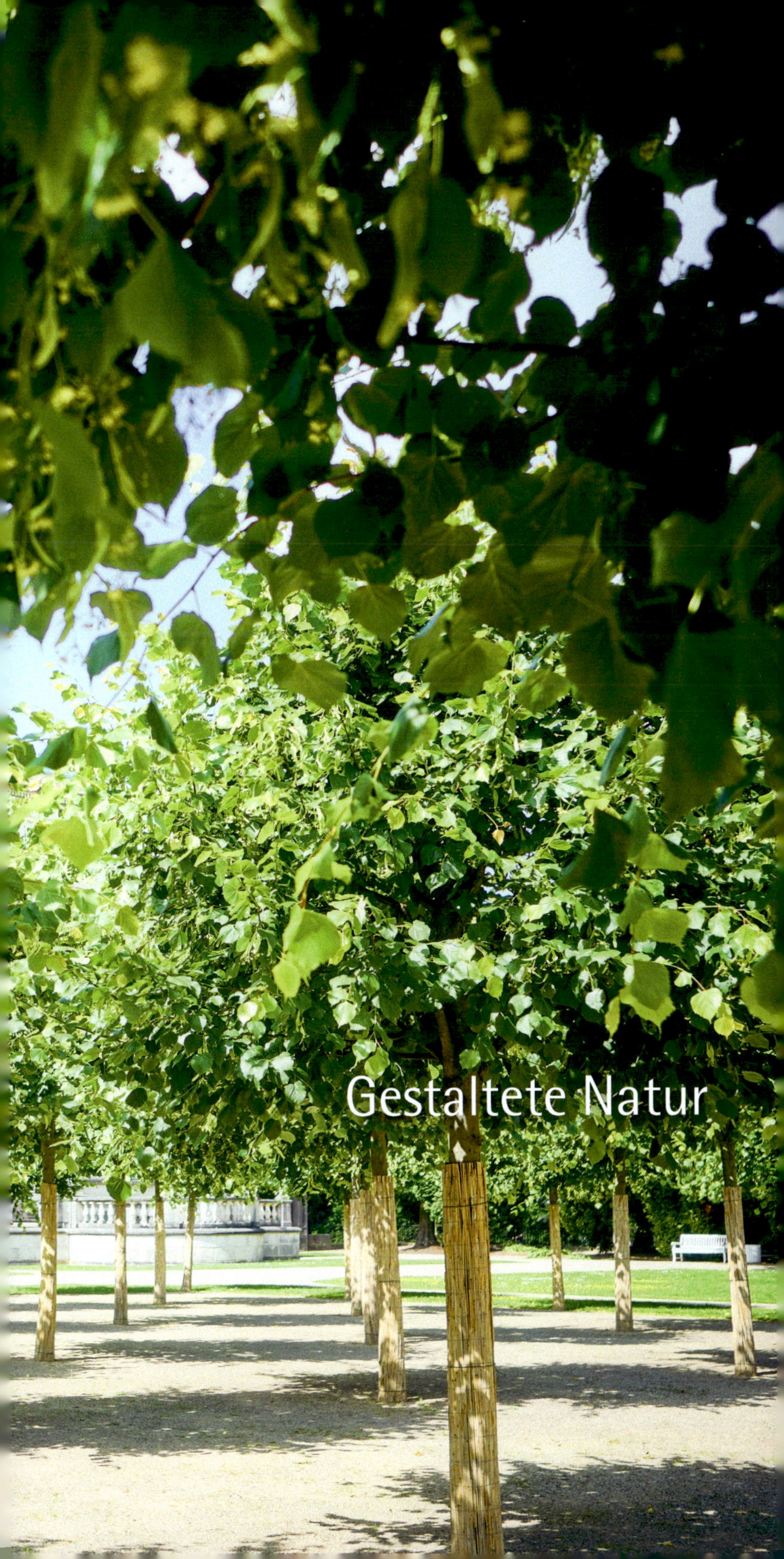

Gehölze, Wege und Ausblicke

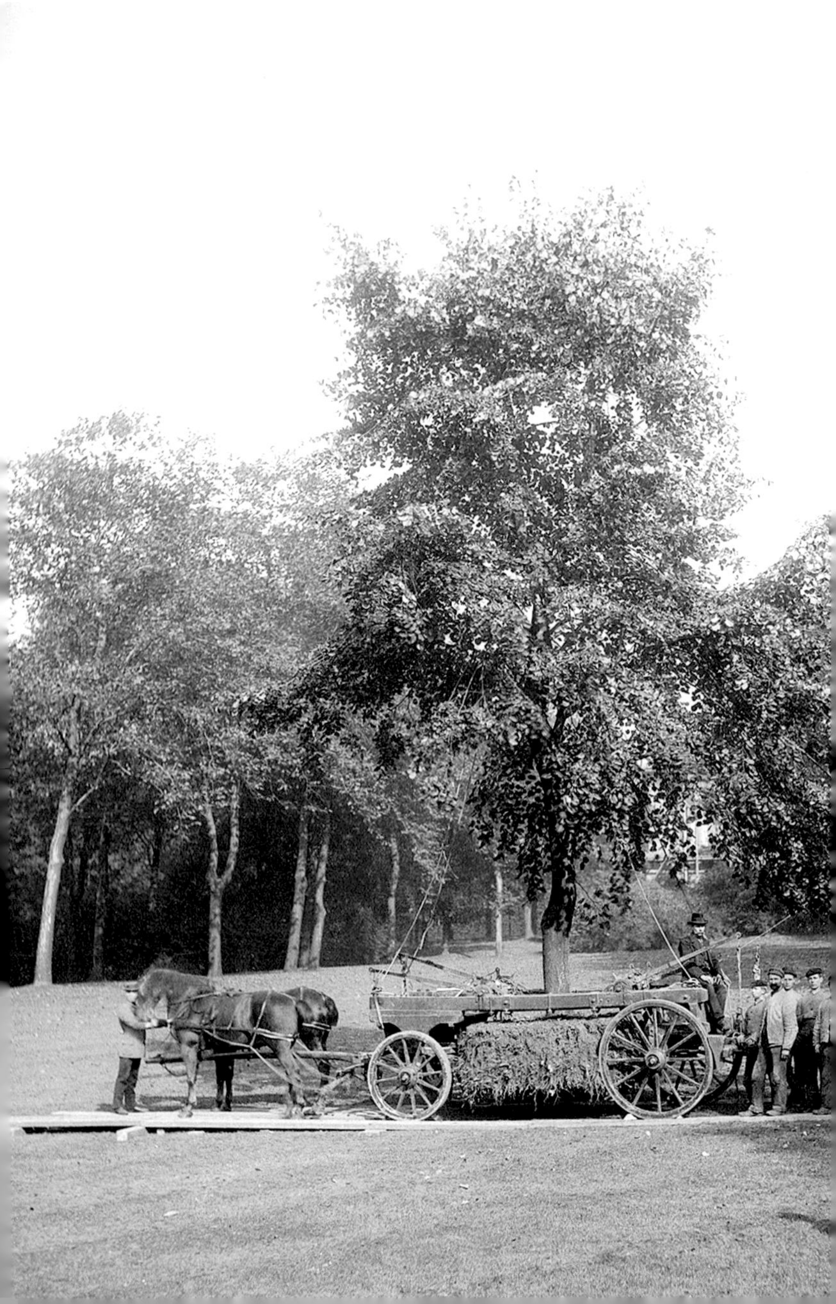

Die Anlage eines Parks ist gemeinhin ein langfristiges Unternehmen. Zwar war auch das Hügelprojekt für nachfolgende Generationen geplant, aber Alfred Krupp wollte »noch bei Lebzeiten« den Anblick eines ausgewachsenen Waldes genießen. Er setzte sich selbst unter Zeitdruck, schließlich war er bei Baubeginn 60 Jahre alt. »Das Gras wächst nicht schneller, wenn man daran zupft«, lautet eine chinesische Weisheit. Doch der Unternehmer, bei dem stets alles »rasch« gehen musste, wollte so bald wie möglich Ergebnisse sehen.

Schon vor Baubeginn der Villa hatte Krupp großflächig aufgeforstet. Bei der Anlage des Parks ging er noch einen Schritt weiter. Mit Baumverpflanzungen waren englische wie französische Baumschulen bestens vertraut. Krupp soll davon über seinen Vertreter in Paris erfahren haben oder beim Besuch der Weltausstellung 1867. Zeichnungen für die speziellen Transportwagen ließ er sich von den Spezialisten in Frankreich besorgen, bekanntlich sei das »Verfahren, große Bäume zu verpflanzen, wie es bei Paris ausgeführt wird, als das beste anerkannt«. Nach diesen Skizzen fertigte Schmiedemeister Schossier, der sonst schwere Schleppwagen für Kanonentransporte baute, mehrere Wagen an. Nicht nur einzelne Bäume, ganze Alleen hat Krupp aufkaufen lassen. Eine Ulmenallee aus Mülheim an der Ruhr, eine Allee großer Nussbäume aus Essen-Kettwig, etwa hundert alte Bäume aus Gelsenkirchen – sie alle wurden auf den Hügel transportiert und eingepflanzt. Die durchaus riskante

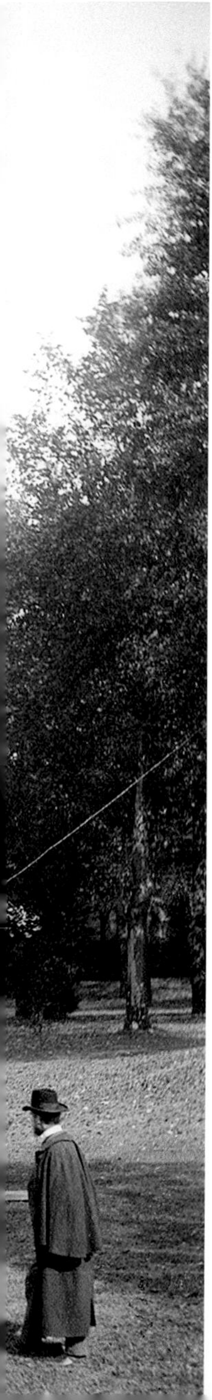

Baumpflanzwagen, um 1900

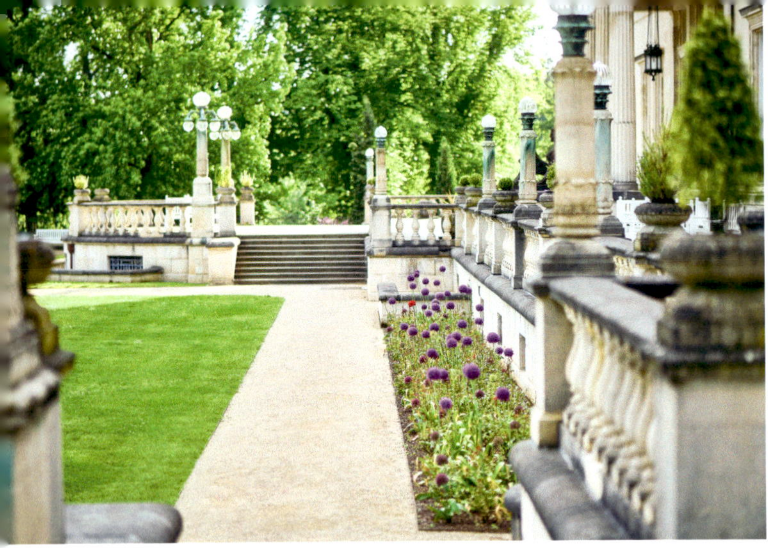

Südterrasse

Weg westlich der Rhododendron-Schlucht

nachfolgende Doppelseite: Rotblühende Rosskastanie

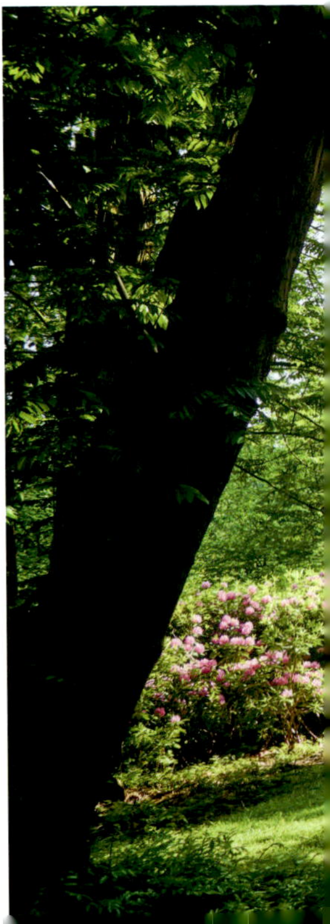

Baumverpflanzung hatte 25 Jahre zuvor schon ein anderer Deutscher erfolgreich praktiziert: Fürst Hermann von Pückler-Muskau begann 1846 im brandenburgischen Flachland den Park von Branitz mit Hilfe verpflanzter Bäume zu modellieren.

Während englische Gentlemen auf ihren Landsitzen mit exotischer Vegetation imponierten, favorisierte Alfred Krupp heimische Bäume. Buchen, Eichen, Platanen, Linden, Kastanien sowie Tannen und Fichten wurden gepflanzt – die ganze Vielfalt, die Reiz und Ruhm des von den Dichtern der deutschen Romantik besungenen deutschen Waldes ausmachte. So erhielt der Hauptweg um die Terrassen weißblühende Kastanien. Ergebnis einer Umpflanzaktion ist wohl auch der mächtige Platanenhain. Mit seinen charakteristisch gemaserten Stämmen wirkt er je nach Jahreszeit und Lichteinfall wie eine grüne Kathedrale. Die großen Buchen am ehemaligen Reitweg oberhalb der Rhododendron-Schlucht sind ebenfalls Verpflanzungen. Alle diese Bäume sind weit älter als der Park.

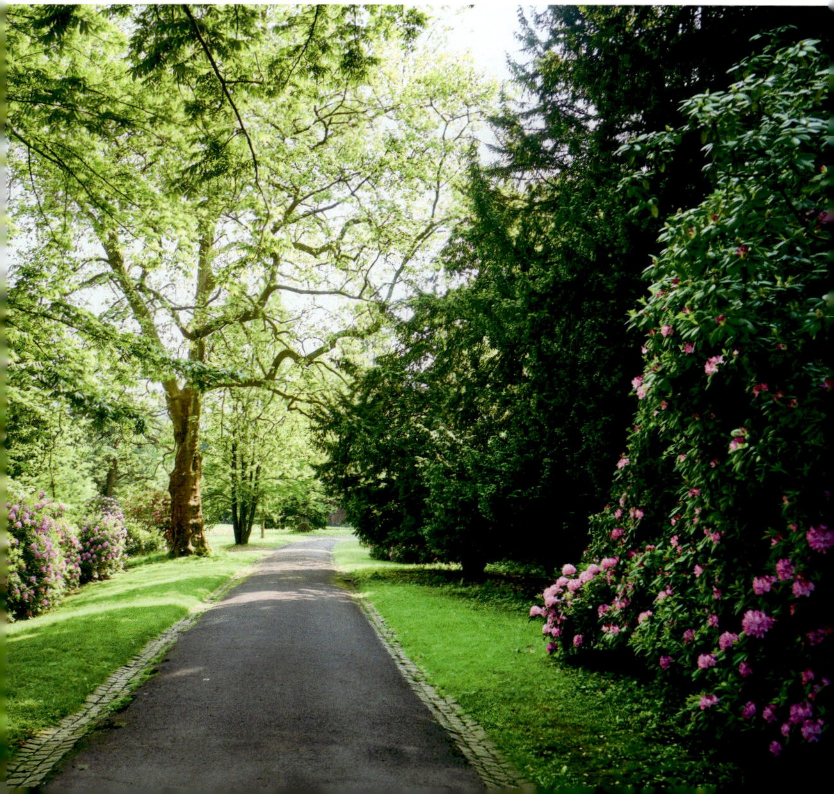

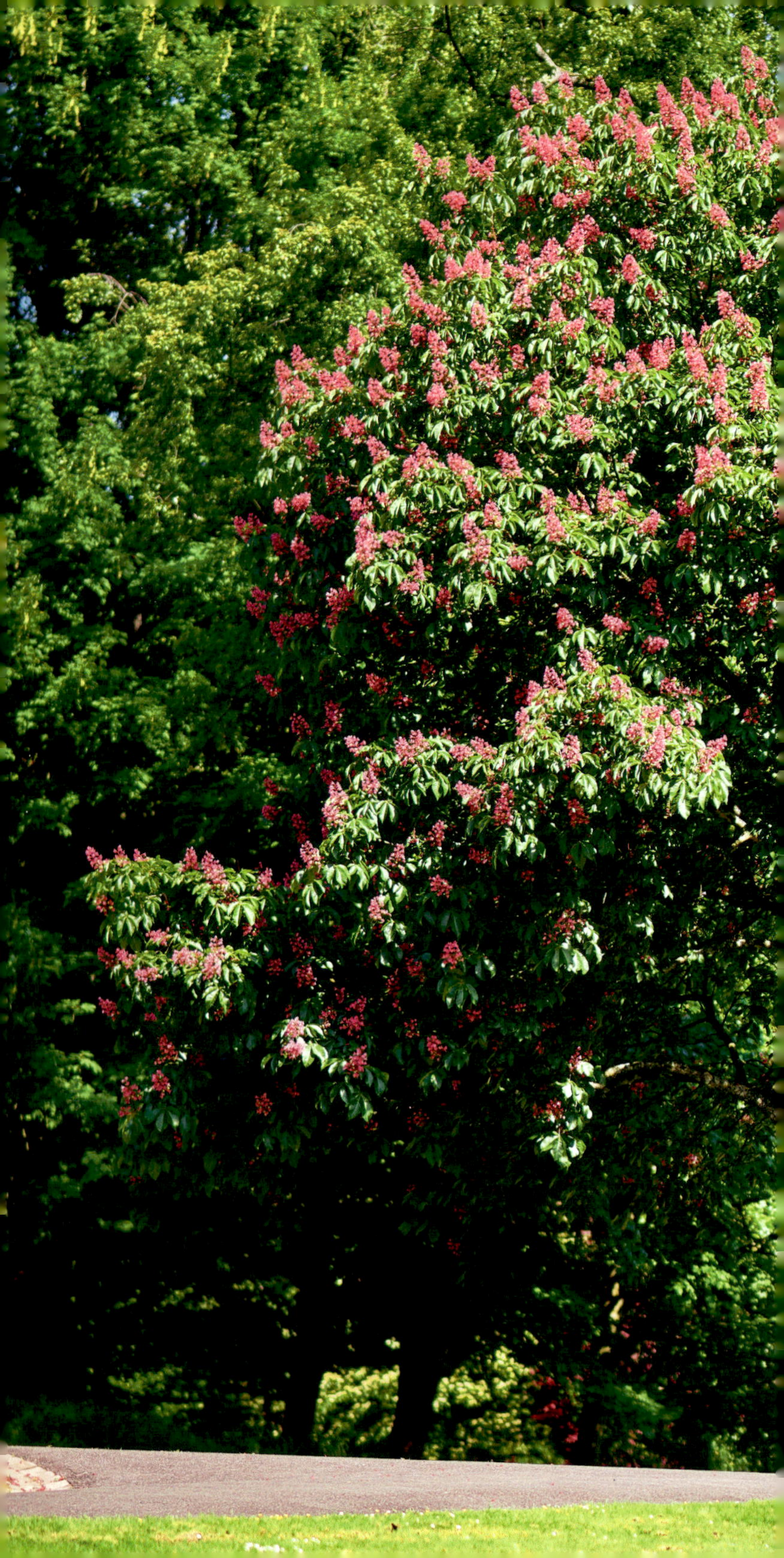

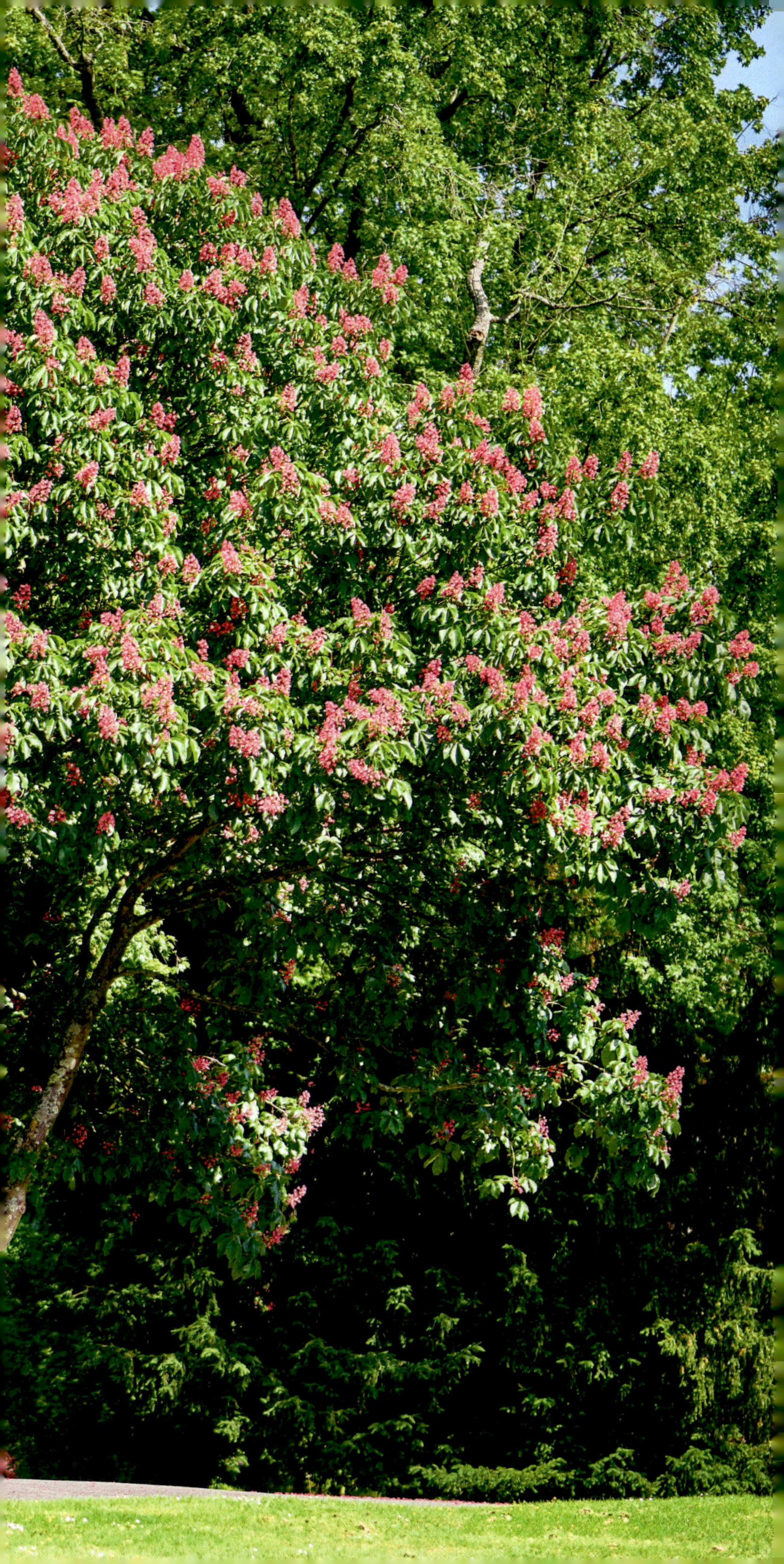

Die Pracht von Rhododendren veranlasste Alfred Krupp zur Ausnahme von der Regel. Vielleicht haben ihn die haushohen, immergrünen Schönheiten aus Asien bei seinen zahlreichen Englandreisen seit 1838 beeindruckt. Sie kamen Ende des 18. Jahrhunderts auch in Deutschland sehr in Mode. Krupp ließ sie nordwestlich der Villa unter Buchen in einer lang gezogenen Mulde anpflanzen. Die malerische Schlucht mit ihren blühenden »Wänden« können erst heutige Besucher in voller Herrlichkeit genießen. Ein anderes reizvolles Element ist verschwunden: In den künstlichen Bachlauf, der sich durch die Schlucht schlängelte und am südlichen Ende im »Nymphäenteich« mündete, wird heute hingegen Regenwasser eingeleitet. Die im Winter auch als Schlittschuhteich beliebte Wasserfläche wurde später zugeschüttet; eine kleine Brücke kennzeichnet heute die

Rhododendrenblüten

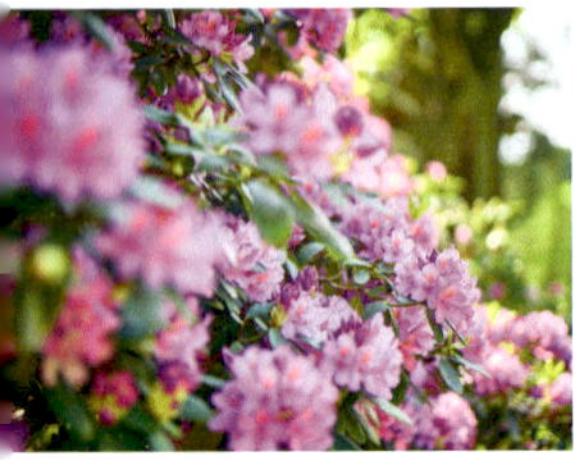

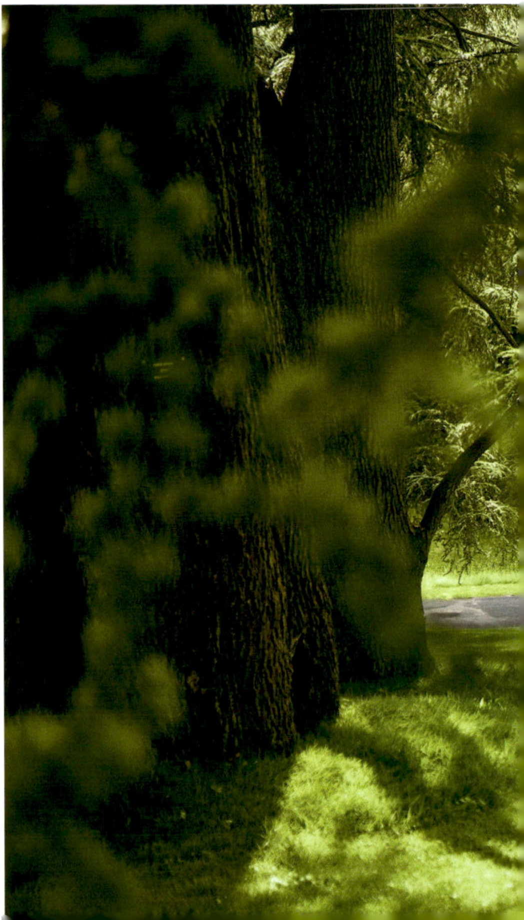

Brücke am ehemaligen
Schlittschuhteich

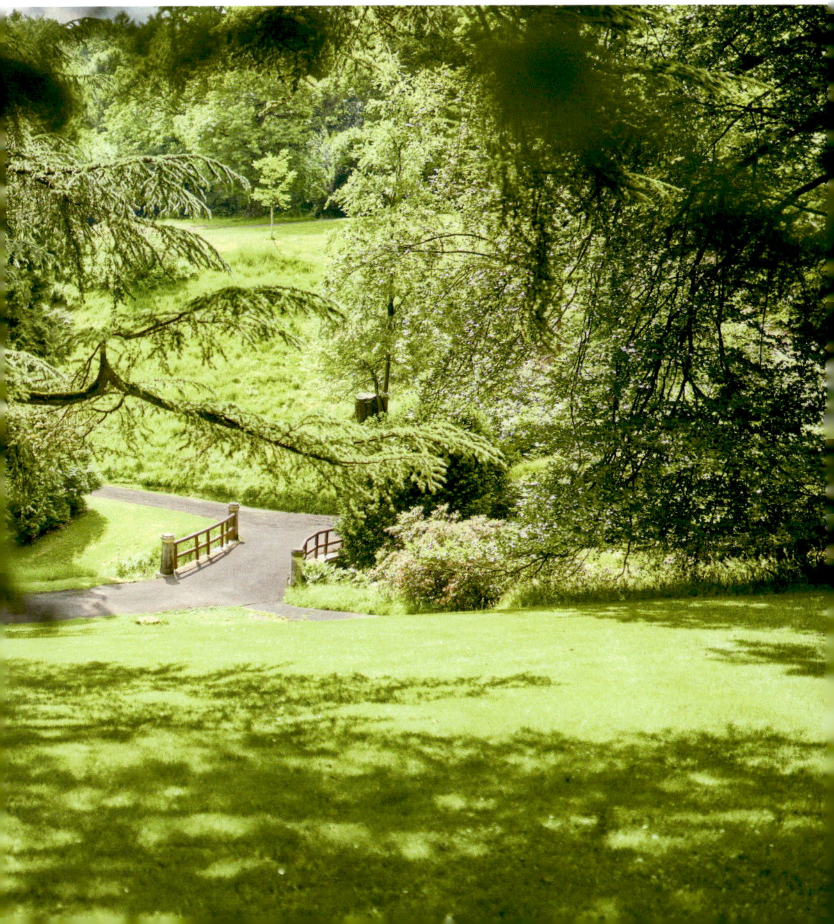

nachfolgende
Doppelseite:
Kaukasus-
Vergissmeinnicht
»Brunnera
macrophylla«

Duo aus
Rosskastanien

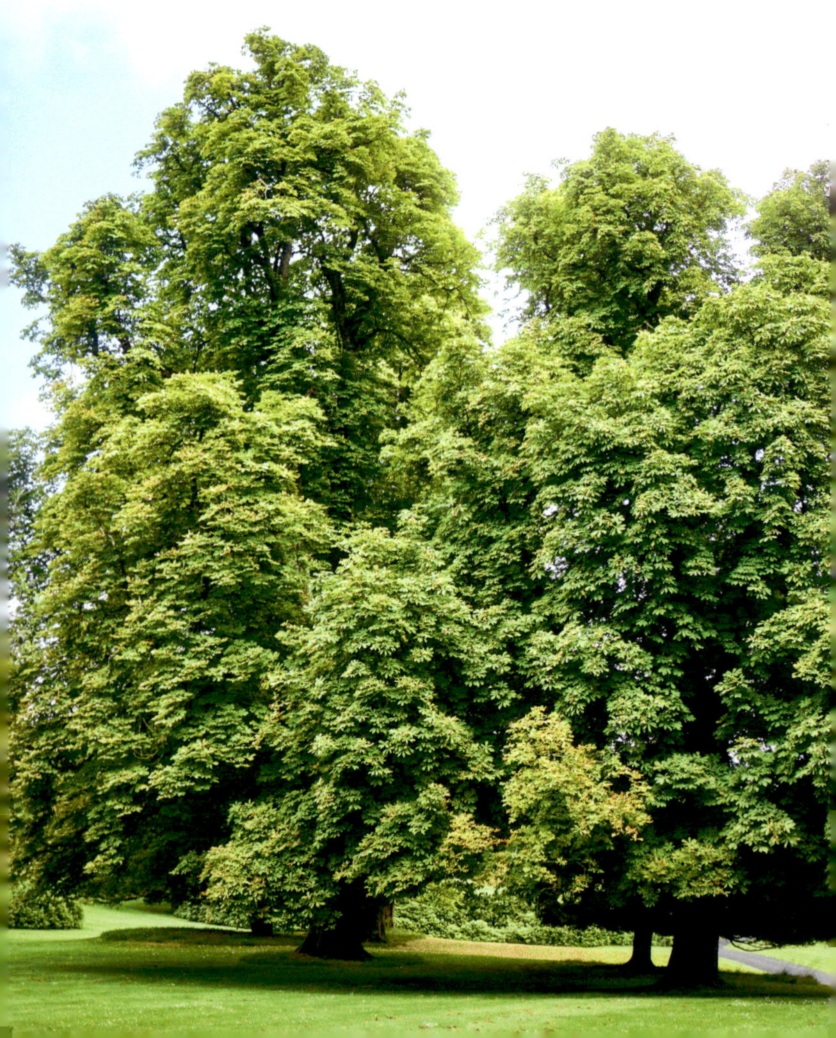

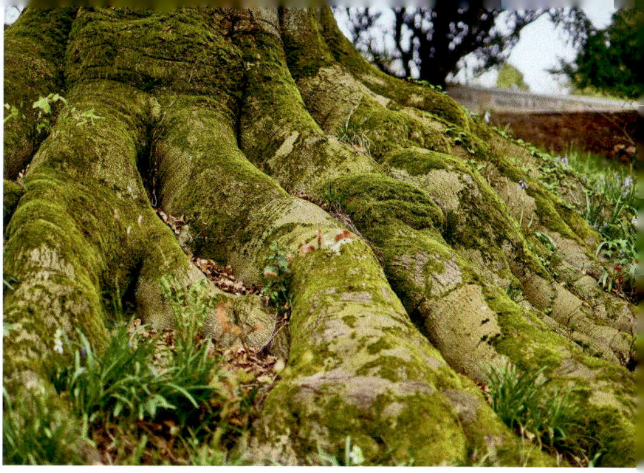

Buchenwurzel am Westpavillon

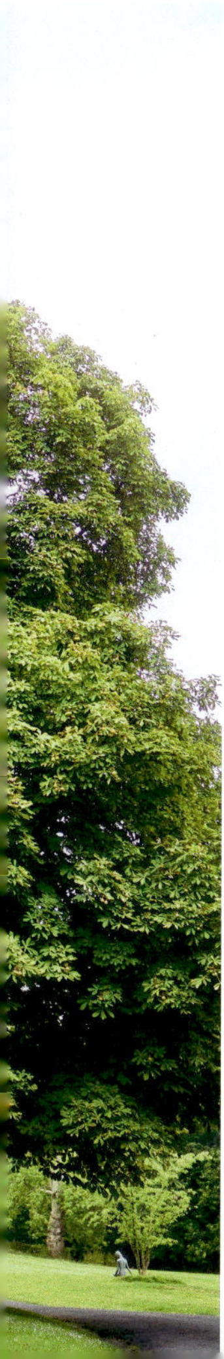

Stelle. Zwar ist der Bach versiegt, doch an heißen Tagen spürt man noch erfrischende Kühle in der Schlucht. Bemooste Steine und modrige Wurzelreste, Farne, Funkien und andere Schattenpflanzen geben ihr eine besondere Aura.

Westlich dieser Schlucht führen Serpentinenwege durch ein leicht hügeliges Gelände mit immer neuen Sichtachsen, die sich auf einzelne Bäume oder sorgfältig aufeinander abgestimmte Gruppen öffnen. Es ist eine effektvoll inszenierte Choreografie dendrologischer Raritäten. Vom nördlichen Ausgang der Schlucht aus setzt inmitten einer ansteigenden weiten Rasenfläche ein Rhododendron-Wall noch einmal ein weithin leuchtendes grünes Ausrufezeichen. Der kleine Eichenhain stammt zum Teil noch aus Alfred Krupps Zeiten. Vom damaligen Portiershaus II, dem ehemaligen Haupteingang, führte die Hauptallee in den Park, damals von weißblühenden, heute von rotblühenden Kastanien gesäumt. Hinter der elegant geschwungenen S-Kurve öffnete sich der Blick auf die im Tal liegende, in Grün gebettete Villa. Das schlicht »Obere Sicht« genannte Panorama musste selbst weltläufige prominente Gäste beeindrucken.

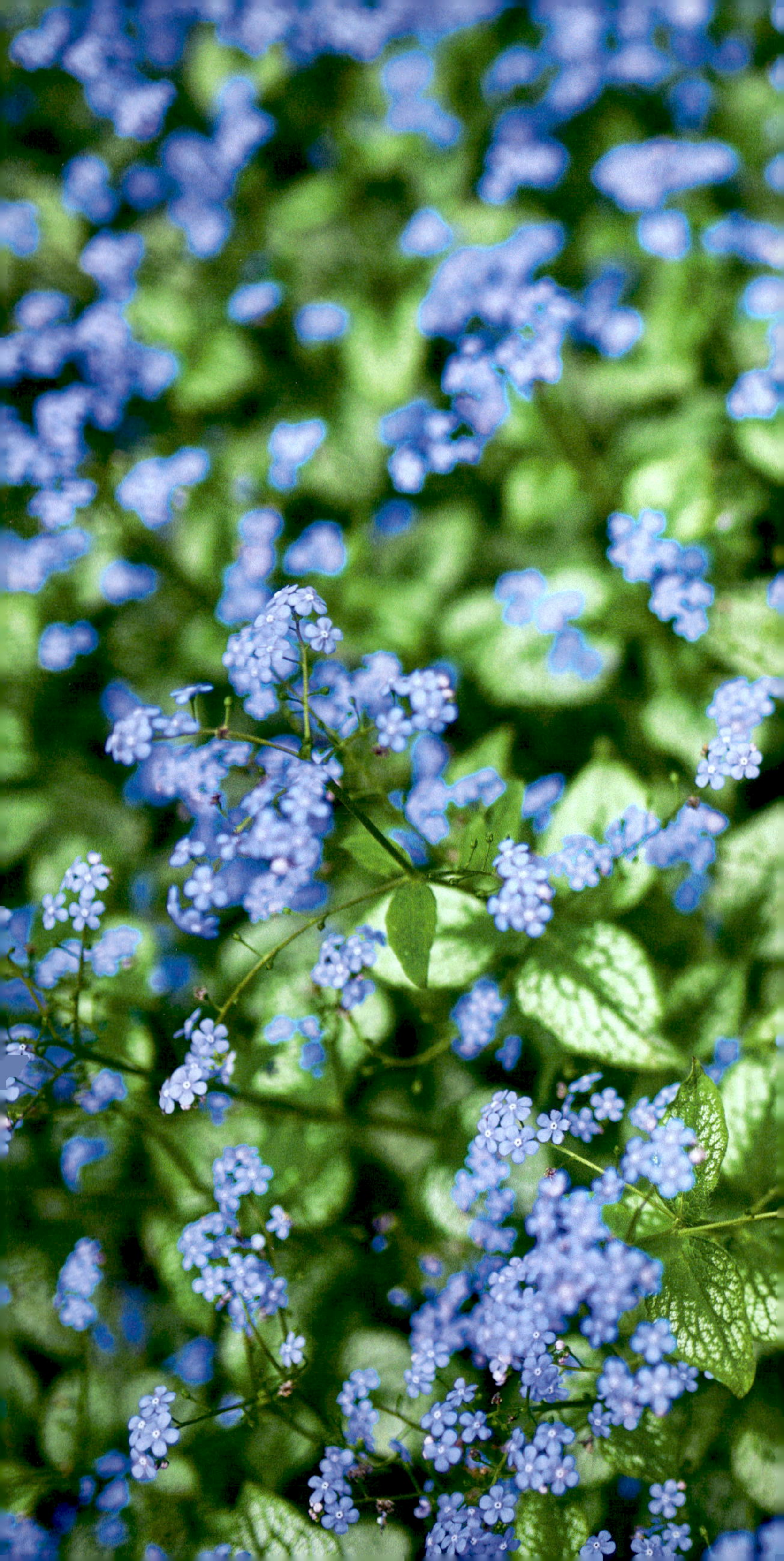

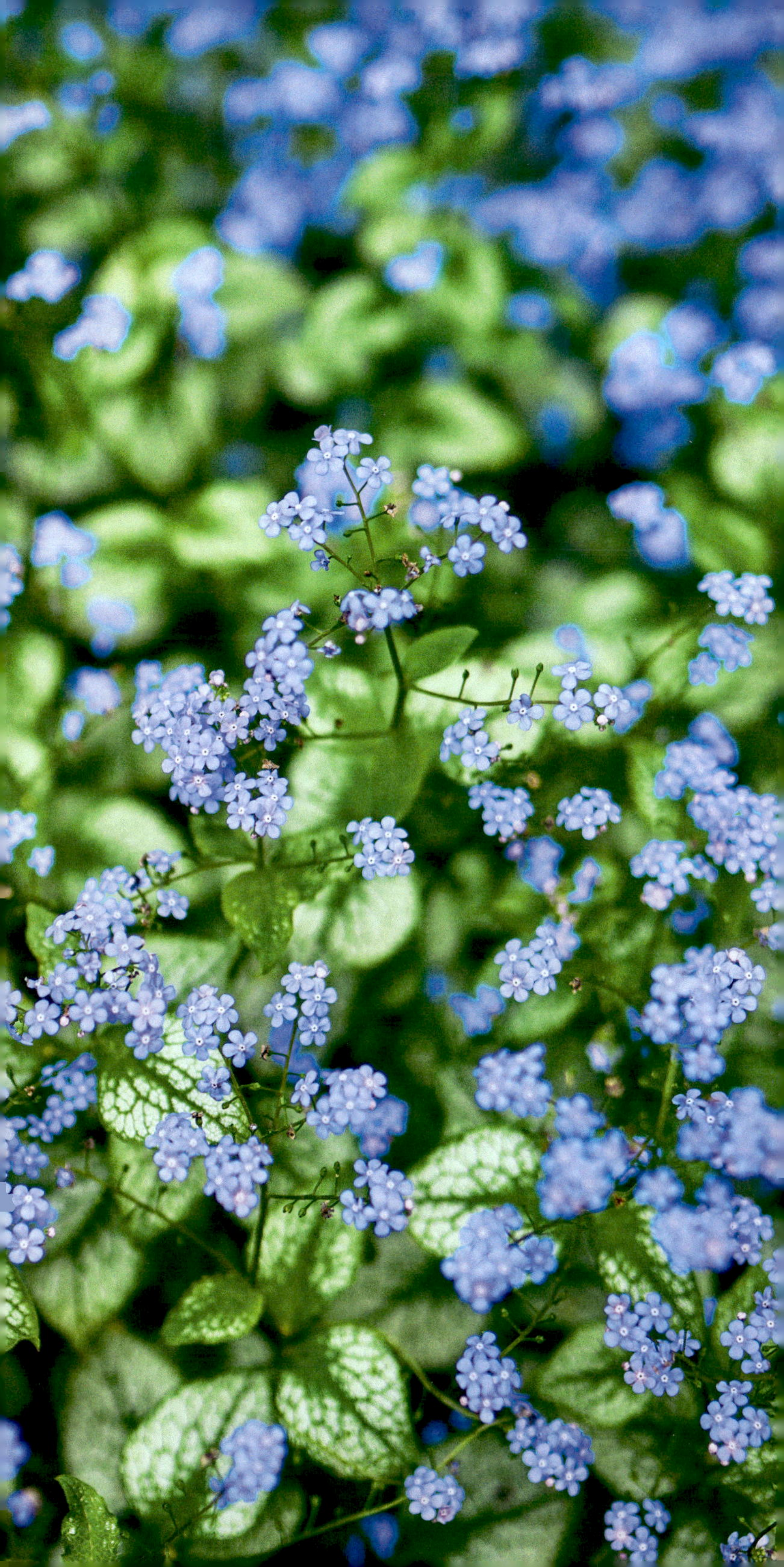

Der obere Terrassengarten

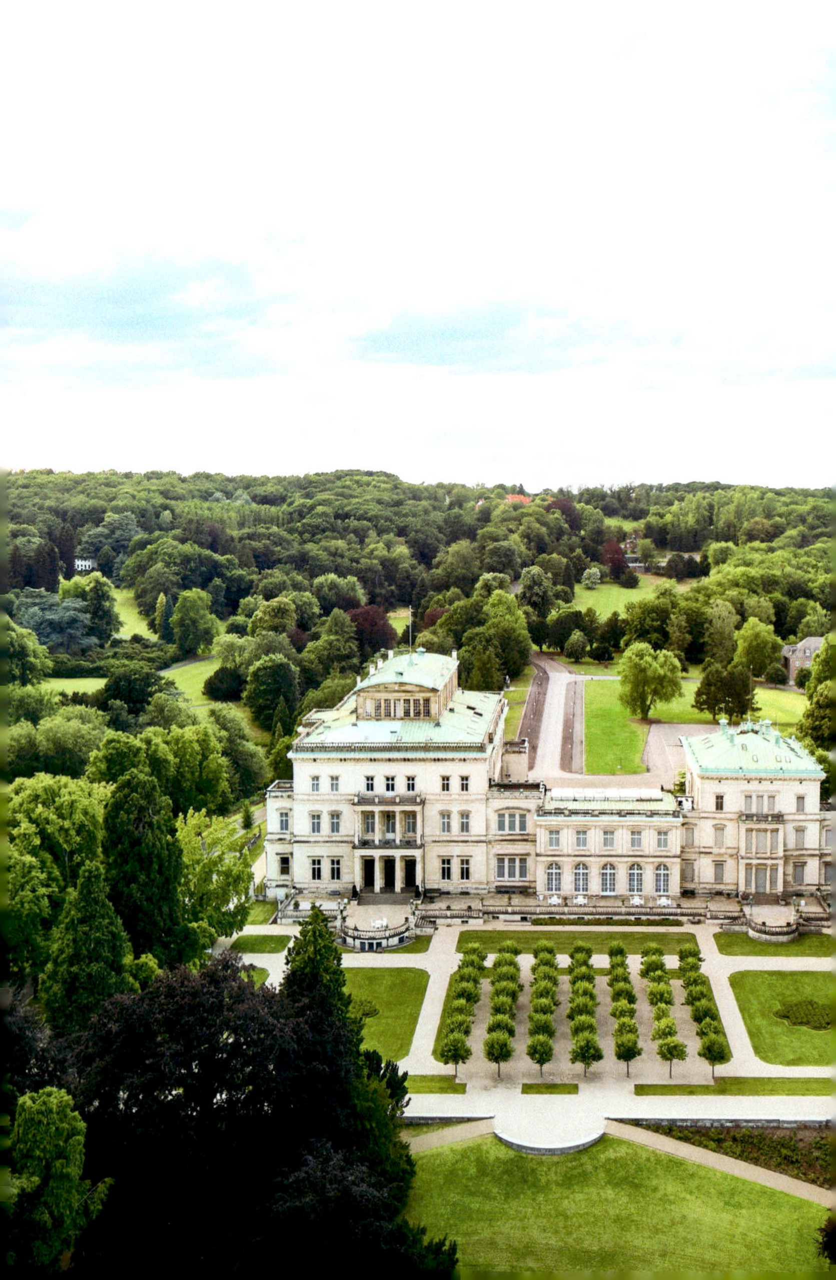

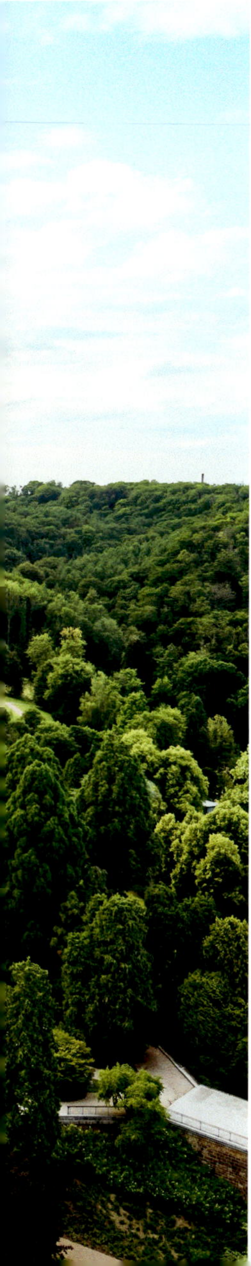

Den oberen, heute durch Rasenflächen und einem nach historischem Vorbild neu angelegten Lindenhain gestalteten Garten betritt man ab 1873 direkt von den drei Gesellschaftsräumen im Erdgeschoss der Villa Hügel über eine von niedrigen Balustraden abgeschirmte Steinterrasse. Sie nimmt mit immerhin 97 Metern die gesamte Südfassade des Gebäudes ein und führt mit wenigen Stufen in den Garten. Dieser ist typisch für seine Zeit, denn Mitte des 19. Jahrhunderts prägt der Historismus, der die Stile früherer Epochen miteinander vermischt, auch die Gartenkultur. Der toskanische Villengarten der Renaissance, der geometrische französische Barockgarten und der englische Landschaftsgarten bilden die Basis für eine Dreiteilung, die auch die führenden Gartenkünstler des 19. Jahrhunderts, Peter Joseph Lenné und Fürst Hermann von Pückler-Muskau, vertreten: ein Blumengarten direkt am Haus, der künstlerisch locker gestaltete »Pleasureground«, der in den anschließenden Landschaftspark übergeht. Ob Alfred Krupp bei seinen Skizzen durch Reisen nach England oder nach Berlin/Potsdam Vorbilder im Sinn hatte?

Sein »Hausgarten« ist die Nahtstelle zwischen Architektur und Natur. Es ist eine in sechs Rechtecke aufgeteilte Fläche, die von breiten Kieswegen durchzogen ist. Im Zentrum wird ein sommers duftender Lindenhain angelegt, damit man im Schatten wandeln

Luftaufnahme des oberen Terrassengartens

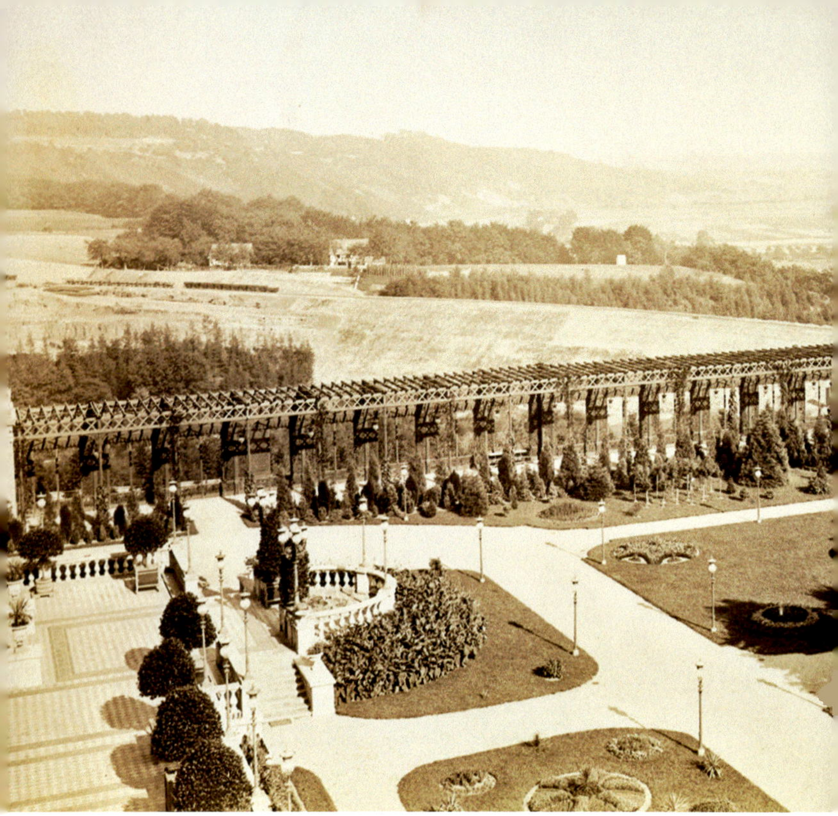

kann. Krupp wünscht vor allem Schutz gegen »Sonnenhitze und Strahlen«. Beidseitig wird der quadratische Hain von Rasenflächen mit je einem Springbrunnen in der Mitte eingefasst. In den äußeren Ecken leuchten runde Blumenrabatten, die Teppichbeete – eine Neuerung des späten 19. Jahrhunderts, bei der niedrige Stauden, dicht gepflanzt, farbenfrohe ornamentale Muster bilden. Die typisch viktorianische Üppigkeit wird in Deutschland durch den »grünen« Fürsten Pückler populär, der seine Parks in Muskau und Branitz gestaltet und an den Gärten von Schloss Babelsberg in Potsdam und Schloss Glienicke in Berlin mitgewirkt hat. Kugelbuchse und blutrote attraktive Canna als beliebte zeitgenössische Pflanzen zieren rechteckige Beete vor der Steinterrasse. Selbst

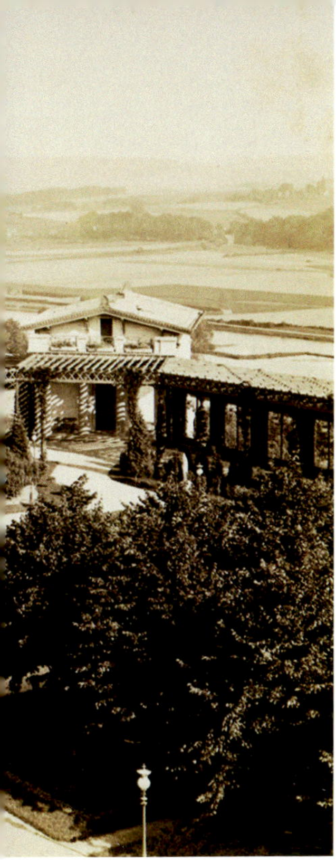

Blick über den oberen Terrassengarten mit Laubengang und östlichem Pavillon auf das Ruhrtal, 1883

Südliche Stützmauer des unteren Terrassengartens

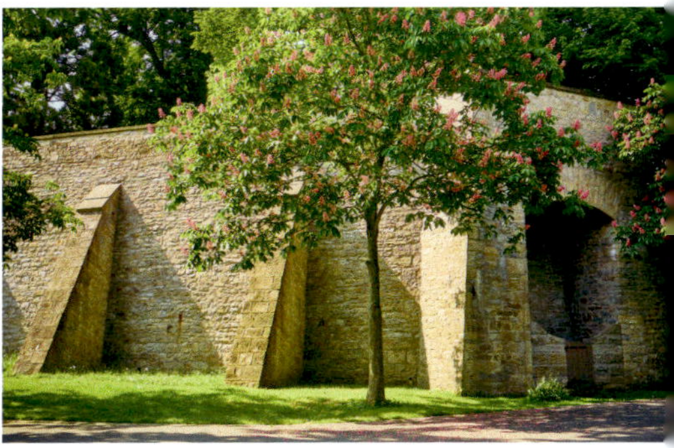

Westlicher Laubengang, um 1920

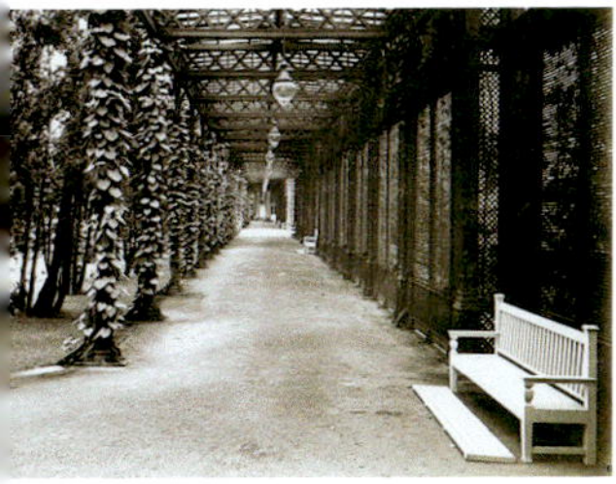

die exotische Araukarie lässt Krupp zu, sonst ein vehementer Verfechter heimischer Vegetation. Die Araukarie mit ihrer bizarren Kegelform war damals modern. Komplettiert wird dieses intime grüne Refugium mit Laternen, Vasen und Skulpturen.

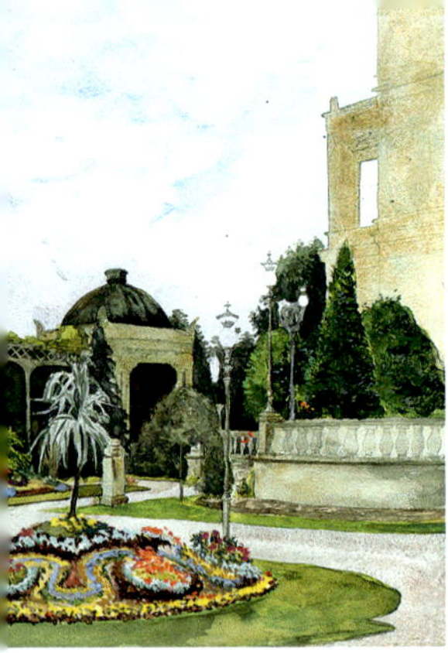

Oberer Terrassengarten, Aquarell von Margarethe Krupp, 1890er-Jahre

Der obere Garten wird von einem u-förmigen Laubengang umrahmt. Er ist zum Hang mit einer massiven Stützmauer abgesichert und trennt den oberen vom unteren Terrassengarten. Die Pergola ist eine Konstruktion aus filigranen Eisensäulen. Berankt wird sie mit der Pfeifenblume, einem schnell wachsenden Schlingstrauch mit pfeifenartigen Blüten. Die großen herzförmigen Blätter spenden Schutz vor der Sonne und schenken bei jedem Windhauch flirrendes Licht- und Schattenspiel. Zwei kleine Pavillons verbinden Pergola und Haus und sind zum Garten hin offen. Sie dienen mehr der Dekoration, werden aber auch als Teehaus genutzt. An den Eckpunkten des Laubengangs thronen zwei große ›Pavillons‹ mit Sockelgeschoss, bewohnbare Fluchtburgen mit Blick in den Garten. Mit ihrer antikisierenden Säulenfassade erinnern diese Pavillons, nach heutigem Verständnis, eher an Tempel als an Gartenhäuser. Die Krönung des Laubengangs, der parallel zur Längsfront des Hauses verläuft, ist in der Mitte eine halbrunde Plattform, ein Sitzplatz mit grandioser Aussicht auf das Tal der Ruhr. Zur Gartenseite erhält der Laubengang einen dichten Saum aus Taxus, Buchs, Thuja und Nadelgehölzen. Einige stattliche Exemplare aus jener Zeit sind noch heute auf der Südterrasse zu bewunden.

Friedrich Alfred Krupp mit Prinz Chun, dem Bruder des chinesischen Kaisers, 1901

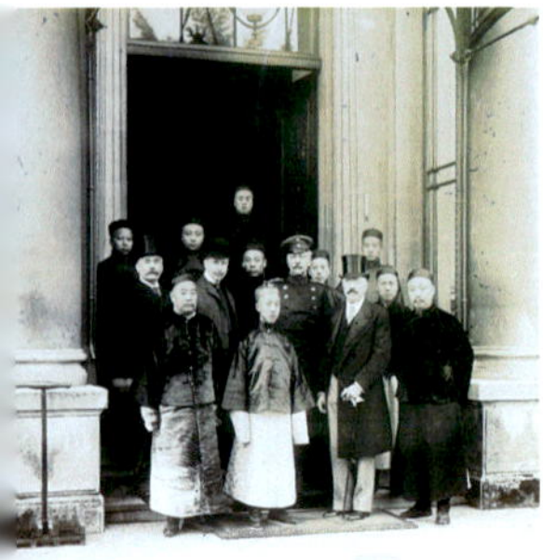

Unter Friedrich Alfred und Margarethe Krupp wandelt sich der obere Garten immer mehr zum luxuriös ausstaffierten Freiluftsalon für die wachsende Schar der Gäste. Die Villa Hügel übernimmt immer stärker die Doppelfunktion eines familiären Refugiums und gleichzeitig eines repräsentativen Aushängeschilds für das Unternehmen. Krupp zieht Kunden, Kaiser und Könige aus aller Welt nach Essen und zum privaten Empfang auf den Hügel. Deswegen muss auch der Garten der neuesten Mode entsprechen. Er wird immer üppiger bepflanzt, in den opulenten Teppichbeeten thronen kleine Dattelpalmen; schmale Staudenrabatten, Zwergpalmen und Liliengewächse halten Einzug. Alfred Krupps kunstsinniger Sohn lässt vom Bildhauer Max Dennert vier Hermen und eine Vase mit einem Meeresgott anfertigen, die allesamt heute nicht mehr

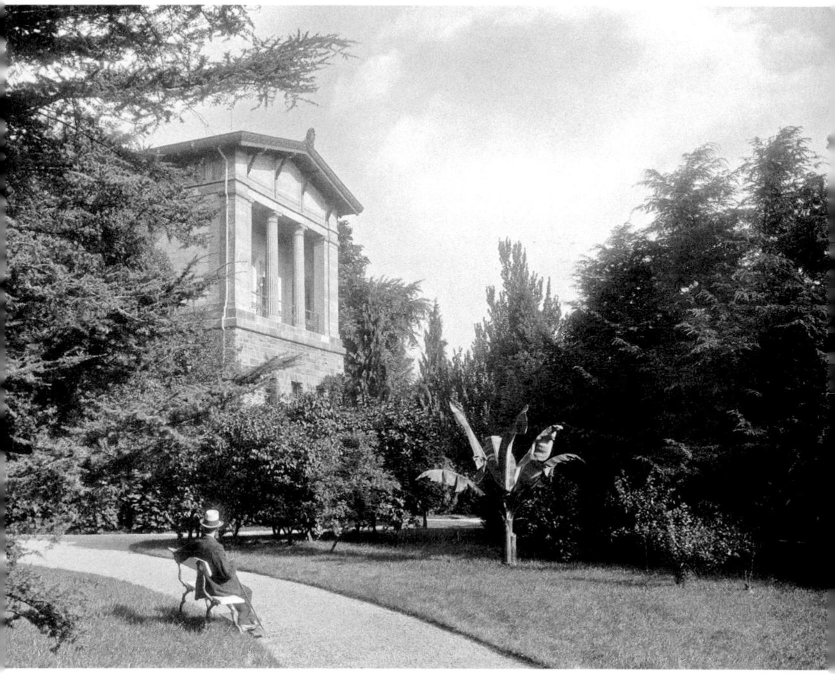

Östlicher Pavillon, um 1900

vorhanden sind. Zwei ägyptische Sphingen von Dennert bewachen ab etwa 1900 den Terrasseneingang des Großen Hauses. Das Löwen-Paar vor dem Kleinen Haus ist vermutlich Souvenir einer Italienreise.

Dieses Gartenbild bleibt im Wesentlichen bis zum Ende des Zweiten Weltkriegs unverändert. Bertha Krupp, Tochter des früh verstorbenen Friedrich Alfred Krupp, und ihr Mann Gustav Krupp von Bohlen und Halbach bewahren das Erbe. Der Lindenhain ist ein ansehnliches Wäldchen geworden, das bis

nachfolgende Doppelseite: Westpark in Herbstfärbung

Blick auf die Fassade der Villa Hügel von Süden gesehen

Anfang der 1960er-Jahre besteht. Erst mit der dann folgenden einschneidenden Veränderung wird es gefällt. Mit ihm werden auch Laubengang und Pavillons abgetragen. Springbrunnen, Skulpturen, Vasen und die längst als altmodisch verpönten Blumenbeete werden entfernt. Alles wird zugunsten einer großen einheitlichen Rasenfläche eingeebnet, auf der 2018 der Lindenhain rekonstruiert wird. Damals wie heute wird

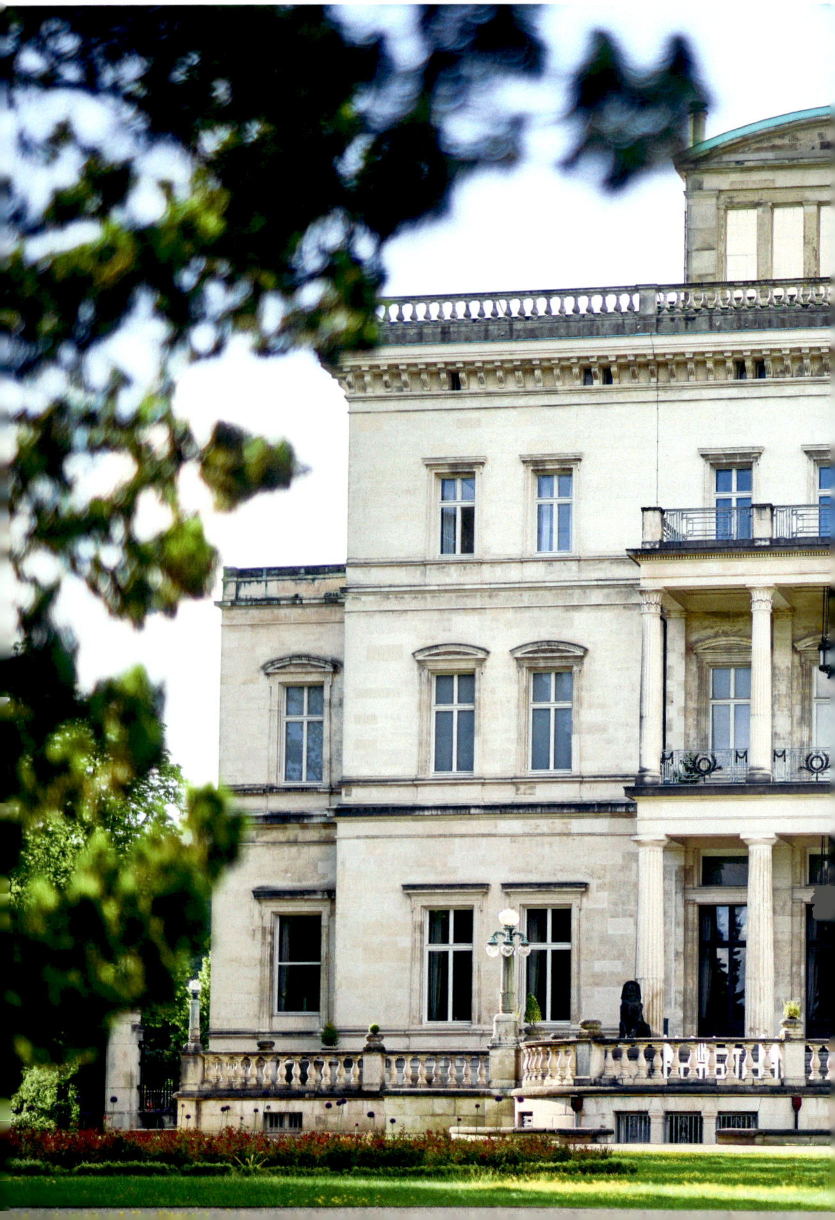

die Fläche eingerahmt von imposanten alten Bäumen. Einheimische Exemplare wurden noch unter Alfred Krupp gepflanzt. Sein Sohn Friedrich Alfred fügt Eiben und Scheinzypressen hinzu sowie Thujen, mehrere Mammutbäume mit ihrer zylinderförmigen Silhouette und Libanonzedern. Entlang der Terrassenfront der Villa bilden heute Rosen vom Frühling bis zum Spätsommer ein dichtes blühendes Beet.

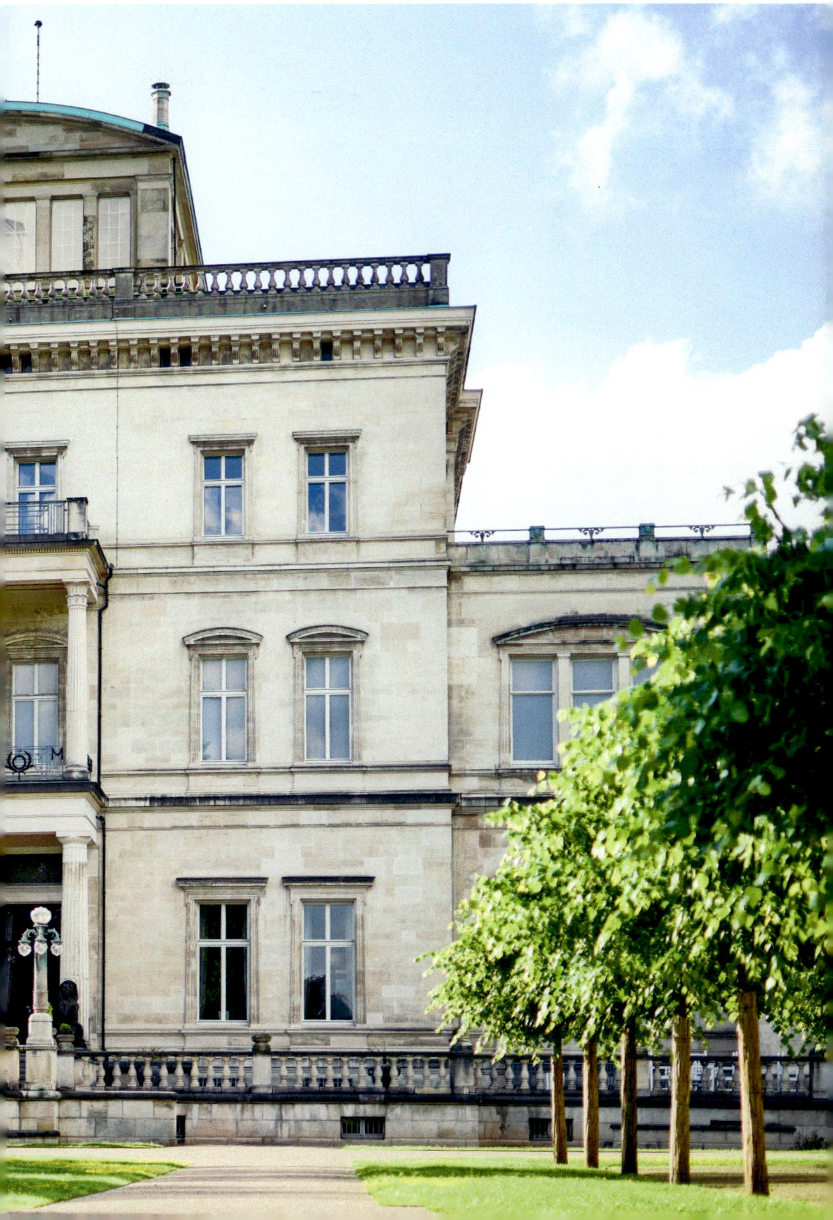

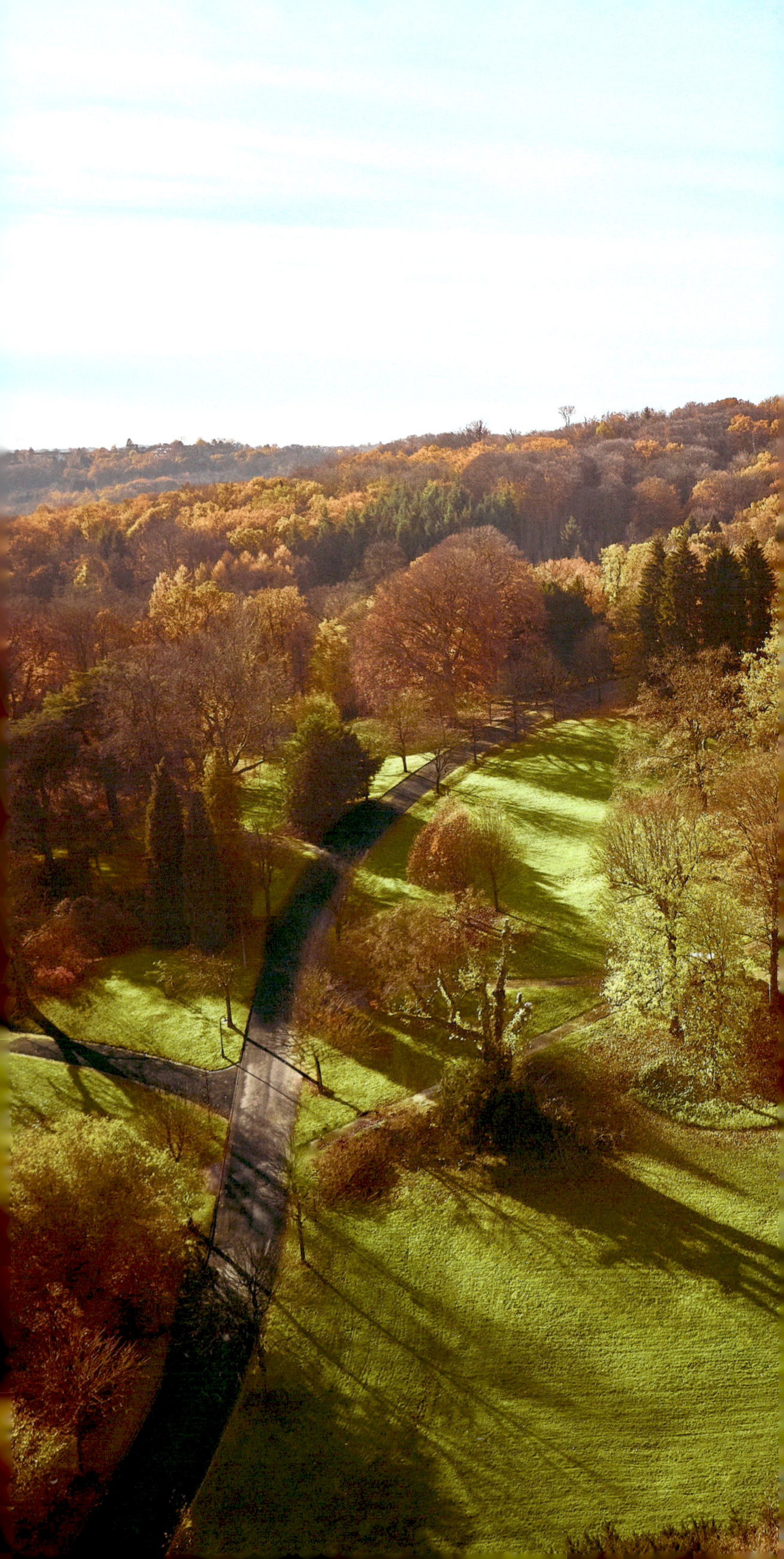

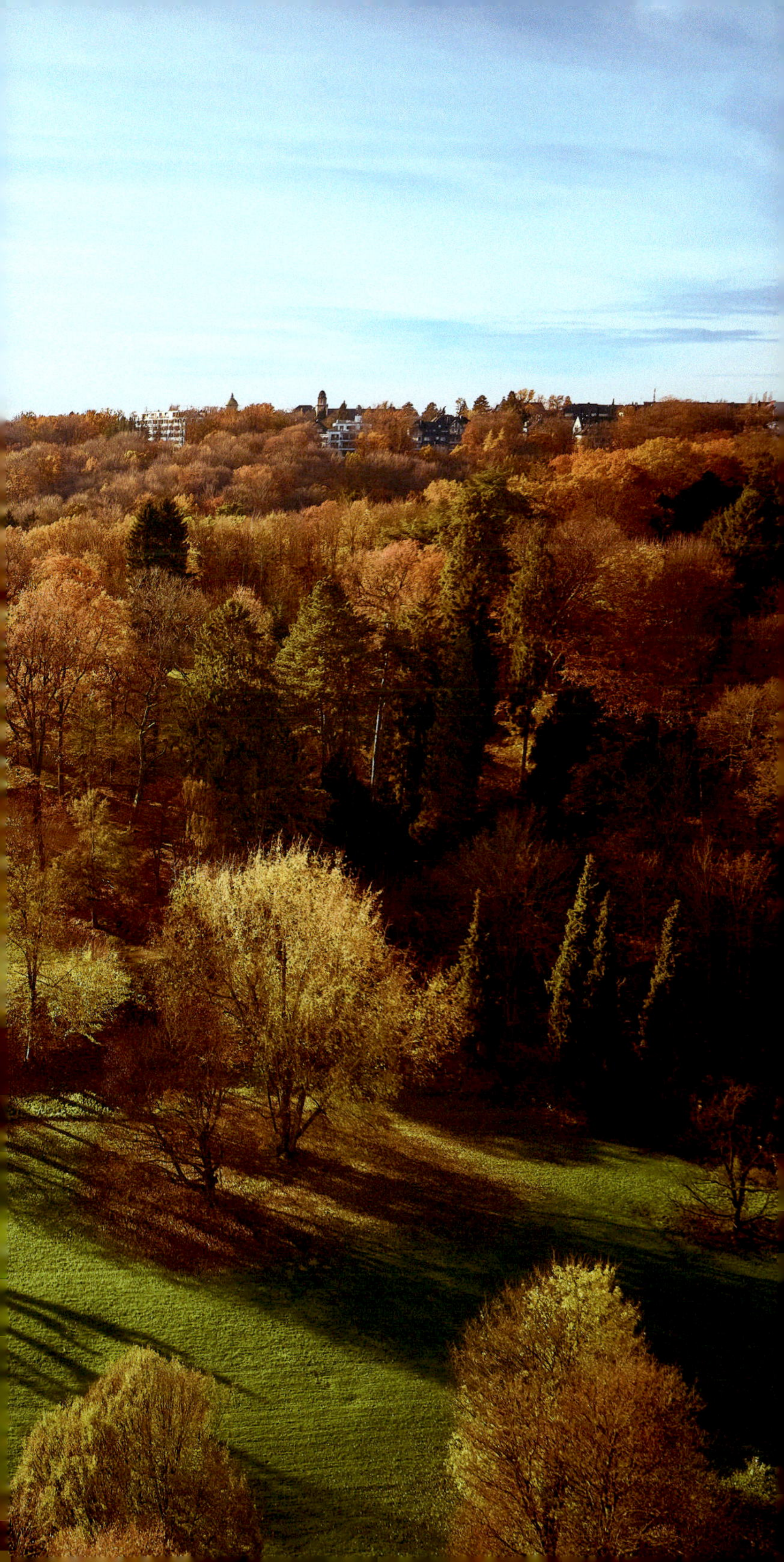

Der untere Terrassengarten

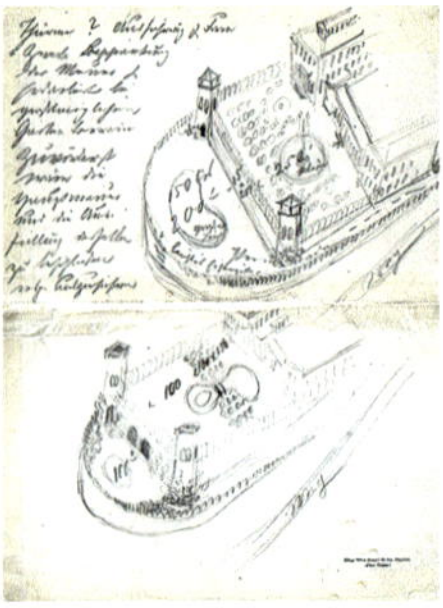

Skizzen von Alfred Krupp zur Anlage des oberen und unteren Terrassengartens, um 1868

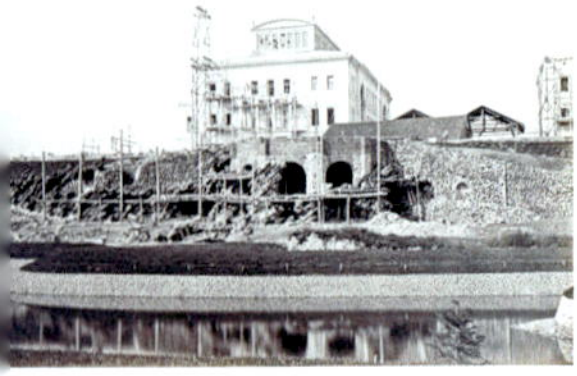

Bauplatz der Grotte im unteren Terrassengarten, 1871

Die Pracht des unteren Terrassengartens ist vergangen. Das mögen manche beim Anblick historischer Fotos bedauern, denn dort gab es einst als Hauptattraktion einen künstlichen Teich, dessen Ufer durch anmutig hängende Trauerweiden verdeckt wurde. Am hinteren Rand des Teichs zog eine romantische Grotte die Blicke auf sich, geschickt eingebaut in die Mauer, die den oberen Terrassengarten stützte. Dessen halbrunde Aussichtsterrasse thronte über der bizarr geformten Steinhöhle. Künstliche Grotten waren seit der Renaissance ein beliebtes Element in der Gartengestaltung. Die bekanntesten und großen Beispiele sind bis heute in Italien – Villa D'Este in Tivoli bei Rom, Parco Demidoff in der Toscana, Isola Bella im Lago Maggiore – sowie im Park von Versailles zu sehen. In Deutschland ließ 1877 Bayerns Märchenkönig Ludwig II. mit der Venusgrotte in Schloss Linderhof die extravaganteste Variante bauen.

Zu dieser Zeit war die Grotte im Hügelpark längst fertig. Alfred Krupp hatte die Bauarbeiten 1871 beginnen lassen. Von welchen historischen Vorbildern er inspiriert worden war, ist nicht belegt. Jedenfalls gehörte die Grotte zu seinen Favoriten im Gartenprojekt. Er hatte genaue Vorstellungen über ihr Aussehen. Sie sollte »nicht wie eine Naturgrotte mit Kostenaufwand zur Gestalt einer Bärenhöhle (...) wie ein Wunderbau und als Kuriosum mit unwirtbarem Inneren« ausgeführt werden. Vielmehr wünschte sich Krupp einen Ort für »kühlen, propperen Aufenthalt«. Einen ersten Bau hatte er kurzerhand gleich wieder abreißen lassen. Umso größer waren

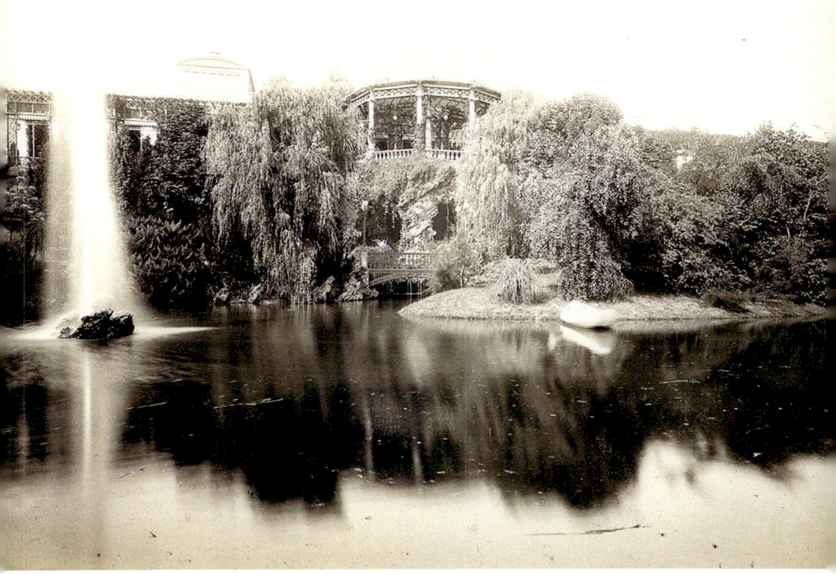

Blick über den Teich auf die Grotte und den Laubengang, 1883

Enttäuschung und Zorn, als auch beim zweiten Entwurf die Architekten seine Anweisungen missverstanden hatten. Die Ausführung mit drei Gewölben aus Ziegelkern mit Verblendung in Kalktuff sei ein »noch viel kolossalerer Wunderbau, wegen dessen ich den Garten nicht betreten möchte, weil er mir die Nichtachtung meiner Wünsche und den Hohn zeigt«, notierte Krupp 1872 erbost.

Ein Jahr später hatte er die Grotte durch Bepflanzungen derart verdeckt, dass man sie nur noch schemenhaft sehen konnte, was den Effekt des gesamten Ensembles aus Wasserfläche, Pergola, Terrasse und Bäumen durchaus erhöhte. Die malerische Kulisse spiegelte sich im Teich. An dessen Rand ruhten Ruder-

Mammutbaum
im oberen
Terrassengarten

nachfolgende
Doppelseite:
Luftaufnahme
der Villa Hügel
von Süden gesehen,
im Hintergrund
der Sitz der
Krupp-Stiftung

boote, die zu kleinen Kahnpartien einluden. Die im Historischen Archiv Krupp aufbewahrten Fotoalben der Familie zeigen, wie gerne und ausgelassen Familienmitglieder und Gäste dieses Vergnügen nutzten.

Als Liebhaber einheimischer Bäume ließ Krupp nahe des Teichs die damals sehr populären Silberlinden, Schwarzkiefern und vor allem Buchen, Blutbuchen und Hängebuchen pflanzen. Erst unter seinem Sohn Friedrich Alfred und danach unter Bertha und Gustav Krupp von Bohlen und Halbach nahm der untere Terrassengarten einen anderen Charakter an. Friedrich Alfred folgte dem damaligen Gartentrend nach Exotik und Exklusivität. Bananenstauden, Agaven und verschiedene Palmenarten verliehen diesem Teil einen besonderen Reiz. Diese Exoten sind, so kurzlebig ist selbst die Gartenmode, längst nicht mehr vorhanden. Andere Raritäten gehören bis heute zu den botanischen Schätzen des Hügelparks und bilden mit ihren markanten Silhouetten Blickpunkte: hochragende Mammutbäume, bizarre Zedern, ein Tulpenbaum, japanische Sicheltannen und persische Parrotien. Eine mächtige Blutbuche noch aus Alfred Krupps Ära ist schöner Solitär an der Nahtstelle der beiden Terrassen.

Etliche Jahrzehnte bleibt der untere Terrassengarten unverändert. Erst nach 1953, als der Hügel für die Öffentlichkeit zugänglich gemacht wird, kommt es im Park zu größeren Veränderungen. Beseitigt werden Laubengang, Stützmauer, Grotte und Teich. Die Wasserfläche wird zugeschüttet und mit Rasen übersät. Heute kommen die ehrwürdigen alten Bäume besonders zur Geltung. Sie setzen als Solitäre oder in Gruppen malerische Effekte. So erhält ab Mitte der 1950er-Jahre auch dieser Bereich des Hügelparks als Pendant zum oberen westlichen Park seinen heutigen Charakter.

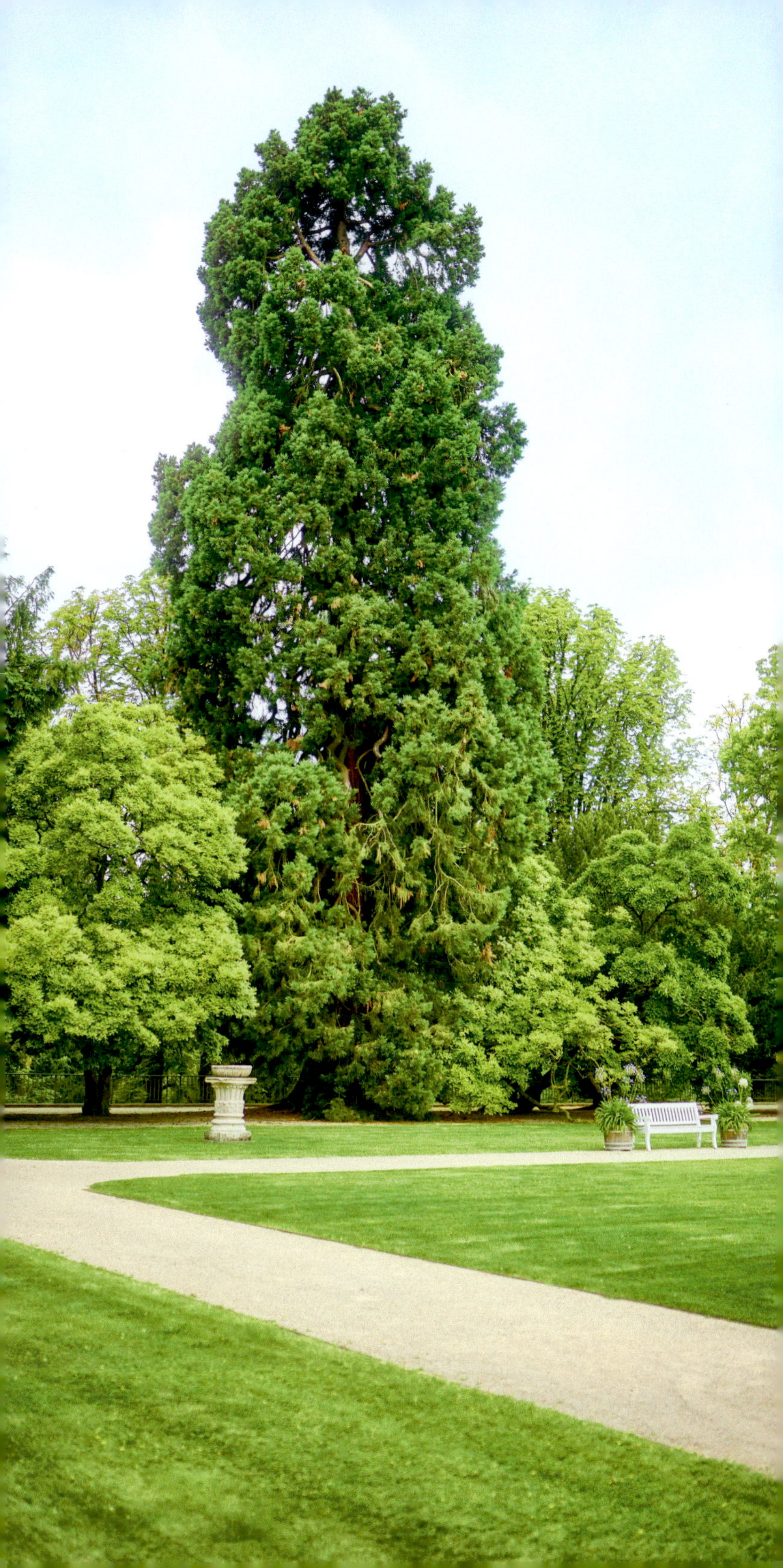

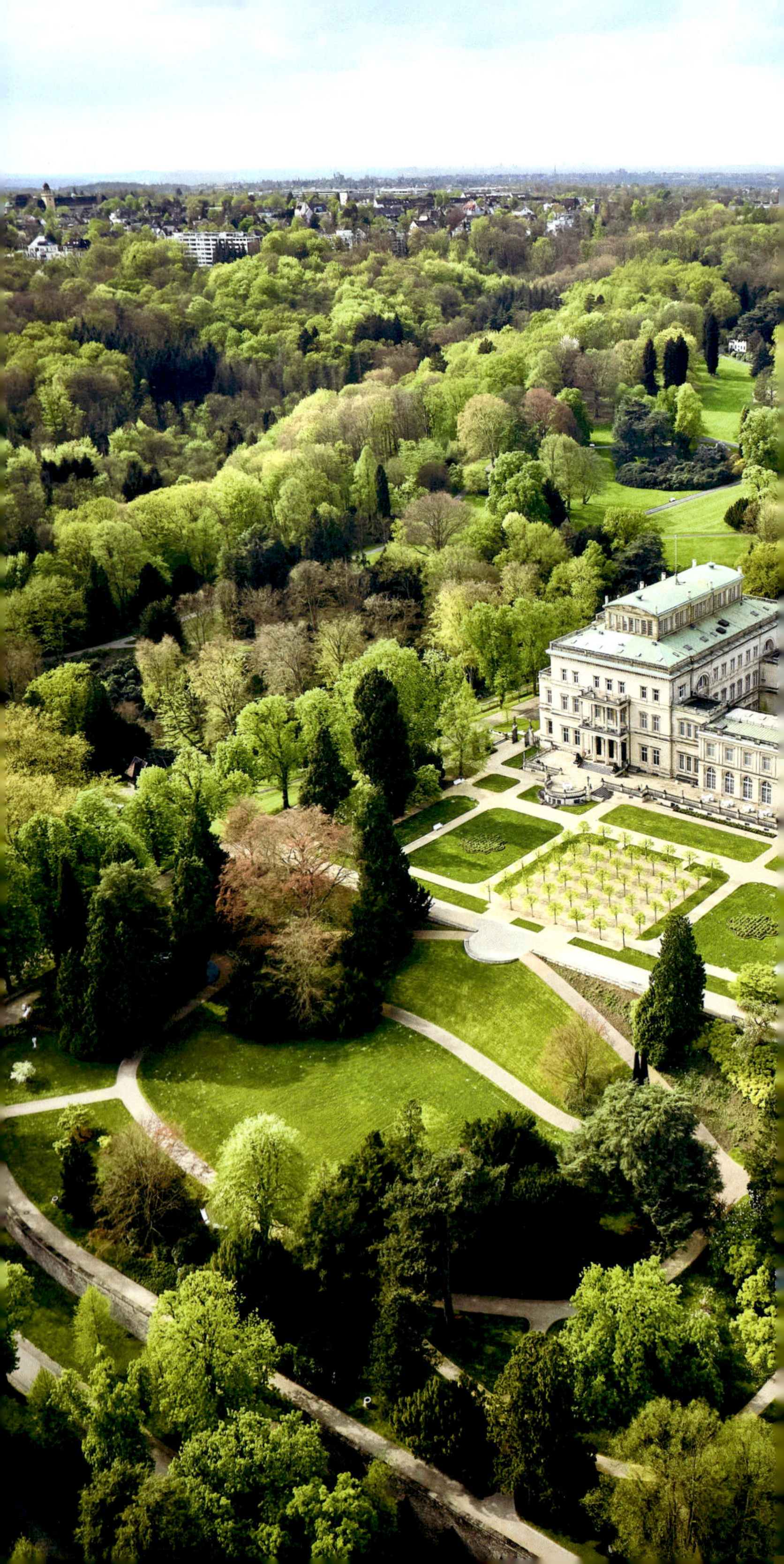

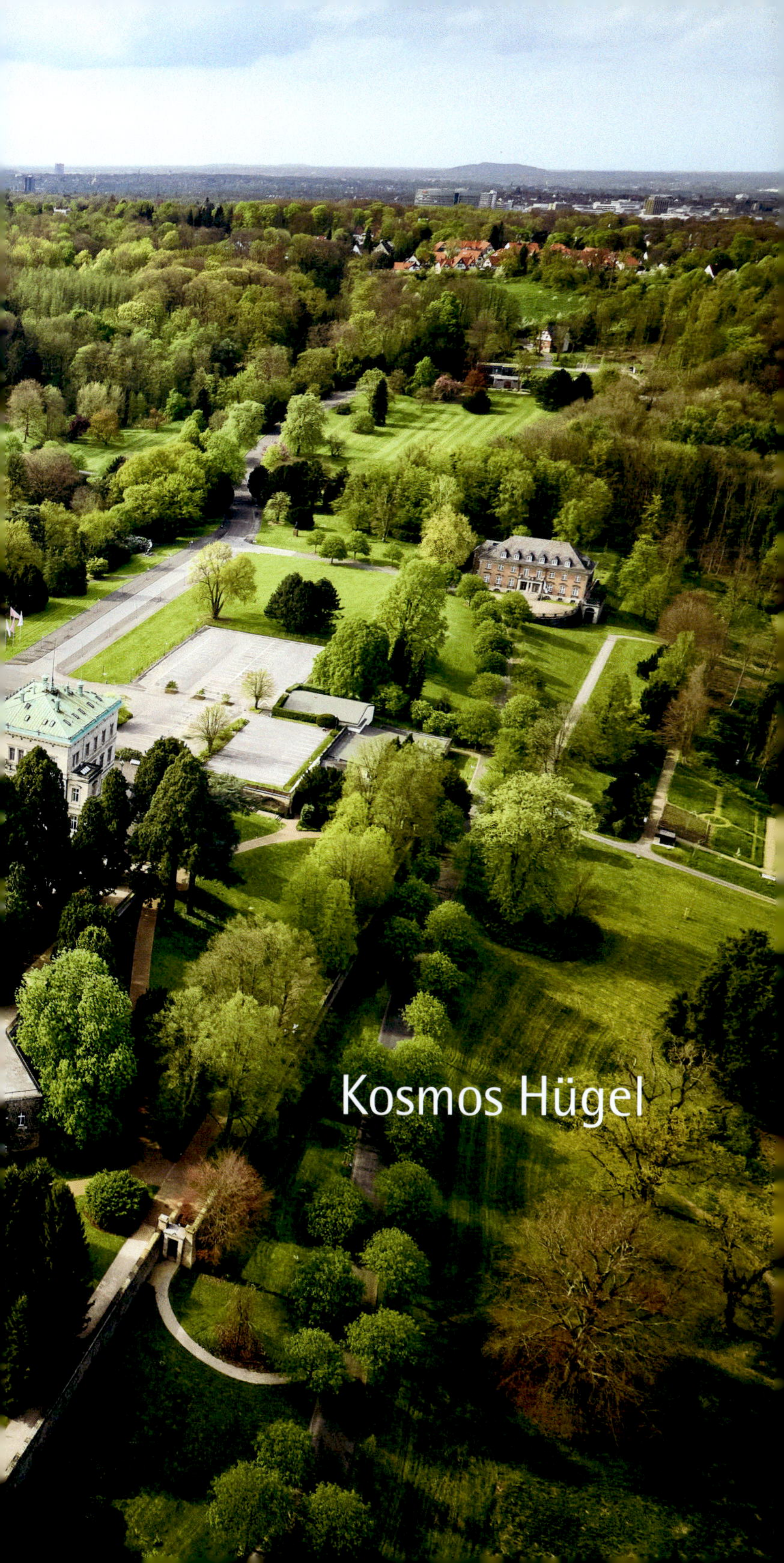
Kosmos Hügel

Der Hügelpark als Mustergut

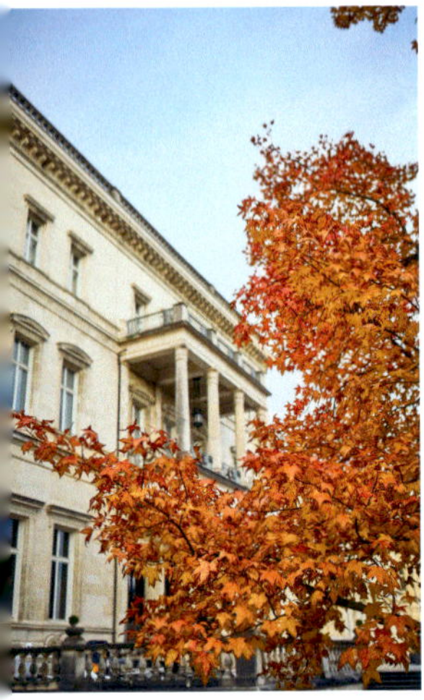

Amberbaum im oberen Terrassengarten in Herbstfärbung

Wer die heutige Haupteinfahrt zur Villa Hügel hinunterfährt, erblickt links der Allee weite Wiesen. Auf diesem Gelände befanden sich bis Anfang der 1960er-Jahre Wirtschaftsgebäude und Freizeitanlagen. Denn Alfred Krupp, der Fabrikant, sah sich mit dem Erwerb seiner großen Ländereien für ein privates Refugium auch in der Rolle des Gutsherren und Landwirts. Damit stand er in der Tradition englischer adliger Landbesitzer, die im ausgehenden 18. Jahrhundert Gartenkunst mit neuesten Entwicklungen des wissenschaftlichen Landbaus verbanden und Mustergüter gestalteten. In Deutschland entstanden so nach englischem Vorbild ab 1770 Teile des Wörlitzer Gartenreiches des Fürsten Franz von Anhalt-Dessau und 15 Jahre später in Hamburg die »ornamented farm« des begüterten Hamburger Kaufmanns Caspar Voght in Klein-Flottbek, heute als Jenisch-Park ein grünes Juwel an der Elbe.

Der Bürger Alfred Krupp aber, zu einem der größten und wohlhabendsten Unternehmer seiner Zeit aufgestiegen, wollte nie die Hofhaltung des Adels kopieren. »Das Haus entstand als Antithese zur Hofkultur des 19. Jahrhunderts«, wie der Historiker Michael Stürmer einmal schrieb. Krupp strebte vor allem aus praktischen Gründen landwirtschaftlichen Nutzen auf dem Hügel an. »Das Bredeneyer Gut soll größtenteils Wald und Park sein, jedoch hatte ich (...) besprochen, circa 50 bis 60 Morgen zu kultivieren, teils der Abwechslung wegen für das Auge, teils aus Nützlichkeitsgründen«, notierte er im

Oktober 1864. Er wünschte sich verschiedene Formen von »Agrikultur, Gärten, Fischteiche« und Pferdeweiden, denn »junge Pferde (...), das ist eine Lust zu schauen«.

In scharfem Gegensatz zu den privaten Garten- und Parkanlagen südlich, westlich und östlich im engeren Bereich der Villa entsteht so nördlich davon ein sich ständig erweiterndes Gemisch von Wirtschaftsgebäuden: Ökonomiehof, Werkstättenhof mit Schmiede, Schlosserei, Schreinerei, Anstreicherei, Ställe für Kühe und Pferde, ein Hühnerhof und ab 1906 ein zweiter Wirtschaftshof mit Stall-, Wohn- und Logiergebäuden sowie Remisen für Kutschen und Autos. Schon ab 1870 breiten sich ausgedehnte Flächen für Obst- und Gemüseanbau aus. Wie einst König Friedrich der Große in seinen Gewächshäusern in Sanssouci, lässt Krupp »Treibereien« errichten, in denen Blumen, Obst und Gemüse gezogen werden. Auf der Freifläche der Gärtnerei bringen später 1.306 Obstbäume und 3.036 Beerensträucher (Bestand 1925) reiche Ernte. Ab 1913 gibt es eine Bienenzucht und im Sommer 1915 vermeldet Obergärtner Veerhoff, ein leidenschaftlicher Imker, an Frau von Bohlen eine »Gesamternte von 345 Pfund Akazienblütenhonig«.

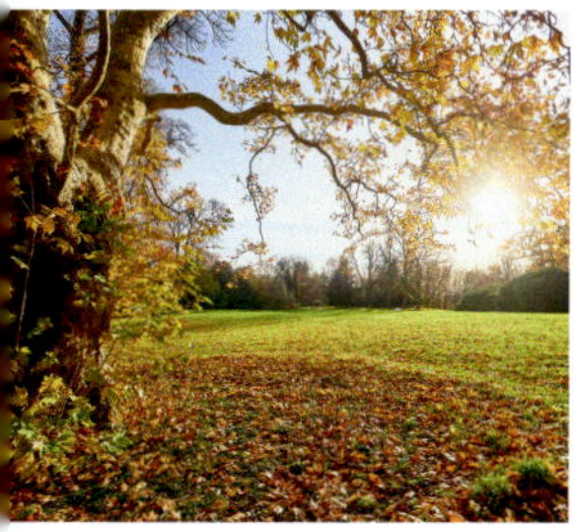

Platane

Um die frischen Viktualien, wie Lebensmittel damals noch hießen, vor schnellem Verderb zu schützen, wird ein Eiskeller gebaut. Insgesamt breiten sich über 50 Gebäude nördlich der Villa aus, darunter Hundezwinger, eine »vorzüglich zur Fleischgewinnung« angelegte Kaninchenzüchterei mit 220 Tieren und ein »Hühnerkrankenstall« auf Wunsch von Margarethe Krupp. Für private Freizeitvergnügungen werden zwischen 1894 und 1897 zwei Tennisplätze, eine neue Reitbahn und eine prächtige Reithalle angelegt. Zuletzt entsteht zwischen 1914 und 1919 am Nordrand des Gutskomplexes als Klinkerbau im Stil der Zeit das neue Gästehaus, mittlerweile Sitz der Alfried Krupp von Bohlen und Halbach-Stiftung, die 1968 ihre Tätigkeit aufnahm.

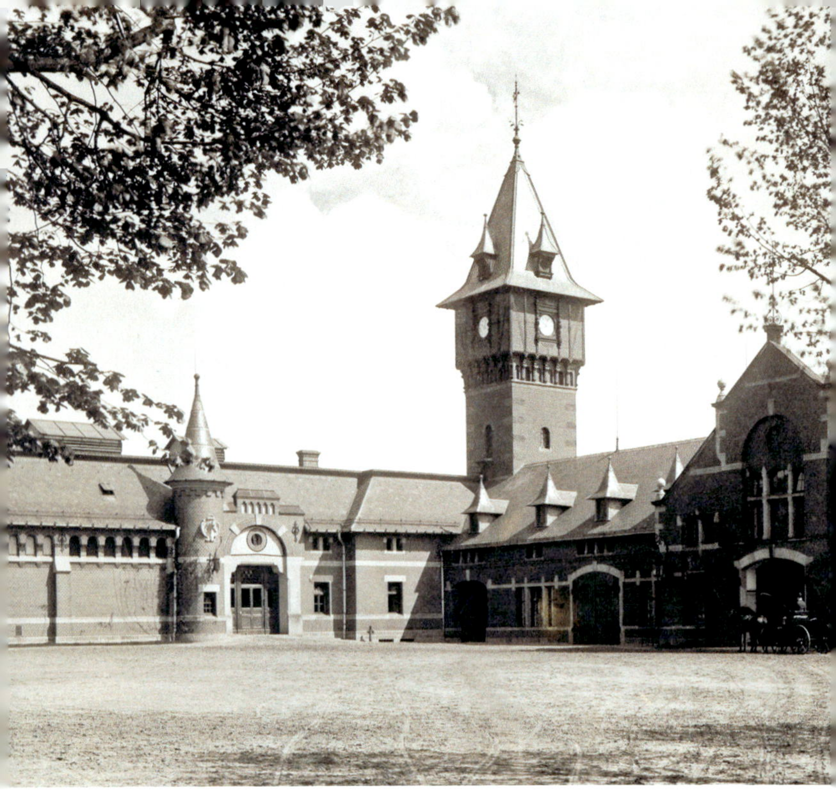

Der Hügel hat nach nur wenigen Jahren seinen autarken Gutsbetrieb mit Land-, Jagd- und Forstwirtschaft. Das Mehl, die Erdbeeren, die Milch, der Braten, selbst der Blumenschmuck, einschließlich der Orchideen, als Dekoration für Privaträume und festliche Empfänge – vieles, was ein großer herrschaftlicher Haushalt braucht, kommt aus den eigenen Beständen. Für das Jahr 1908 verzeichnet Veerhoff die Lieferung von Gemüse im Gesamtwert von 12.942 Mark sowie von Obst im Gesamtwert von 18.861 Mark. Der größte Teil dient dem wachsenden Eigenbedarf des »herrschaftlichen Hauses«, einiges geht auch an privilegierte Mitarbeiter. Manche Produkte des Wirtschaftsbetriebes wie Milch oder Holz werden auch außerhalb des Hügels verkauft. An den Zahlen lässt sich ablesen, welche Mengen der Musterbetrieb Hügel produzierte. Zum Vergleich: Ein Kruppарbeiter verdiente damals rund ein Zehntel dieser Summen im Jahr.

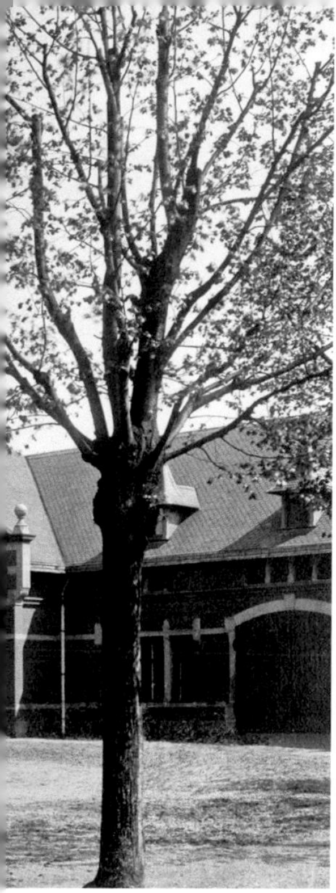

Fahrhof, Stallung und Wagenremise, 1899

Da die Villa Hügel jedoch längst nicht mehr nur privates Refugium ist, wächst die Zahl der Mitarbeiter stetig. Die Villa wird auch für geschäftliche Anlässe genutzt. Dazu kommen private Festlichkeiten und Empfänge, die beiden großen Hochzeiten der Töchter Bertha und Barbara 1906 und 1907 und das Fest aller Feste zum 100-jährigen Firmenjubiläum 1912. Die Familie Krupp muss standesgemäß repräsentieren und die zunehmende Gästeschar möglichst komfortabel beherbergen und bewirten.

1876 sind 66 Personen dauerhaft auf dem Hügel beschäftigt. 1888 werden unter Friedrich Alfred und Margarethe Krupp 290 Angestellte verzeichnet, 1902 sind es bereits 502. Im Jahr 1914 arbeiten unter Gustav und Bertha Krupp von Bohlen und Halbach 648 Menschen. Viele von ihnen wohnen unmittelbar auf dem Hügelgelände. Für andere errichten die Krupps eine eigene Wohnsiedlung, den »Brandenbusch« am nördlichen Rand des Hügelparks. Hier fließen moderne Ideen der Gartenstadtbewegung ein. Die seit 1989 unter Denkmalschutz stehende Wohnsiedlung ist heute zum Ziel von Architekturstudierenden geworden.

Der Hügel ist Ende des 19. Jahrhunderts ein unabhängiges Universum mit eigenem Wasserwerk, eigener Versorgung für Elektrizität, Gas und Wärme und ab 1890 sogar mit einer privaten wie öffentlichen Bahnstation. So konnte Kaiser Wilhelm II. mit dem Salonwagen von Berlin bis zur Villa Hügel reisen. Die Bahnstation »Hügel« existiert als Haltestelle der S-Bahn bis heute.

Damit diese Welt reibungslos und effizient funktioniert, erlässt Alfred Krupp bereits 1877 seine »Instruktion für die Haus- und Gutsverwaltung auf Hügel«. In 46 Paragraphen regelt der leidenschaftliche »Gesetzgeber« mit eigener Hand präzise die Verhaltensmaßnahmen für Haus und Hof. Ein streng hierarchisch ordnendes »Grundgesetz« des Hügels, gegliedert in die Bereiche Hauswirtschaft, Hofstall, Gärtnerei, Ökonomie (Gutsbetrieb), Forst- und Jagdverwaltung sowie

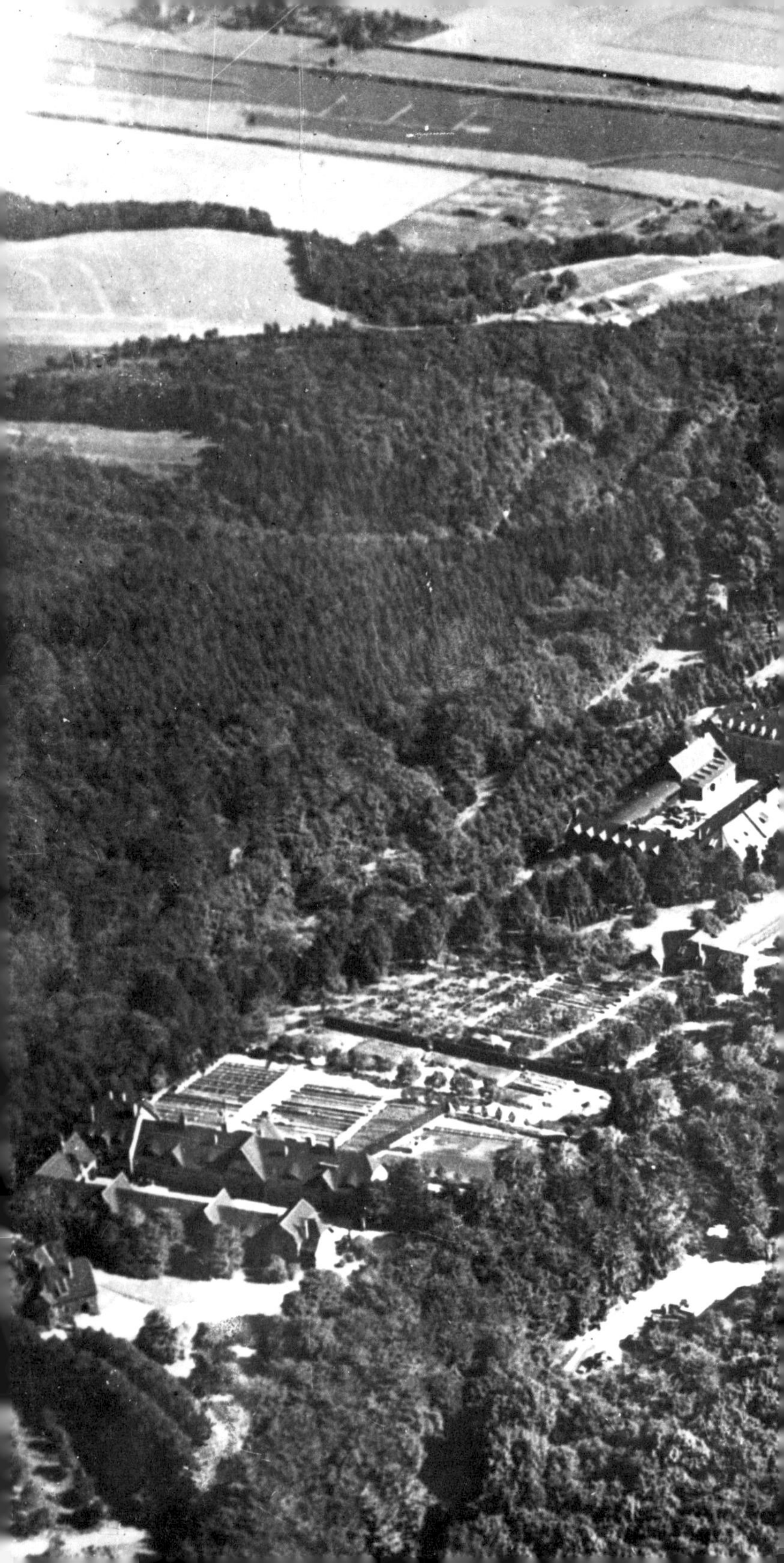

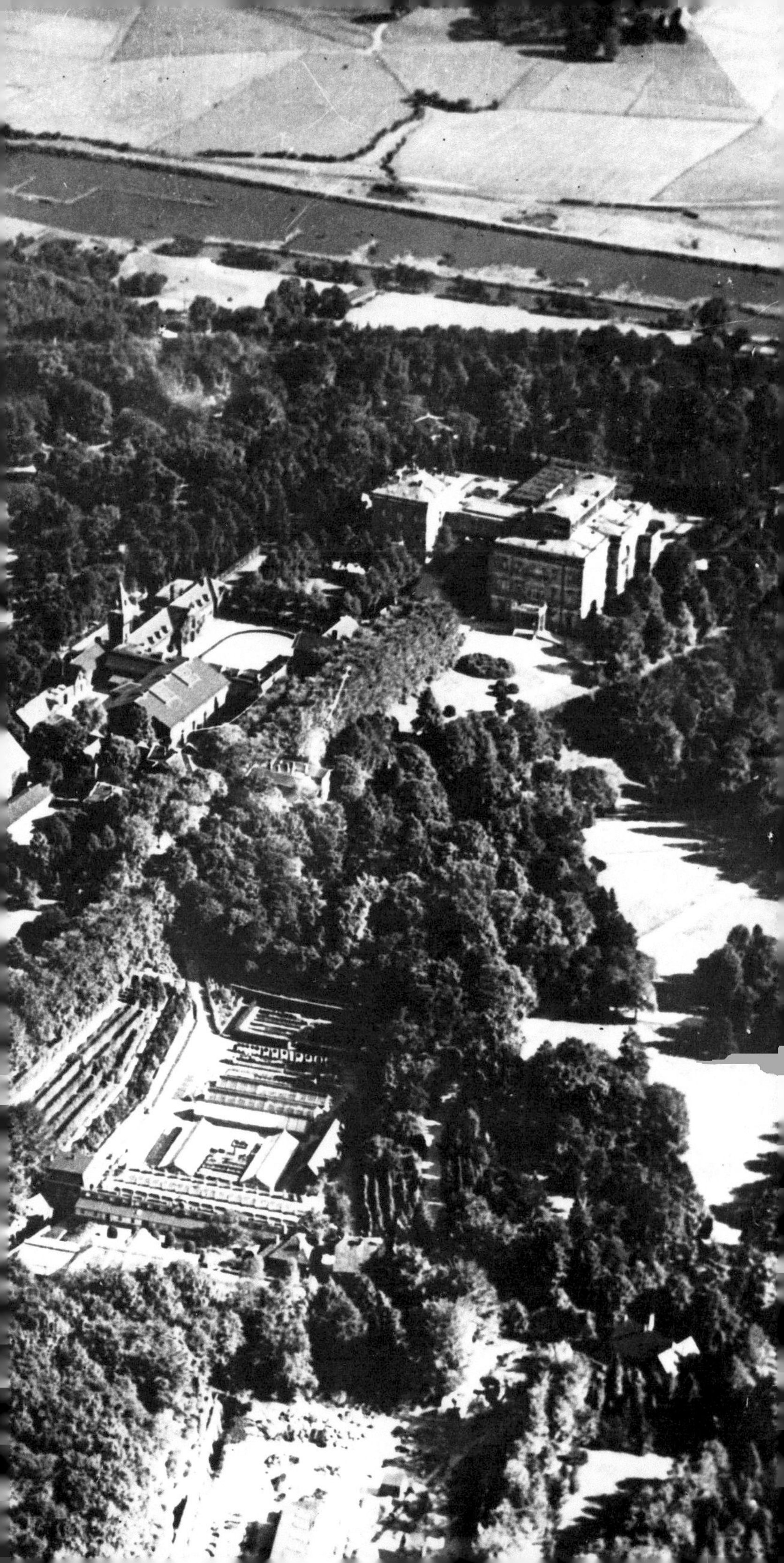

vorige Doppelseite: Luftaufnahme des Hügelgeländes von Norden gesehen, 1920er-Jahre

Bauverwaltung. Über allem, in Paragraph 10 der »Instruktion«, steht Krupps Motto: »Weise Sparsamkeit in Verwendung von Arbeit und Material walten zu lassen«.

Das wird für seine Nachfolger in den kargen Zeiten während des Ersten Weltkriegs und danach bitter notwendig. Auch auf dem Hügel muss an allen Ecken und Enden gespart werden. Da erweist sich die Selbstversorgung als Segen. Der Krupp'sche Gartenbauverein gibt 1916 unter Obergärtner Veerhoff Kurse für Hausfrauen seiner Mitglieder zum »Konservieren von Gemüse und Obst«, Einmachküchen werden errichtet. Eine Anordnung des Verwalters Bernsau an die Hügelgärtnerei lautet 1914: »Herr von Bohlen hat angeordnet, dass auf dem Hügel keinerlei Luxusarbeit, sondern nur die wirtschaftlich notwendigen Arbeiten ausgeführt werden sollen. Ich bitte deshalb, bis auf weiteres keine Arbeiter neu einzustellen«.

So wie während des Ersten Weltkriegs der Maler Max Liebermann im »Steckrübenwinter« 1916/17 in seinem Berliner Wannseegarten Kohlköpfe statt Blumen anpflanzt, sollen in Essen 1915 auch die Inhaber von Gärten auf dem Hügel »sämtliche brachliegenden Ländereien mit Kartoffeln, Gemüsen und Feldfrüchten« bebauen. Außerdem gibt die Gärtnerei unentgeltlich Saatpflanzen für Frühgemüse ab. Erzeugnisse aus den Gärtnereien werden auf Anordnung von Bertha Krupp den Krupp'schen Krankenhäusern und Lazaretten gebracht, andere Naturalien gehen an die Mitarbeiter.

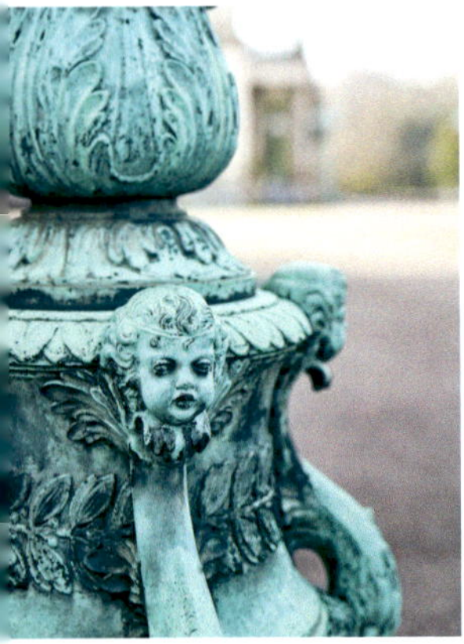

Auffahrt zum Kleinen Haus der Villa Hügel: Puttenkopf am Fuß einer Leuchte

Anweisungen der Hügelverwaltung zum Einmachen von Obst und Gemüse im Ersten Weltkrieg, 1916

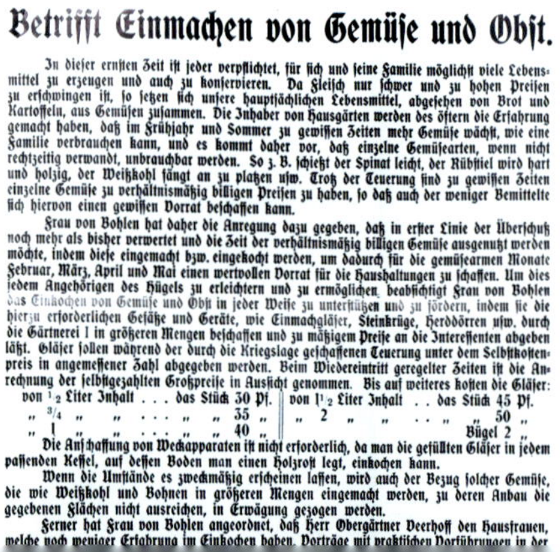

Betrifft Einmachen von Gemüse und Obst.

In dieser ernsten Zeit ist jeder verpflichtet, für sich und seine Familie möglichst viele Lebensmittel zu erzeugen und auch zu konservieren. Da Fleisch nur schwer und zu hohen Preisen zu erschwingen ist, so setzen sich unsere hauptsächlichen Lebensmittel, abgesehen von Brot und Kartoffeln, aus Gemüsen zusammen. Die Inhaber von Hausgärten werden des öftern die Erfahrung gemacht haben, daß im Frühjahr und Sommer zu gewissen Zeiten mehr Gemüse wächst, wie eine Familie verbrauchen kann, und es kommt daher vor, daß einzelne Gemüsearten, wenn nicht rechtzeitig verwandt, unbrauchbar werden. So z. B. schießt der Spinat leicht, der Rübstiel wird hart und holzig, der Weißkohl fängt an zu platzen usw. Trotz der Teuerung sind zu gewissen Zeiten einzelne Gemüse zu verhältnismäßig billigen Preisen zu haben, so daß auch der weniger Bemittelte sich hiervon einen gewissen Vorrat beschaffen kann.

Frau von Bohlen hat daher die Anregung dazu gegeben, daß in erster Linie der Überschuß noch mehr als bisher verwertet und die Zeit der verhältnismäßig billigen Gemüse ausgenutzt werden möchte, indem diese eingemacht bzw. eingekocht werden, um dadurch für die gemüsearmen Monate Februar, März, April und Mai einen wertvollen Vorrat für die Haushaltungen zu schaffen. Um dies jedem Angehörigen des Hügels zu erleichtern und zu ermöglichen, beabsichtigt Frau von Bohlen das Einkochen von Gemüse und Obst in jeder Weise zu unterstützen und zu fördern, indem sie die hierzu erforderlichen Gefäße und Geräte, wie Einmachgläser, Steinkrüge, Herddörren usw. durch die Gärtnerei I in größeren Mengen beschaffen und zu mäßigem Preise an die Interessenten abgeben läßt. Gläser sollen während der durch die Kriegslage geschaffenen Teuerung unter dem Selbstkostenpreis in angemessener Zahl abgegeben werden. Beim Wiedereintritt geregelter Zeiten ist die Anrechnung der selbstgezahlten Großpreise in Aussicht genommen. Bis auf weiteres kosten die Gläser:

von 1/2 Liter Inhalt . . . das Stück 30 Pf.		von 1 1/2 Liter Inhalt . . das Stück 45 Pf.
" 3/4 " " . . . " " 35 "		" 2 " " . . . " " 50 "
" 1 " " . . . " " 40 "		Bügel 2 "

Die Anschaffung von Weckapparaten ist nicht erforderlich, da man die gefüllten Gläser in jedem passenden Kessel, auf dessen Boden man einen Holzrost legt, einkochen kann.

Wenn die Umstände es zweckmäßig erscheinen lassen, wird auch der Bezug solcher Gemüse, die wie Weißkohl und Bohnen in größeren Mengen eingemacht werden, zu deren Anbau die gegebenen Flächen nicht ausreichen, in Erwägung gezogen werden.

Ferner hat Frau von Bohlen angeordnet, daß Herr Obergärtner Veerhoff den Hausfrauen, welche noch weniger Erfahrung im Einkochen haben, Vorträge mit praktischen Vorführungen in der

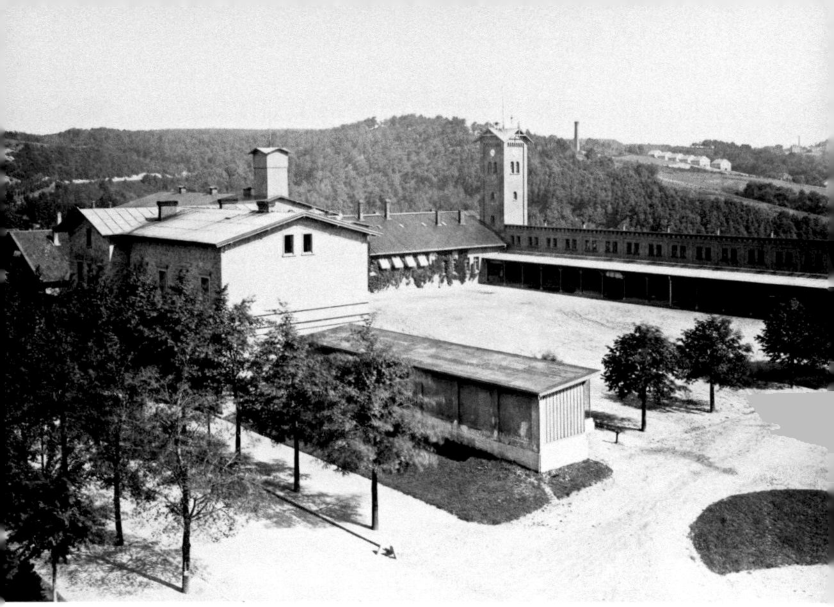

Blick vom Großen Haus auf Reithof und Stallungen, 1883

Bis zum Zweiten Weltkrieg bleibt der gesamte Komplex des Gutsbetriebes nahezu unverändert; im Krieg werden einige Ställe und Remisen durch Luftangriffe zerstört. Die Villa selbst erleidet keine gravierenden Kriegsschäden. Nach Kriegsende werden die Wirtschaftsbetriebe zunächst fortgeführt und die »gute Hügel-Milch« geht in die Werksküchen. Doch 1955 überträgt Bertha Krupp von Bohlen und Halbach den gesamten Hügelbesitz an die Firma Fried. Krupp; das eigenständige Gutsunternehmen existiert damit nicht mehr. In der Villa Hügel empfängt der Krupp-Konzern wieder internationale Gäste, aber Gutshof, Reitställe und die meisten Anlagen des Wirtschaftsbetriebes sind überflüssig geworden. Ab Mitte der 1950er-Jahre werden sämtliche Gebäude des Gutshofes entfernt, an ihrer Stelle Wiesen, Gehölze und Bäume im Stil eines englischen Landschaftsparks gepflanzt. Erhalten bleibt das ehemalige Gästehaus, zu dem nun eine Kastanienallee führt. Dort hat heute die Alfried Krupp von Bohlen und Halbach-Stiftung ihren Sitz.

Die Gärtner und die Hügelgärtnerei

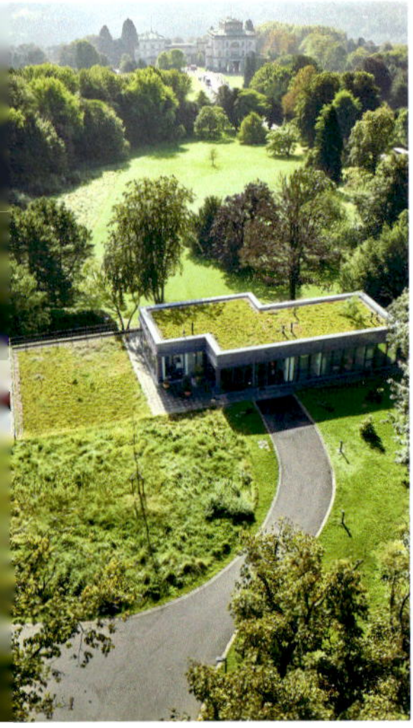

Luftaufnahme der Gärtner-Remise mit der Villa Hügel im Hintergrund

Nachdem Alfred Krupp, eine »Schöpfernatur«, so sein Biograph Wilhelm Berdrow 1927, seinen persönlichen Traum vom Paradies selbst skizziert hatte, engagierte er für die Umsetzung Gartenexperten. Sie hatten keine großen Namen, aber sie waren kompetent, erfahren und erstklassig ausgebildet. Schließlich mussten sie die professionelle Pflege und Erhaltung von Wald, Park und den großen Gärtnereianlagen garantieren.

Der erste bedeutendere Gärtner war Friedrich Bete, etwa seit 1857 in Krupps Diensten. Über seine Herkunft und Ausbildung ist allerdings in den sonst sorgfältig geführten Archiven nichts zu finden. Bete war schon in der Zeit vor der Villa Hügel auf dem Gelände der Essener Gussstahlfabrik rund um das Wohnhaus Krupps gärtnerisch tätig gewesen. Dann nahm Krupp ihn als Obergärtner mit auf den Hügel. Gemeinsam mit dem Architekten Barchewitz war er ab 1873 auch für die Gestaltung des Parks mitverantwortlich. 1882 wurde sein Vertrag um weitere zehn Jahre verlängert. Er bekam ein Jahresgehalt von 3.600 Mark, dazu kostenfreie Wohnung, Heizmaterial und Leuchtgas sowie Gemüse aus den Krupp'schen Gärtnereien. Die Gehälter der Obergärtner zählten neben denen des Haus- und des Stallmeisters zu den höchsten in der Verwaltung auf dem Hügel. Das sagt auch etwas über den Stellenwert aus, den alle Krupps dieser Position beimaßen.

Bete war ab den 1880er-Jahren verantwortlich für den Ausbau des ehemaligen Wildparks zum westlichen Park, heute Teil des öffentlichen Kruppwaldes. Er vergrößerte ebenfalls den Bereich der Obst- und Gemüsegärten. Auch die »Zweite Treiberei«, die Treibhäuser, in denen man Obst und Gemüse zog, wurde vermutlich unter ihm angelegt. »Pflichten und Befugnisse« des Obergärtners waren von Krupp eigenhändig geregelt und er verlangte, »die ganze Kraft und Fähigkeit ausschließlich den Diensten des Herrn Krupp zu widmen«. Der oberste Grün-Chef durfte Pflanzen nur im Rahmen des vorgegebenen Etats bestellen. Von 1885/86 bis zur Jahrhundertwende stiegen die Ausgaben für »Gärten & Anlagen« um das Sechsfache. Unterschiedliche Auffassungen über die »richtige« Pflege der Pflanzen und Kompetenzstreitigkeiten, vor allem mit seinem Stellvertreter Veerhoff, ließen den treuen, alt gewordenen Bete im Zorn scheiden. Im April 1896 legte er, der »über 37 Jahre treu gedient habe«, in einem sehr persönlich formulierten Abschiedsbrief seine Auffassungen dar. Im Juli ging er im Einvernehmen mit Friedrich Alfred Krupp in Pension.

Betes Nachfolger wurde 1897 sein Kontrahent Fritz Veerhoff, ein Kunstgärtner mit besten Empfehlungen: Königliche Hofgärtnereien in Wilhelmshöhe (Kassel), Schönbrunn

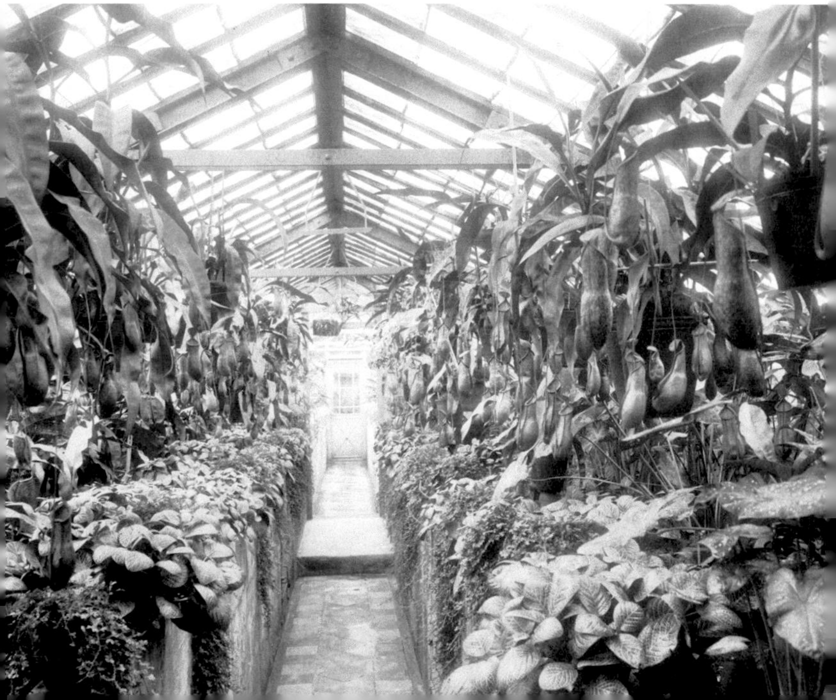

Treibhaus mit fleischfressenden Kannenpflanzen, um 1900

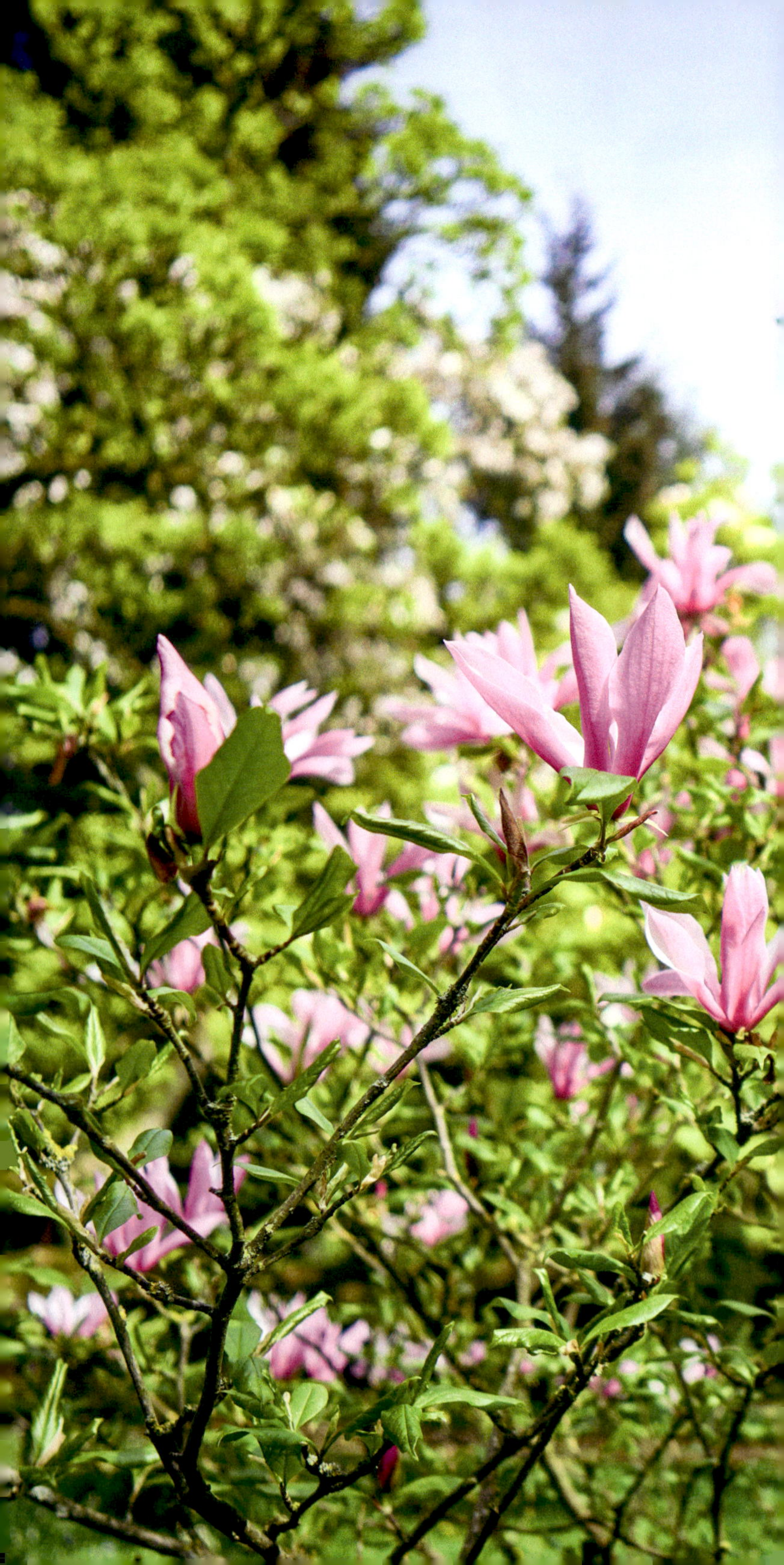

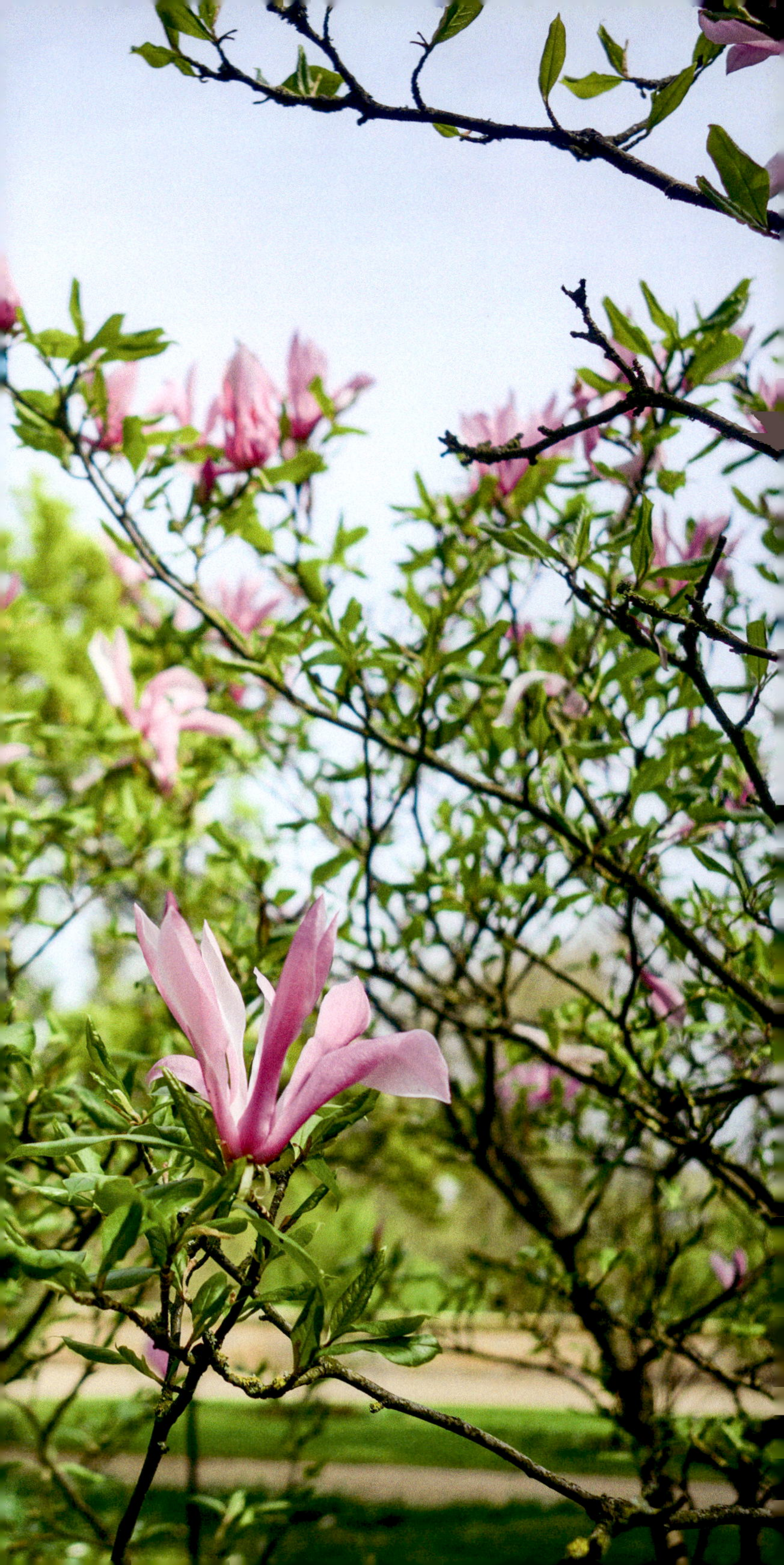

vorige Doppelseite: Tulpen-Magnolie

rechts: Verzeichnis der Warm- und Kalthauspflanzen, 1926

(Wien) und Sanssouci (Potsdam) waren seine Stationen, bevor er 1895 als Zweiter Obergärtner auf dem Hügel begann. Mit seiner Beförderung wurden die Ausgaben erheblich erhöht. Viel Geld der Gartenverwaltung floss in den Park, um die Vorliebe von Margarethe und Friedrich Alfred Krupp für exotische Bäume zu befriedigen. Auch die Zahl der Mitarbeiter wurde aufgestockt. Waren es zu Zeiten Alfred Krupps 1886 nur ein Obergärtner und fünf Gehilfen, gab es um 1902 bereits zwei Obergärtner und 16 Gehilfen. Veerhoff war verantwortlich für die komplette Gärtnerei auf dem Hügel: Park-, Blumen- und Gartenanlagen, Anzuchtgärten, Gewächshausanlagen für Wein, Pfirsiche und Erdbeeren, insgesamt 14 Warm- und Kalthäuser, in denen Schnittblumen und Orchideen gezogen wurden, Obstanpflanzungen mit Spalier-, Busch-, Hochstamm- und Beerenobst, eine Gemüsegärtnerei mit Freiland- und Frühbeeten sowie Gewächshäusern. Aber auch Blumenbinderei und geschmackvolle Dekorationen für die herrschaftliche Tafel gehörten zu seinen anspruchsvollen Pflichten, gleichzeitig die Beschaffung von Sämereien und Pflanzen »in bester Qualität und tunlichst billigen Preisen«.

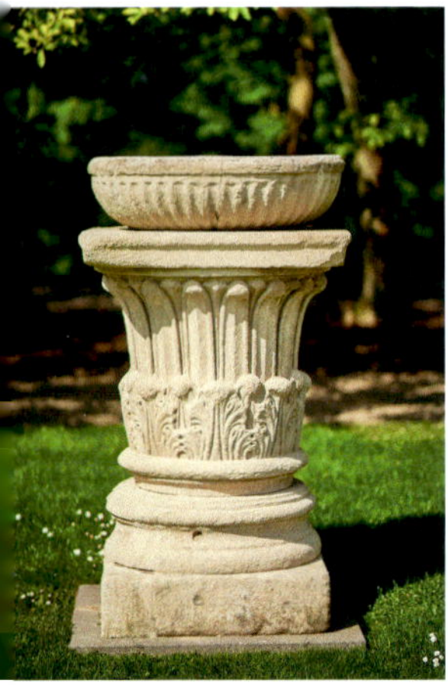

Steintrog im Terrassengarten

Die reiche Pflanzenvielfalt zeigt ein Verzeichnis der Warm- und Kalthauspflanzen von 1926. Darunter waren Hortensien, Amaryllis, Fuchsien, Calla, Kakteen, Pelargonien, diverse Farne, Diefenbachien, Bromelien, Ficus, Strelitzien, Anthurien, Pomeranzen, Palmen, Agaven, Myrthen, Agapanthen, Topfrosen, Oleander, Dahlien und Gladiolen. Im Orchideenhaus blühten mehr als 2.000 der exotischen Schönheiten im Gesamtwert von damals beachtlichen 150.000 Mark, acht verschiedene Arten, darunter auch die besonders wertvolle Cattleya.

Die Blumen- und vor allem die Orchideenzucht der Hügelgärtnerei war nach der Jahrhundertwende weithin berühmt. Kein Wunder, dass der »Verein zur Veranstaltung einer Blumen- und Pflanzenschau Essen 1914« für die geplante Ausstellung um Beteiligung bat,

Betrieb: Gärtnerei Hügel.

V e r z e i c h n i s

der Warm- und Kalthauspflanzen, Blumentöpfe usw.

(Aufgestellt am 27.10. 1926)

		RM		RM	
1500	Poinsettia	1,50	=	2 250,00	✓
1500	Chrysanthemum 8700 Blumen	0,50	=	4 350,00	✓
1500	Hortensia	1,00	=	1 500,00	✓
2500	Amaryllis ausgepflanzt	5,-	=	12 500,00	✓
~~740~~ 640	" in Töpfen	6,-	=	3 840,00	
600	Fuchsia	0,50	=	300,-	✓
15	" hochstämmig	10,--	=	150,00	✓
5	" " Büsche	6,-	=	30,00	✓
500	Palargonium Zonale	0,50	=	250,00	✓
2100	" peltatum	0,50	=	1 050,00	✓
100	" engl. alte	1,00	=	100,00	✓
600	" " Steckl.	0,10	=	60,00	✓
45	Calla	10,00	=	450,00	✓
2000	Cineraria	0,50	=	1 000,00	✓
300	Kakteen	2,00	=	600,00	✓
150	Rochea	1,00	=	150,00	✓
50	Haemanthus	3,00	=	150,00	✓
15	Aeschynanthus	~~3,00~~ 4.-	=	~~150,00~~ 60.-	✓
5	Impatiens	0,50	=	2,50	✓
10	Ageratum	0,80	=	8,00	✓
10	Heliotropium	0,80	=	8,00	✓
50	Tradescantia	0,50	=	25,00	✓
12	Cereus große	20,00	=	240,00	✓
4	" kleine	1.-	=	4.-	✓
	Übertrag		:	~~29 167,50~~ 29 077.50	✓

da die Gärtnerei »weit über Deutschlands Grenzen hinaus wegen ihrer vorzüglichen Leistungen einen ganz außerordentlichen Ruf genießt und Blumen zu zeigen imstande ist, wie wir sie wohl schwerlich in der weiteren Umgebung antreffen«. Diese Bitte wurde erfüllt, doch die vom Verein angetragene Ehrenmitgliedschaft an Gustav Krupp von Bohlen und Halbach wurde abgelehnt.

Unter Veerhoffs Ägide wurde der Wildpark umgestaltet und in die vorhandene Parkanlage integriert. Im Gärtnereibereich wurden 1897 ein Küchengebäude und ein eigenes Bürohaus errichtet. Ab 1903 bekamen die Treibereien ein größeres Gewächshaus. Ein modernes Pflanzhaus ersetzte die alte Orangerie. Für seinen Einsatz bekam der Obergärtner 1912 vom preußischen König das Verdienstkreuz in Gold. Frischluft und Gartenarbeit schützten Veerhoff aber nicht vor zahlreichen Erkrankungen. Trotz eines Sanatoriumsaufenthaltes 1918 im Schwarz-

Gärtnerei, im Hintergrund
die Villa Hügel, 1920er-Jahre

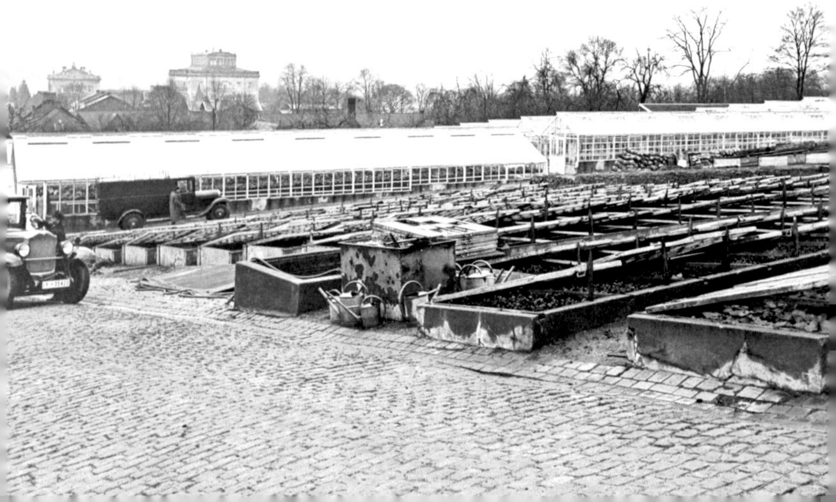

Pflanzenschauhaus, 1920er-Jahre

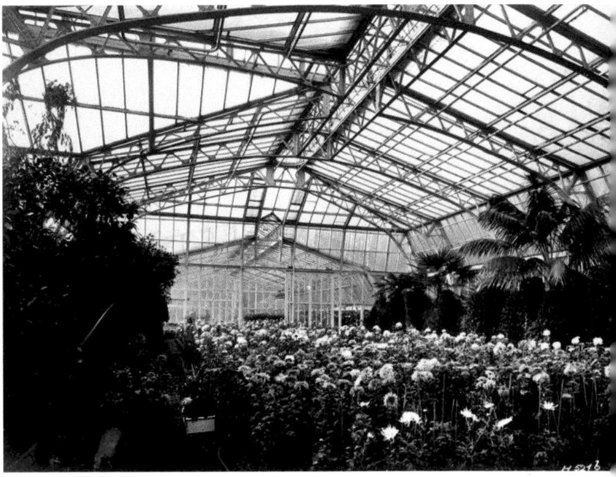

wald war seine Dienstfähigkeit 1926 schließlich so eingeschränkt, dass er noch im selben Jahr mit 59 Jahren pensioniert wurde.

Sein Kollege war Karl Schwerdtfeger, Lehrling im Königlichen Marly-Garten von Potsdam Sanssouci, Gehilfe im Botanischen Garten Hamburg, ab 1884 Obergehilfe auf dem Hügel und ab 1897 in leitender Position als Zweiter Obergärtner. 1902 wurden ihm die Betriebsführung in Forst und »Ökonomie« sowie die Aufsicht der äußeren Hügelanlagen übertragen, zum Jahresgehalt von 3.600 Mark. Ab 1916 verantwortete er auch den Jagdschutz in sämtlichen Krupp'schen Revieren. »An großen Arbeiten hat er die Pflanzungen im Ruhrtal, die Anlagen in Rüttenscheid und Fischlaken hergestellt«, lobte Verwalter Bernsau im Oktober 1925, als der 66-jährige Schwerdtfeger in Pension ging. Für seine Verdienste erhielt er von Krupp eine Uhr mit gravierter Widmung, ein Werk der renommierten sächsischen Uhrenfabrik A. Lange & Söhne in Glashütte im Wert von 439 Mark.

Was einen Gärtnerlehrling bei der Ausbildung auf dem Hügel erwartete, formulierte Veerhoff 1915 in einem Brief an die Direktion der Königlichen Gartenlehranstalt in Berlin-Dahlem. Er müsse »völlig gesund an Körper und Geist« sein und dies durch ein ärztliches Attest nachweisen sowie mindestens die Mittelschule absolviert haben. Die Lehrzeit

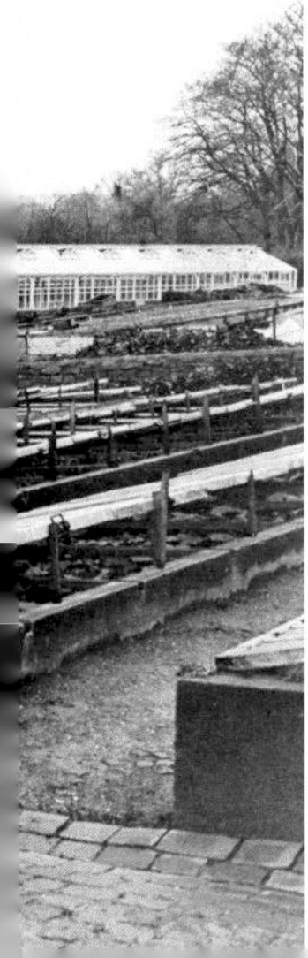

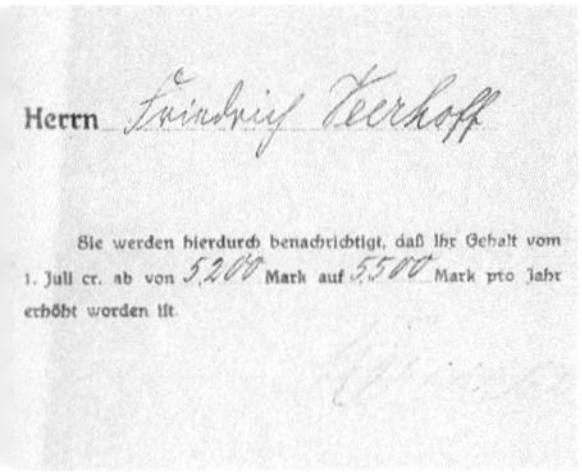

Herrn Friedrich Veerhoff

Sie werden hierdurch benachrichtigt, daß Ihr Gehalt vom 1. Juli cr. ab von 5200 Mark auf 5500 Mark pro Jahr erhöht worden ist.

Mitteilung der Hügelverwaltung über Gehaltserhöhung des Obergärtners Friedrich Veerhoff, 1914

betrug drei Jahre, Lehrgeld war nicht zu entrichten, dafür hatte der Lehrling den Wetterdienst der hügeleigenen meteorologischen Station zu versehen, derselbe sei »ziemlich schwierig und kompliziert«. Die Arbeitszeit betrug, abzüglich Pausen, an sechs Tagen in der Woche zehn Stunden von morgens sechs bis abends sechs, Überstunden wurden nicht extra vergütet. Der Arbeitslohn pro Tag lag zwischen 0,70 und 1,80 Mark. Auf dem Lehrplan standen Landschaftsgärtnerei und Parkpflege, Obst- und Gemüseanbau, Frucht- und Gemüsetreiberei, Topfpflanzenkultur und Blumenbinderei, aber auch Planzeichnen und Feldmessen.

Ledige Mitarbeiter waren in einem »musterhaft eingerichteten« Gärtnerwohnhaus untergebracht. Darin gab es ein Gesellschaftszimmer mit Klavier und ein Schreib- und Lesezimmer mit reichhaltiger Fachliteratur und »sämtliche besseren deutschen und

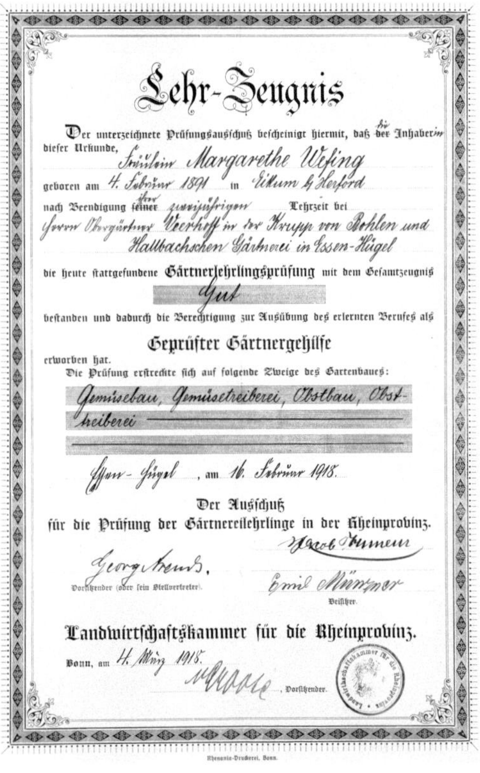

Lehr-Zeugnis

Der unterzeichnete Prüfungsausschuß bescheinigt hiermit, daß die Inhaberin dieser Urkunde, Fräulein Margarethe Wefing geboren am 4. Februar 1891 in Eilkum b/ Herford nach Beendigung ihrer zweijährigen Lehrzeit bei Herrn Obergärtner Veerhoff in der Krupp von Bohlen und Halbachschen Gärtnerei in Essen-Hügel die heute stattgefundene Gärtnerlehrlingsprüfung mit dem Gesamtzeugnis Gut bestanden und dadurch die Berechtigung zur Ausübung des erlernten Berufes als

Geprüfter Gärtnergehilfe

erworben hat.

Die Prüfung erstreckte sich auf folgende Zweige des Gartenbaues: Gemüsebau, Gemüsetreiberei, Obstbau, Obsttreiberei

Essen-Hügel, am 16. Februar 1918.

Der Ausschuß für die Prüfung der Gärtnereilehrlinge in der Rheinprovinz.

Georg Arends. Vorsitzender (oder sein Stellvertreter). Beisitzer.

Landwirtschaftskammer für die Rheinprovinz.

Bonn, am 4. März 1918. Vorsitzender.

Rhenania-Druckerei, Bonn.

Lehrzeugnis für Margarethe Wefing, die von 1915 bis 1918 eine Gärtnerlehre absolvierte; 1918

einige ausländische Fachzeitschriften«. Im Weinkeller konnten die Gärtner ihren selbstgekelterten »Johannisberger« aufbewahren. Übrigens arbeiteten auch Gärtnerinnen auf dem Hügel. 1915 wurde Margarethe Wefing als Lehrling eingestellt und bestand 1918 ihre Prüfung mit der Note »Gut«.

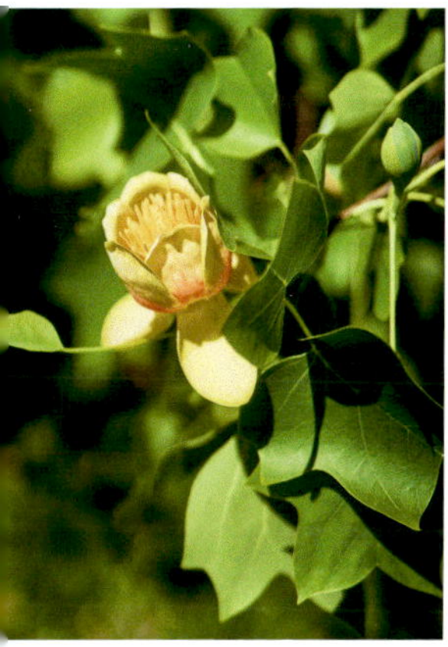

Blütenaustrieb des Tulpenbaums

Besonders anspruchsvoll waren die Anforderungen an Förster und Jäger, denn die Jagd war die Passion fast aller Krupps. Der Leumund musste exzellent sein, die Lebensweise tadellos und die Haltung zur Herrschaft wie bei allen Angestellten loyal und treu. Wer diesen Ansprüchen nicht genügte, konnte seine Anstellung in der Villa Hügel oder im Park schnell wieder verlieren. Dort zu arbeiten, galt als ebenso ehren- wie verantwortungsvolle Aufgabe. Sie war zwar verbunden mit vielen Pflichten, aber auch mit Privilegien. Es gab Gratifikationen, Legate und individuelle Auszeichnungen. Veerhoff erhielt für seinen Urlaubsverzicht im Kriegsjahr 1915 eine Beihilfe von 500 Mark und durfte in den mageren Nachkriegsjahren ein Schwein halten – doch war dies »nur als vorübergehende Einrichtung zu betrachten für die Zeit der Rationierung der Fleisch- & Fettwaren«.

Manche Angestellte winkten auch mit dem Zaunpfahl: »Unterzeichneter hat im letzten Jahr in 14 Fällen 20 Wilderer unter sehr schwierigen Verhältnissen – in 2 Fällen wäre ich fast erschossen – abgefasst und zur Anzeige gebracht. Ich bitte daher die Verwaltung gehorsamst, die Verleihung des Ehrenhirschfängers beim Allgemeinen Deutschen Jagdschutzverein für mich beantragen zu wollen«, forderte der wackere Förster Paul Kwasny in einem Brief 1919. Hügelverwalter Bernsau befürwortete den Antrag, da Kwasny »sich als ein rastloser und schneidiger Schutzbeamter erwiesen hat, der keine Mühe und Gefahr scheut, um des in seinem schwierigen Revier in der Nähe der Großstadt immer dreister werdenden Wildererunwesens Herr zu werden«. Jagdgehilfen besserten sich ihr Salär mit Schussgeld auf, für Fuchs, Dachs, Iltis oder Wiesel zahlte die Verwaltung

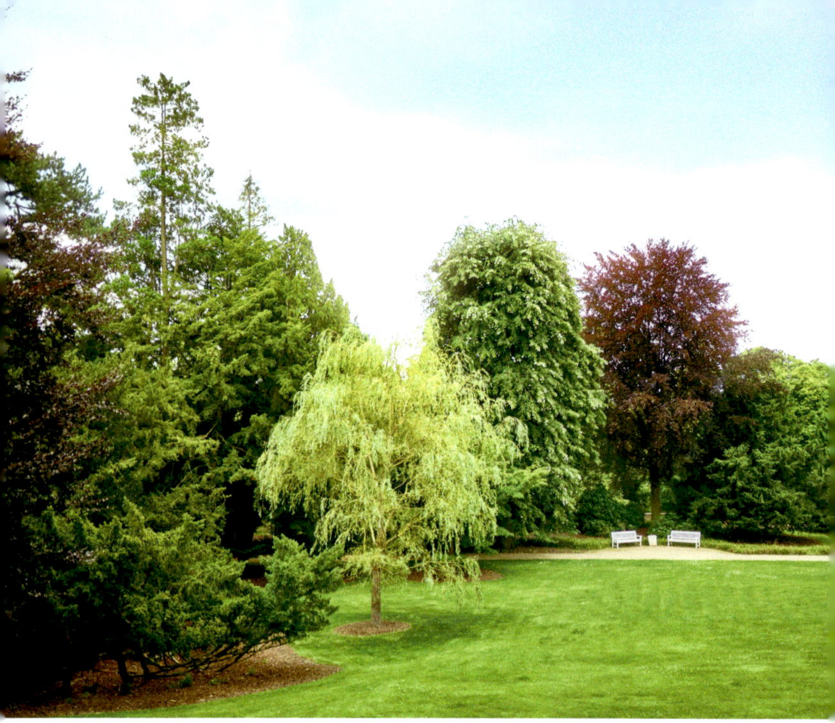

Unterer Terrassengarten, in der Mitte eine Trauerweide und rechts eine Blutbuche

je fünf Mark. Wobei »das Nutzwild in jedem Fall der Herrschaft abzuliefern ist, das Raubzeug dagegen verbleibt dem Forstbeamten zur eigenen Nutzung und wird dann nicht mit Schussgeld prämiert«.

Der größte Feind der sorgsam gepflegten Natur in Garten, Park und Wald war manchmal die Natur selbst. Im Juni 1918 war es ein Hagelschlag, der ganze Gemüsekulturen vernichtete, drei Jahre später ließ eine wochenlange Dürreperiode Obst- und Parkbäume vertrocknen. Ein Orkan im Juli 1891 richtete schwere Schäden an. »Die Verwüstungen in den herrlichen Parkanlagen sind unbeschreiblich, die mächtigsten und schönsten Bäume liegen geknickt oder entwurzelt auf dem Boden«, stand dazu später im Essener »Allgemeinen Beobachter«. Das Unwetter im November 1940 hatte mit Windstärke 11 ein Ausmaß, »wie es seit 50 Jahren nicht mehr vorgekommen ist«, verzeichnete der Schadensbericht der Verwaltung; in einem Bereich wurden 40 Prozent des Fichtenbestandes beschädigt. Ein für die Aufforstung hinzuge-

nachfolgende Doppelseiten: Ostumgehung der Villa Hügel im Winter; Luftaufnahme des unteren Terrassengartens

zogener Experte empfahl, zukünftig Mischwald anzupflanzen. »Um jedoch auch dem ›Schönheitsideal‹ genüge zu leisten, müssen andere Holzarten eingesprengt werden, auch dürfen unsere heimischen Sträucher nicht vergessen werden«.

Die damaligen Schäden wurden durch Neupflanzungen sorgfältig beseitigt. Über achtzig Jahre später sind die Narben längst verheilt und der Sturm Kyrill im Januar 2007 verschonte den Hügelpark weitgehend.

Weniger Glück hatte man dagegen Pfingsten 2014: Der Orkan Ela mit Gewittern und sintflutartigen Regenfällen zog über Düsseldorf und Essen hinweg. Wegen zahlreicher umgestürzter Bäume musste der Hügelpark über Wochen gesperrt bleiben. Auch diese Spuren sind nicht mehr sichtbar.

Die heutigen Gärtner hegen und pflegen die wertvollen grünen Bestände und folgen damit dem Beispiel ihrer Vorgänger. Die allen Gärtnern gewidmete Prophezeiung des englischen Philosophen Alexander Pope (1688–1744) hat sich erfüllt: »Die Natur wird Euch zu Hilfe kommen und die Zeit Euer Werk zu einem Wunder machen!«

Orkanschäden, 1891

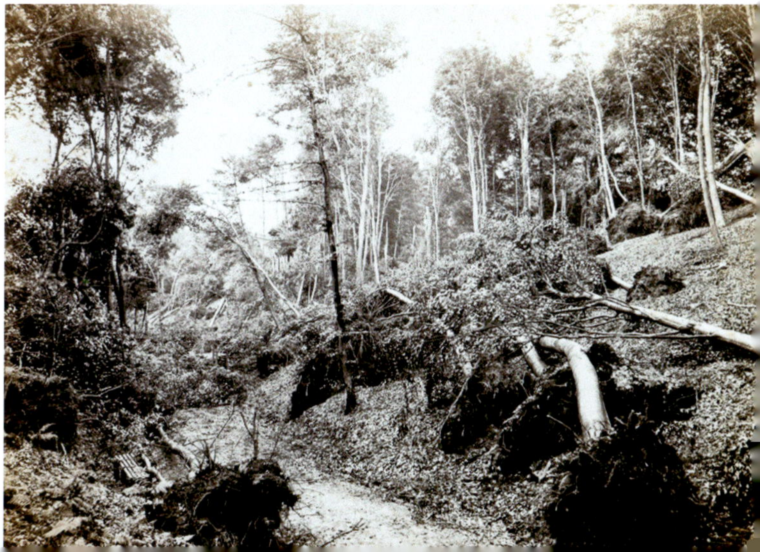

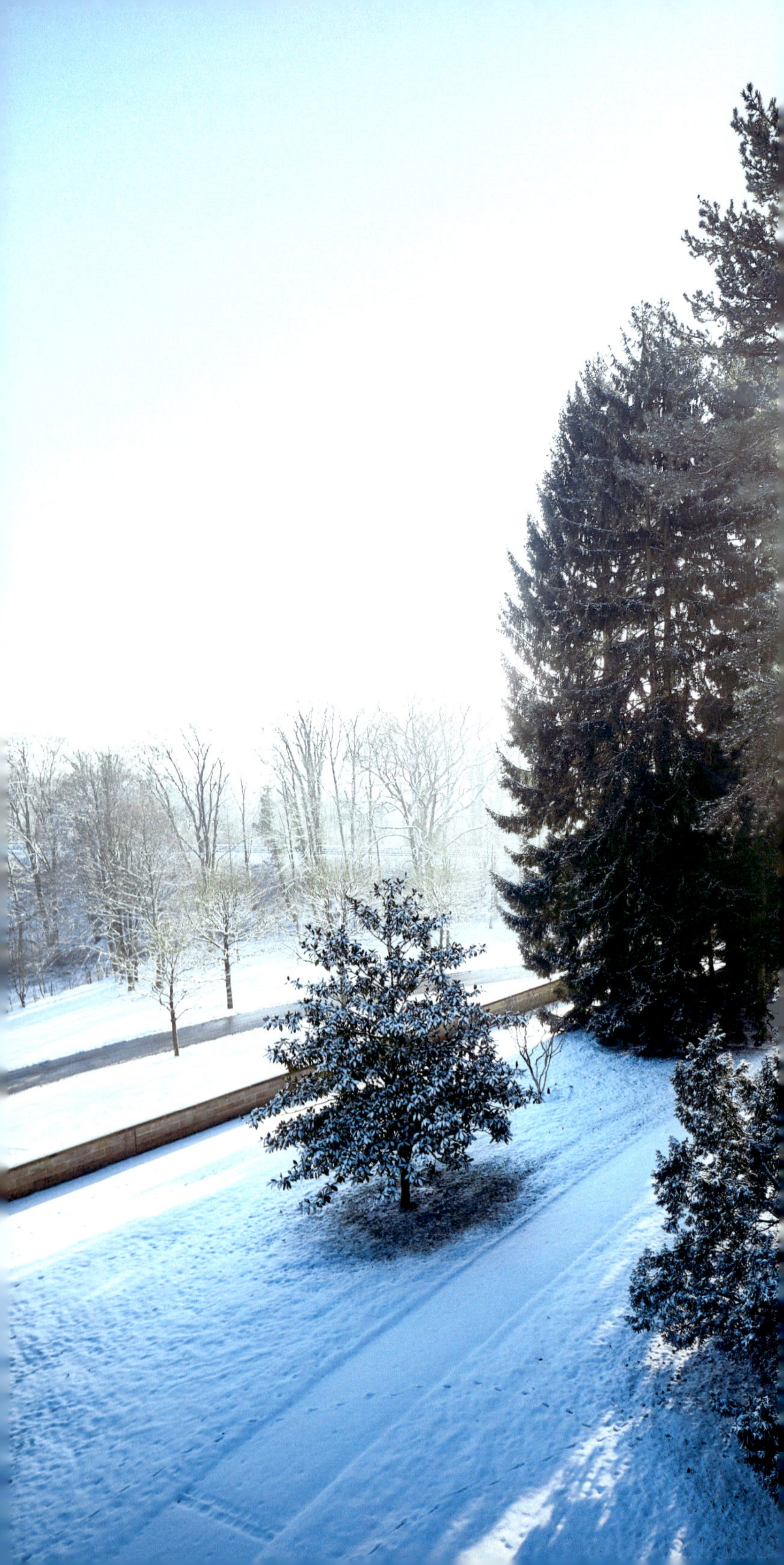

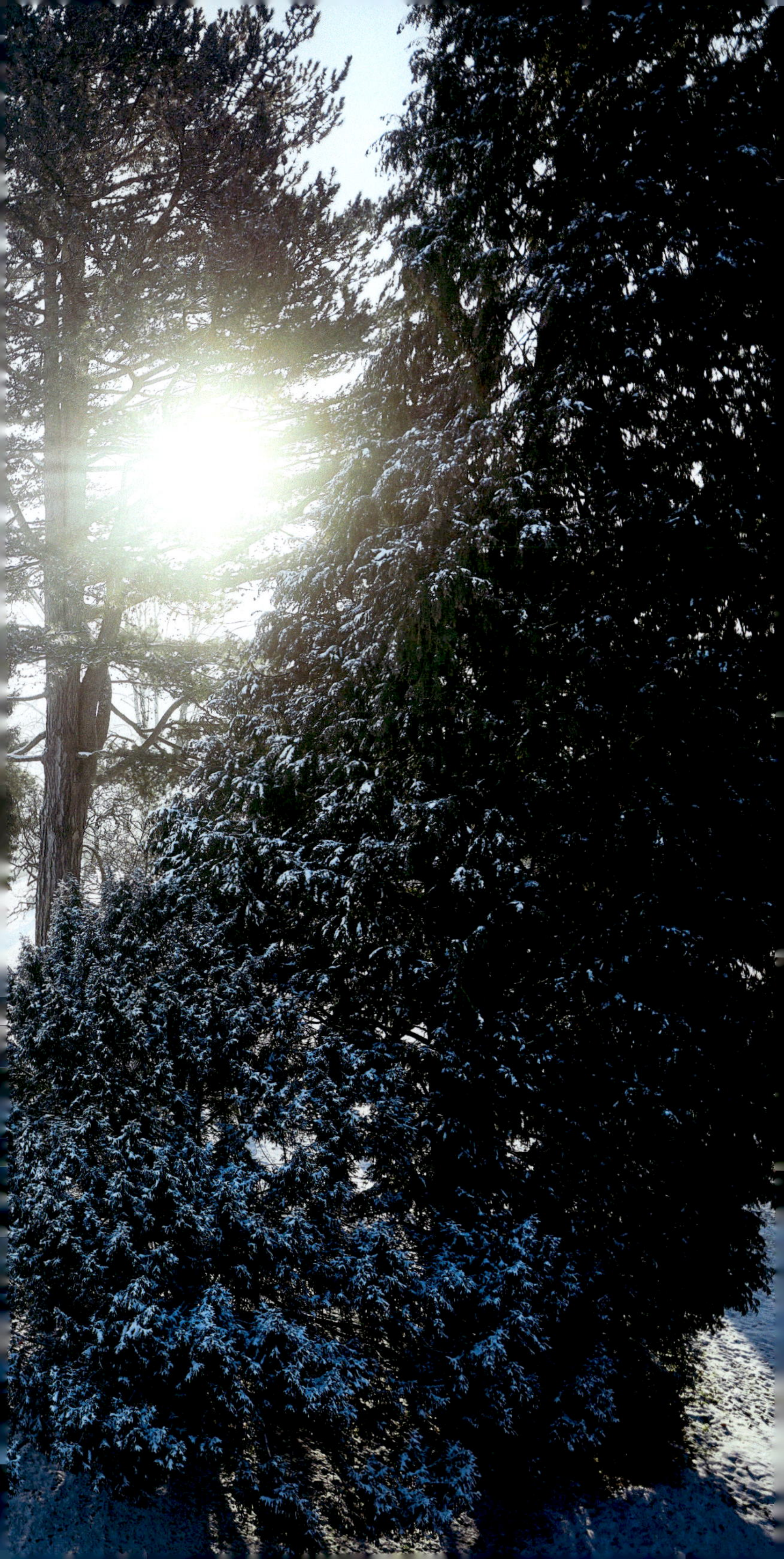

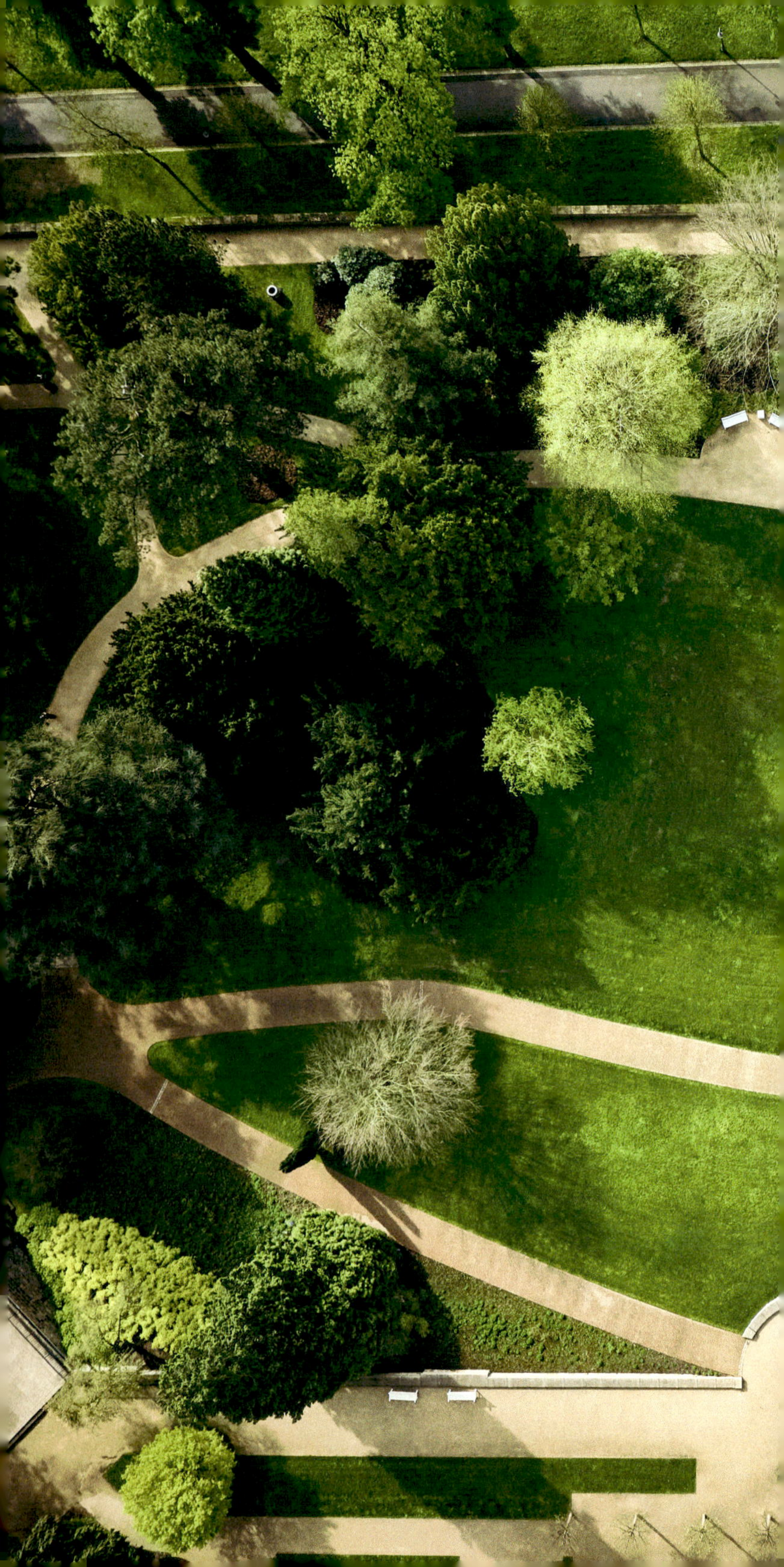

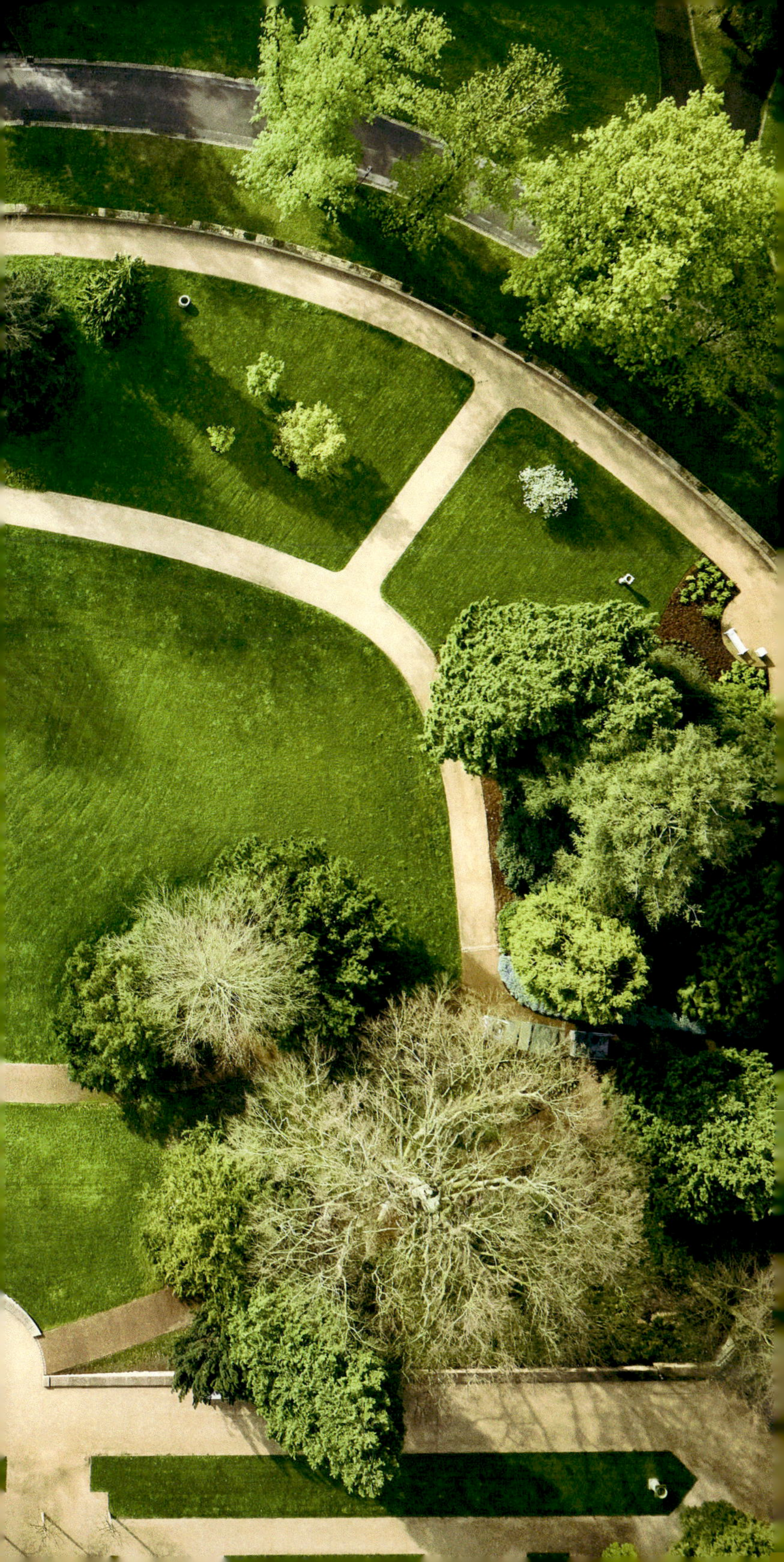

Nachtigallen und andere Tiere im Park

rechts:
Hängebuche

nachfolgende
Doppelseite:
Nistkasten

Auch wenn der Hügelpark die Größe eines konventionellen privaten Gartens weit überschreitet, erfreuen sich die Besitzer doch auch an kleinen Dingen. Hierzu zählt der Gesang der Vögel, insbesondere der Gesang der Nachtigall.

Kein Wunder also, dass man sich nicht damit abfindet, als eines Tages im Park der Villa Hügel keine einzige Nachtigall mehr zu hören ist. Dies veranlasst Obergärtner Veerhoff 1914, auf Initiative von Bertha Krupp Briefe an den Direktor des Zoologischen Gartens in Berlin, an die K.u.K. Inspektion der Menagerie in Schönbrunn/Wien und an Carl Hagenbeck in Hamburg zu schreiben: »Vor zehn bis 15 Jahren fand sich auf der hiesigen Besitzung eine große Anzahl Nachtigallen ein, durch deren Gesang nicht nur der Besitzer und seine Familie, sondern auch die Angestellten und Besucher erfreut wurden. Nach und nach trafen die Nachtigallen immer spärlicher ein, bis vor etwa fünf Jahren auch die letzten Paare ausblieben. So ist der Park zum großen Leidwesen der Familie Krupp von Bohlen und Halbach seit einigen Jahren gänzlich ohne diese gefiederten Sänger«, klagt der Gartenchef. Man habe nun dichte Gebüsche gepflanzt und eine Voliere gebaut – wo aber könne man Nachtigallenpärchen kaufen?

Aus Berlin kommt postwendend Antwort von Prof. Dr. Heck, dem die »getroffenen Maßnahmen sachgemäß« erscheinen und ansonsten auf die Fachzeitschrift »Gefiederte Welt« und Bezugsquellen in Berlin verweist. Carl Hagenbeck höchstpersönlich antwortet aus Hamburg: »Haben bei Ihnen etwa die

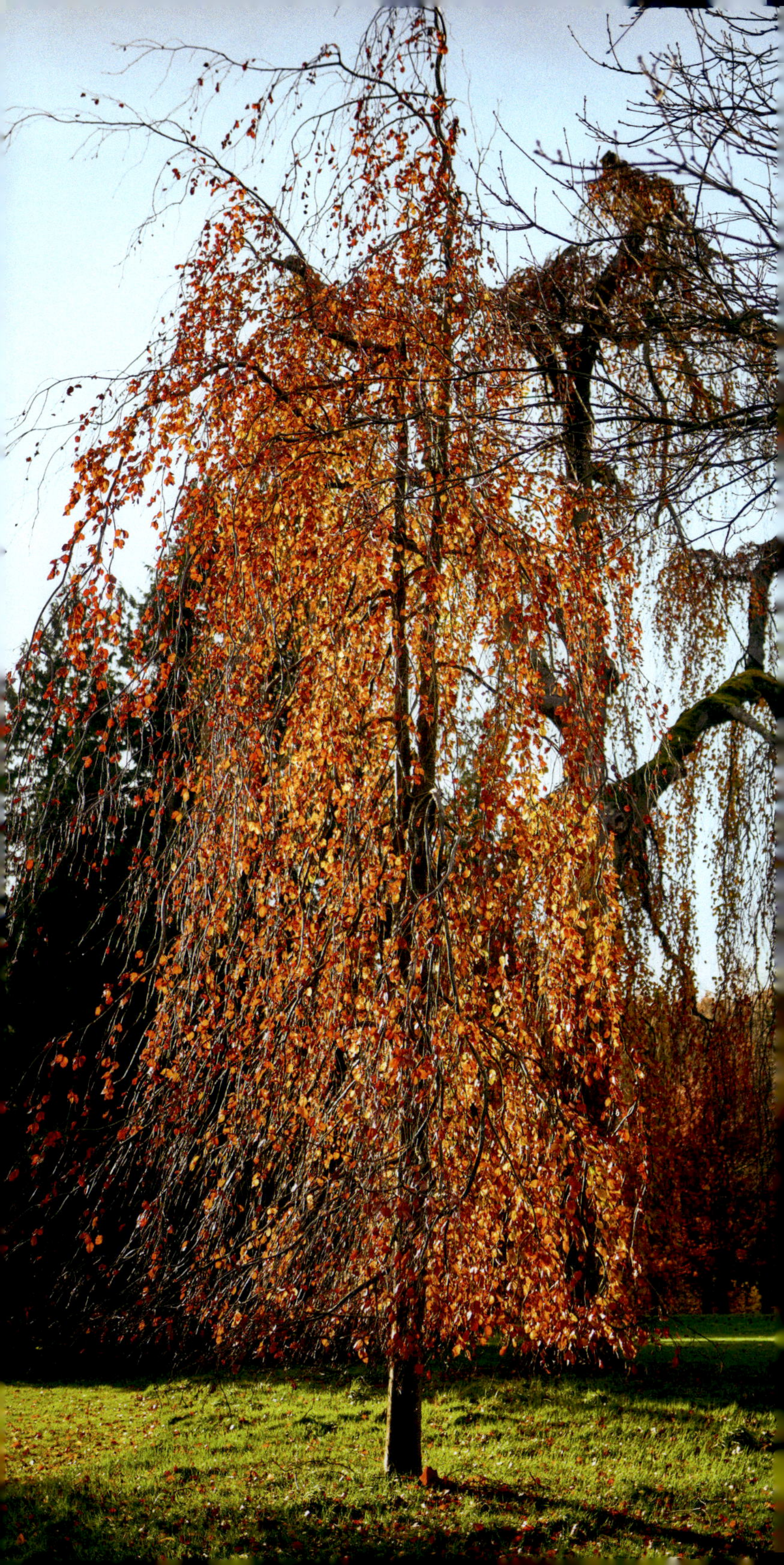

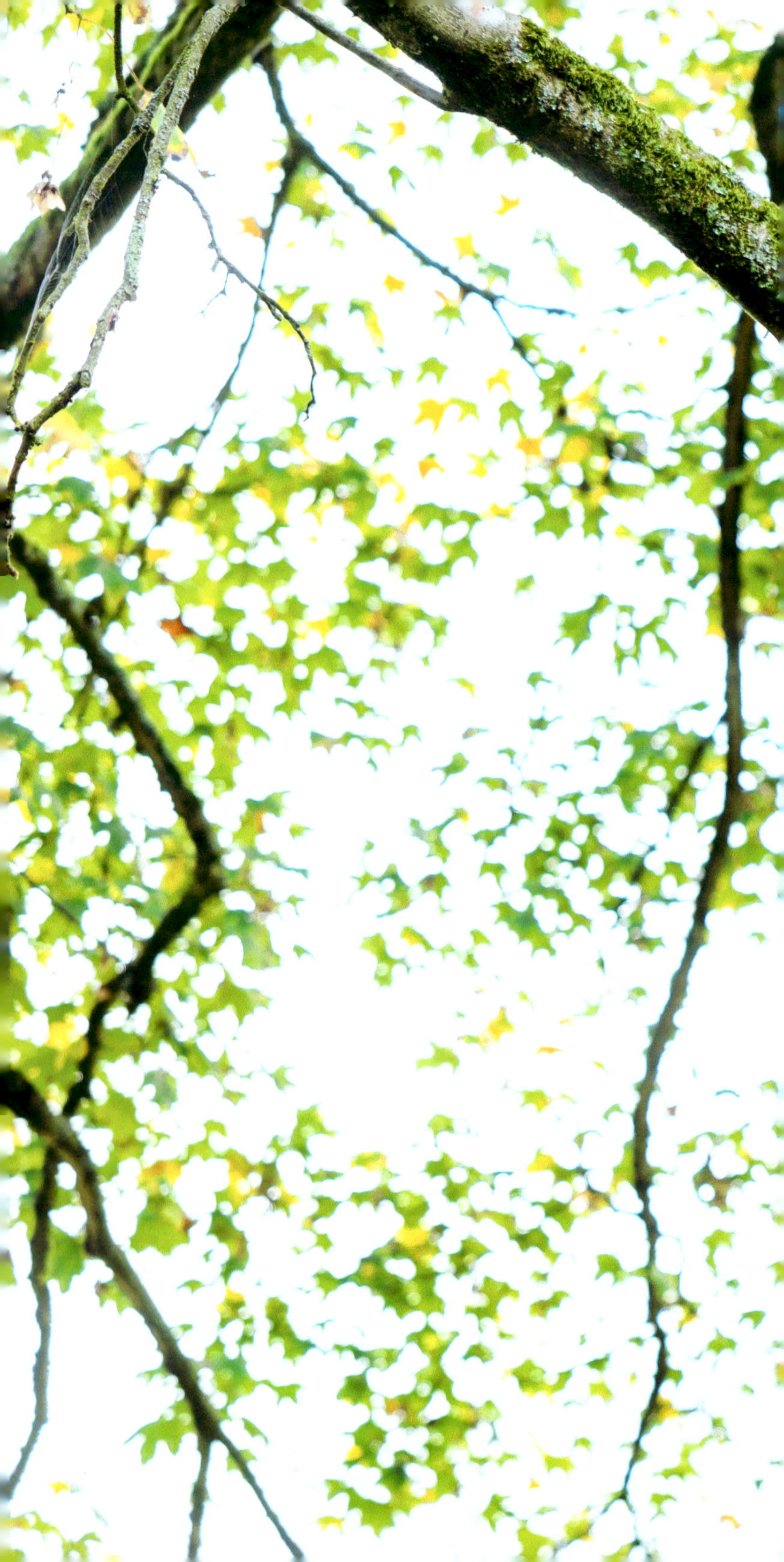

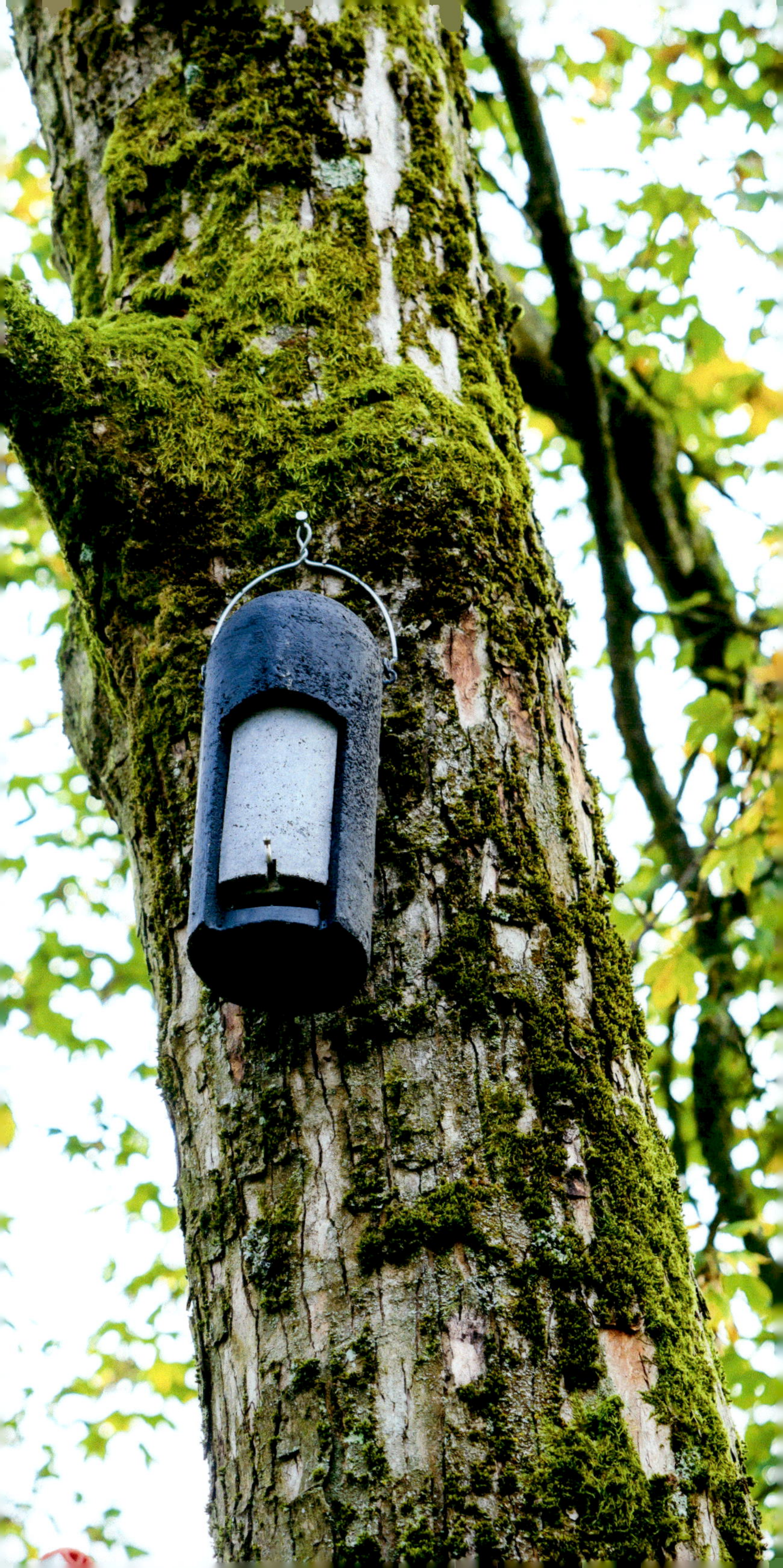

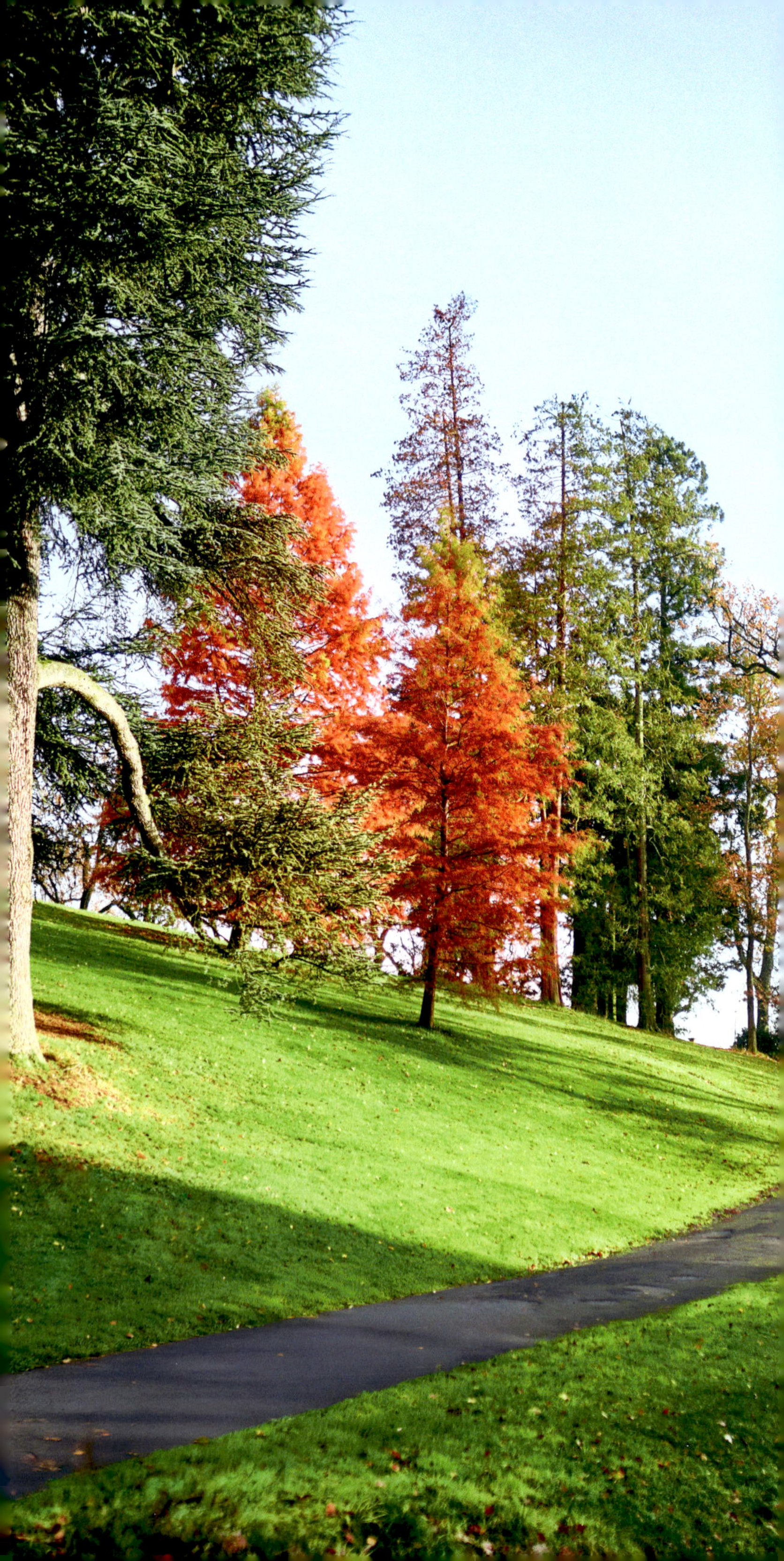

Blick in den herbstlichen Hügelpark

Schwarzdrosseln überhand genommen? Oder haben Sie Eichelhäher in Ihren Parkanlagen? Man müsste diese beiden Tierarten ganz energisch verdrängen, um Erfolg (…) zu haben«, rät der berühmte Zoobesitzer. Der Schönbrunner Direktor empfiehlt Bezugsquellen in Wien und Budapest. Im Übrigen müsse er auch für Schönbrunn feststellen, dass Fülle und Reichtum an Vögeln ungemein abgenommen hätten. Zu den gefährlichsten Feinden gehöre die Hauskatze, »namentlich die herrenlose oder verwilderte, die in allen Parkanlagen vertilgt werden sollte!«

Die umfangreiche Korrespondenz, die Veerhoff danach mit zoologischen Tierhandlungen, privaten Nachtigallzüchtern und Vogelexperten in ganz Deutschland und Österreich führt, dokumentiert einen Hochseilakt zwischen Bürokratie und Diplomatie.

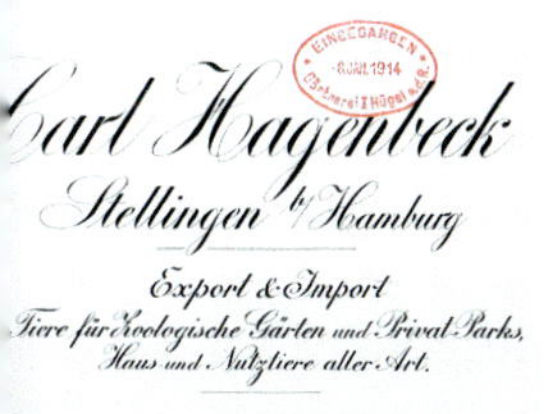

Carl Hagenbeck
Stellingen b/ Hamburg
Export & Import
Tiere für Zoologische Gärten und Privat-Parks, Haus und Nutztiere aller Art.

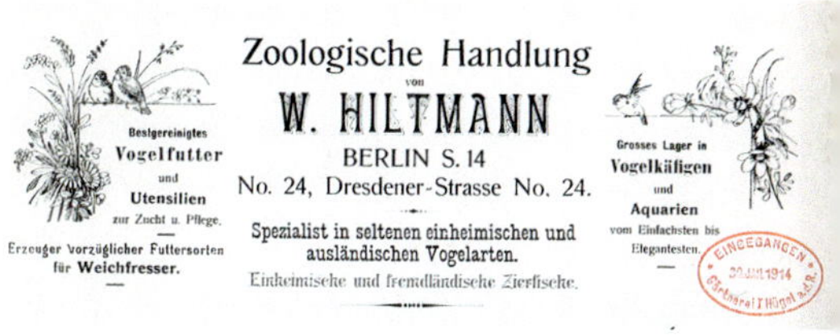

Zoologische Handlung
von
W. HILTMANN
BERLIN S. 14
No. 24, Dresdener-Strasse No. 24.
Spezialist in seltenen einheimischen und ausländischen Vogelarten.
Einheimische und fremdländische Zierfische.

Bestgereinigtes Vogelfutter und Utensilien zur Zucht u. Pflege.
Erzeuger vorzüglicher Futtersorten für Weichfresser.

Grosses Lager in Vogelkäfigen und Aquarien vom Einfachsten bis Elegantesten.

Briefkopf Carl Hagenbeck, 1914
rechts: Briefkopf der Zoologischen Handlung W. Hiltmann, 1914

Sie füllt eine ganze Akte. Da ist endlich eine Nachtigall, zum Preis von 22 Mark, aus Berlin auf dem Hügel eingetroffen, doch »leider hat sie bis heute jede Nahrung verweigert, sogar die Mehlwürmer verschmäht sie«, sorgt sich der Gartenchef per Eilbrief. Um zwei Tage später frohe Botschaft aus Essen zu senden: »(…) können wir Ihnen zu unserer großen Freude mitteilen, dass die Nachtigall seit vorgestern Nahrung zu sich nimmt. Gesungen hat sie zwar noch nicht, wohl aber fängt sie an zu locken!«

Eine österreichische Nachtigall, die im kalten Winter 1915 auf die Reise von Graz nach Essen gesandt wurde, kommt im Hügelpark gar nicht an. Der bayerische Zoll schickt das Paket an der Grenze zurück. Wie die Geschichte endet, ist leider nirgends vermerkt. Erst im Jahr 1921 findet die Nachtigallenaffäre ein glückliches Ende. »Heute morgen bemerkte ich bei meinem dienstlichen Rundgang den Gesang einer Nachtigall, es ist dies die erste, welche sich seit vielen Jahren wieder in den hiesigen Parkanlagen hören lässt«, schreibt Veerhoff erleichtert einem Oberstleutnant in Kassel, der ihn in dieser Angelegenheit beraten hatte.

Beglücken die einen Vögel mit ihrem Gesang, so beeindrucken andere durch prachtvolle Schönheit. Pfauen als exotischer Blickfang gehören zu jener Zeit unbedingt zu einem großbürgerlichen Park. Mehrere Pfauenpaare stolzieren nach der Jahrhundertwende durch den Hügelpark und lassen ihre charakteristischen Schreie ertönen. Wenn die Männchen die leuchtende, blaugrüngold schimmernde Federschleppe zum Rad schlagen, bewundern dieses Schauspiel alle, von der Krupp-Familie über die Gäste bis zum Personal. Das freut sich, ab und an die kostbaren Federn auflesen zu können. Verwalter Bernsau teilt jedoch 1911 mit: »Die Herrschaften wünschen, dass der kleine Alfried diese Federn zum Spielen für sich zusammensucht«. Man solle die Angestellten und Arbeiter daher bitten, die Pfauenfedern liegen zu lassen. 1928

Alfried von Bohlen und Halbach füttert einen Pfau, ca. 1909

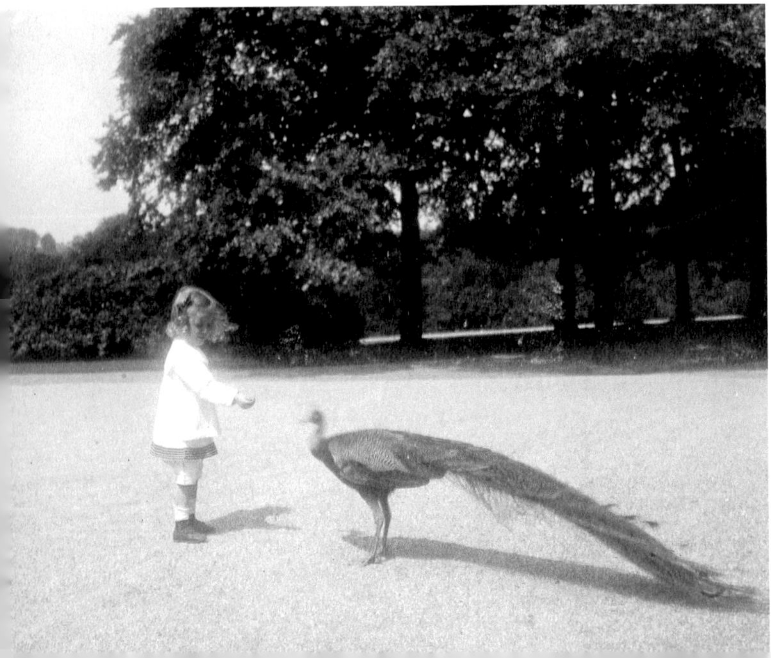

wird von Carl Hagenbeck eine blaue Pfauenhenne, »als beschleunigtes Eilgut, unfrankiert«, Wert 75 Mark, an die Bahnstation Essen-Hügel gesandt.

Bertha Krupp wünschte sich 1920 Schwäne für den unteren Terrassengarten – keine einfache Aufgabe für Hügelverwalter Bernsau. Die beiden aus der Dortmunder Stadtgärtnerei angekauften jungen Schwäne erweisen sich vorderhand nicht als die Ideallösung. Es könne keine Garantie übernommen werden, ob es ein Paar sei, »da das Geschlecht der Schwäne erst nach zwei Jahren erkenntlich wird«, warnt er. Das Problem wiederholt sich mehrmals, 1927 entschuldigt sich die Stuttgarter Tierhandlung Julius Mohr jr. bei der Krupp'schen Verwaltung: »(...) bedaure ich, dass sich der Ihnen gelieferte Schwan als ein Männchen entpuppt hat. Ich bin selbstverständlich gerne bereit, Ihnen den Schwan gegen ein weibliches Tier umzutauschen«.

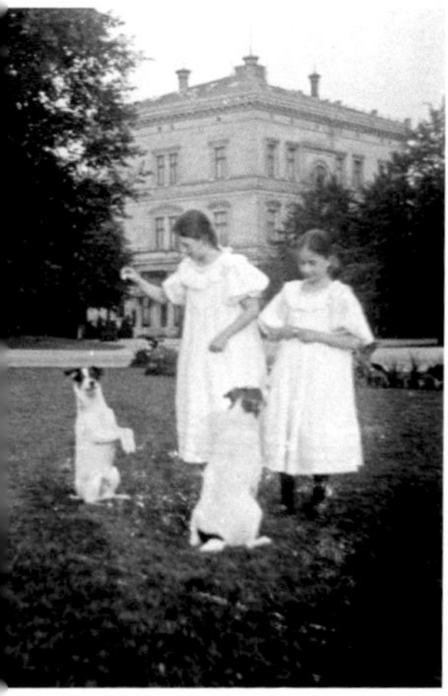

Bertha und Barbara Krupp mit den Hunden Fix und Fox, 1897

Anfang der 1930er-Jahre nehmen Ratten überhand. Im Bereich der Gärtnereien muss ein Kammerjäger engagiert werden. In jener Zeit vermehren sich auch die Wildkaninchen derart, dass man Beschädigungen der kunstvoll bepflanzten Beete befürchte, »daher bitten wir, die Tiere durch Abschießen oder Fallen zu vertilgen«, schreibt die Garten- an die Hügelverwaltung. Offensichtlich erfolglos: Drei Jahre später heißt es, dass man »gegen die Kaninchenplage rücksichtslos vorgehen sollte!«

Auf einer Liste mit Fanggeldern für die »Vernichtung wirtschaftsschädlicher Tiere« auf dem Gelände der Gärtnereibetriebe, die Verwalter Bernsau 1922 erstellt, stehen neben den bereits erwähnten Tieren: Katzen, Hamster und Wühlmäuse, Spatzen, Eichhörnchen, Eichelhäher, Wespen, Marder und Iltisse. Für einen Marder bekommt der Fänger 30 Mark und kann den Balg behalten. Nur in Ausnahmefällen darf geschossen werden, mit »Schrotgewehren mit feinem Schrot, durch die keine Gefahr für Menschen entstehen kann«. Auch Heerscharen von Maulwürfen, ärgster Feind und Schrecken jedes Garten-

und Parkbesitzers, unterwandern den Hügel. Sie machen mit ihrer Wühlarbeit sogar den Teich undicht.

Die Maulwürfe gehören bis heute zu den Bewohnern im Park, ebenso wie Marder, Kaninchen und Füchse. Mit etwas Glück sieht man Eichhörnchen und Rehe. Libellen schätzen die feuchte Kühle in der Rhododendron-Schlucht.

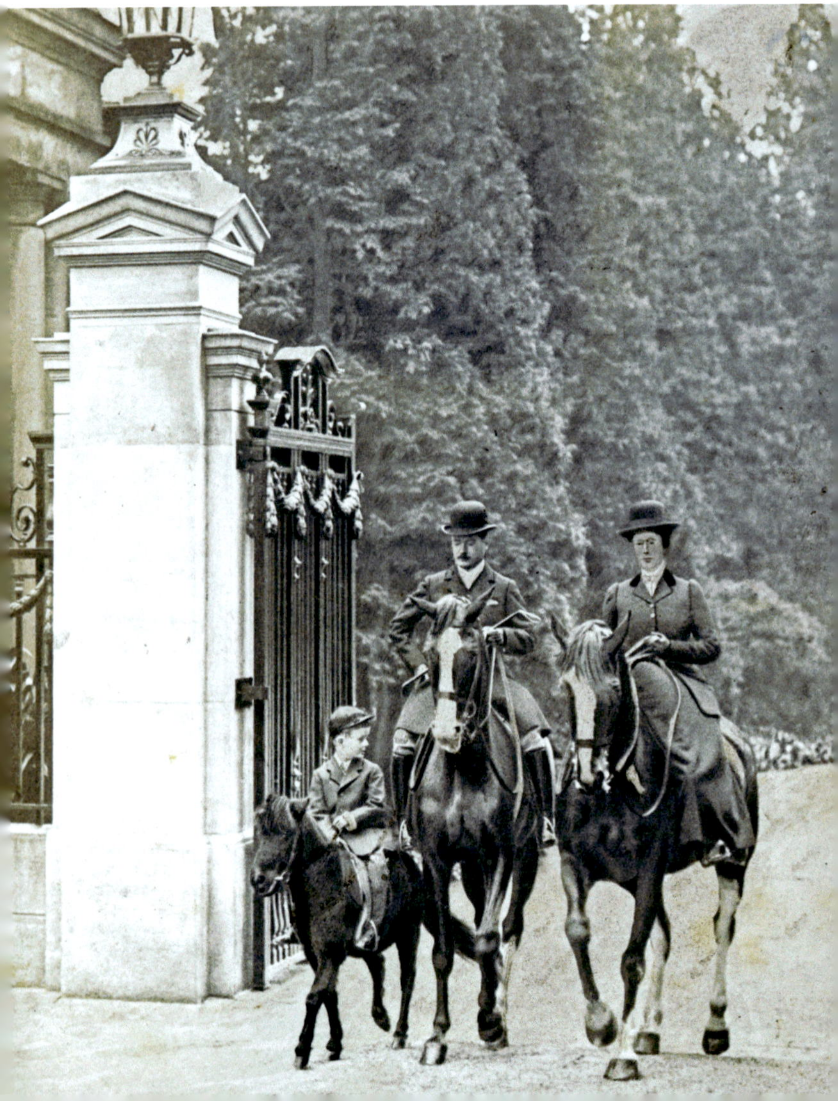

Freizeit im Hügelpark

Gustav und Bertha Krupp von Bohlen und Halbach mit ihrem Sohn Alfried beim Ausritt, ca. 1911

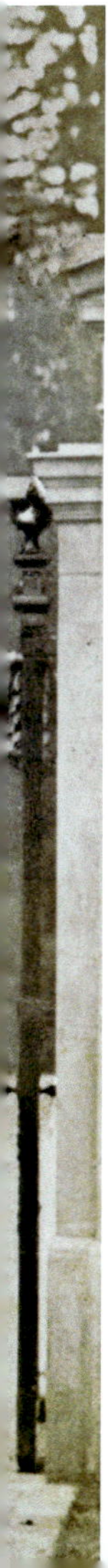

»Junge Pferde in der Weide herumspringend, das ist eine Lust zu schauen«, notiert der passionierte Reiter Alfred Krupp 1864. Deshalb haben auf seiner neuen Besitzung Hügel Weiden, Stallungen und Reitwege hohen Stellenwert. Denn am besten entspannt sich der viel beschäftigte Unternehmer bei einem Ausritt. Die Reitställe gruppieren sich um eine Reithalle und einen offenen Reitplatz nördlich nahe der Villa. Friedrich Alfred hat des Vaters Leidenschaft für den Reitsport geerbt. Er besitzt einen erlesenen Geschmack, legt Wert auf Eleganz und Etikette. Gäste, die im Park reiten möchten, werden von einem Stallmeister »stets mit Zylinder und schwarzem Rock« begleitet. Für die Stallleute werden eigens aus London Hirschlederhosen bezogen.

Zwischen 1894 bis 1897 wird eine neue, luxuriöse Reitanlage mit Stallungen angelegt. Die Anlage ist auf dem neuesten Stand der Technik. Die Ställe sind Maßkonfektion: Pferdeboxen aus edlen Hölzern und mit blitzenden Messingknäufen, durch große Lichtkuppeln fällt Tageslicht, der Boden ist aufwändig gepflastert. Die Geschirrkammern haben Holzparkett und reich verzierte Stuckdecken im Jugendstildekor. Bei der Hochzeit von Barbara Krupp im Oktober 1907 lobt ein weiblicher Gast die Stallungen, »die schöner sind, als die des Prinzen Friedrich Leopold und Fürsten von Hohenzollern«. Die 21-jährige Alix Freiin von Kesling schreibt während eines Hügel-Aufenthaltes 1910 an ihre Mutter: »Es ist mehr ein Wohnhaus für Pferde als Stallungen zu nennen«, und der Stallmeister habe die Gäste »wie ein Lord!« empfangen. »Es war ein Pracht-Pferde-Material (...) das ganze bot ein sehr elegantes, chices Bild (...) am Schluss führte der Stallmeister ein allerliebstes Shetland-Pony herein, das dem herzigen dreijährigen Alfried Bohlen-Krupp gehört u. auf dem er jeden Tag mit seinem Papa im Park spazieren reiten darf«, notiert die junge Dame beeindruckt. Und oft, wie die Familienalben belegen, ist Mutter Bertha beim Ausritt dabei. Dies zeigt auch das große Gemälde von Hermann Junker in der unteren Halle der Villa Hügel. Mittlerweile durchzieht auch den westlichen Wald ein ausgedehntes Netz von Reitwegen und unter Gustav Krupp von Bohlen und Halbach erhöhen sich die Ausgaben für den Reitsport erneut.

Andere Sportarten kommen hinzu. 1884 gründet Friedrich Alfred einen Sportverein, den heute noch bestehenden Essener Turn- und Fechtclub. Am Ufer der Ruhr unterhalb der Villa gelegen, bot der laut Satzung »für alle Essener Bürger« offenstehende Verein den höheren Angestellten des Unternehmens die Gelegenheit zum Fechten und zu gesellschaftlichen Veranstaltungen.

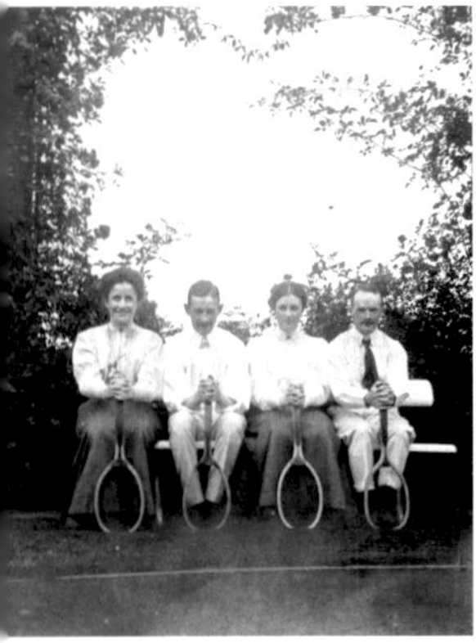

Bertha und Barbara Krupp mit ihren Verlobten Gustav von Bohlen und Halbach und Tilo von Wilmowsky beim Tennis, 1906

Auf dem Hügel entstehen 1894 bis 1897 nördlich der Villa zwei Tennisplätze, auf denen auch Margarethe und Friedrich Alfred Krupp mit ihren Töchtern Bertha und Barbara spielen. Zu Beginn des 20. Jahrhunderts trifft man sich mit Freunden zum Match, die Damen spielen in bodenlangen Röcken.

Auf den im Park angelegten Radwegen ist Fahrradfahren im Sommer ein beliebtes Freizeitvergnügen, im Winter werden Rodel und Schlittschuhe hervorgeholt. Jung und Alt dreht Pirouetten auf dem zugefrorenen Teich am Ende der Rhododendron-Schlucht, durch die zu jener Zeit noch ein ein künstlicher Bach fließt. Dieser westliche Teich dient »ausschließlich den Herrschaften zur Benutzung«, lautet 1904 eine Anordnung. Hingegen ist das Schlittschuhlaufen auf dem östlichen Teich des Parks den »Beamten und Angestellten des Hügels, Bediensteten aus Haus und Stall, Gärtnergehülfen und Portiers« gestattet. Diese Personen und deren Familienangehörige dürfen ebenso die Schlittschuhbahn

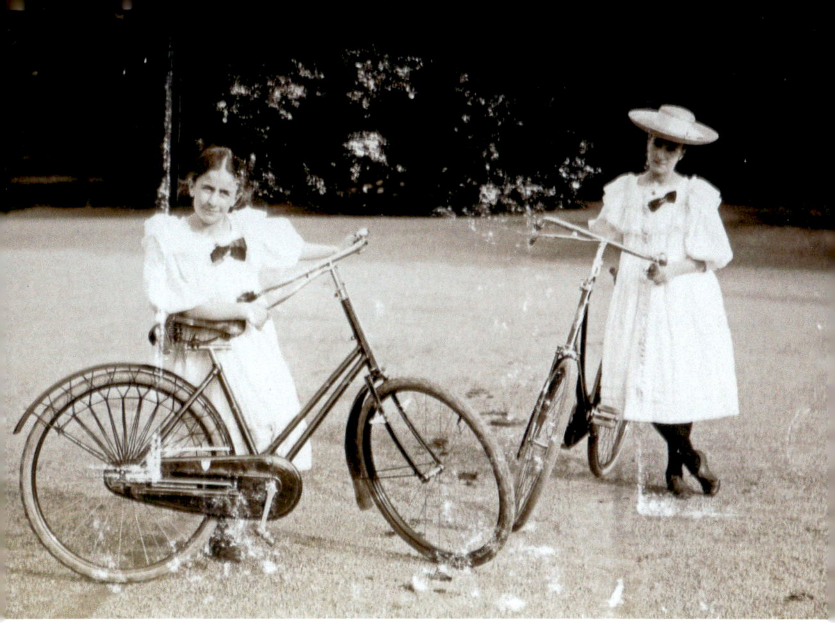

Bertha und Barbara Krupp erkunden den Park per Rad, 1897

am Bootshaus an der Ruhr benutzen, jedoch »das Mitbringen von ›Besuch‹ zu dem Teich im Park ist nicht gestattet!« Sommers lädt unten am Ufer der Ruhr die »Badeanstalt Hügel« ein, deren Benutzung außer Hügelbewohnern nur »Mitgliedern des Kasinovereins Krupp'scher Beamten zu Essen und des Essener Turn- und Fechtclubs zusteht«. Ein Bademeister überwacht die strengen Regeln: »Die Dauer des Bades soll ½ Stunde nicht überschreiten und das Hinausschwimmen in die offene Ruhr ist nur geübten Schwimmern gestattet!« Preis eines einzelnen Bades (ohne Wäsche): zwanzig Pfennig.

Da ist die »Wassersportart« oben im Hügelpark mondäner: Die Boote auf dem Teich vor der Grotte werden über Jahrzehnte von der Familie und vielen Gästen zu unterhaltsamen Kahnpartien genutzt.

Von den Gästen der Familie sind kaum Kommentare zu Park und Garten erhalten. Umso interessanter erscheint daher, was im Jahr 1884 Elizabeth Prosser, Gattin des amerikanischen Vertreters von Krupp, bei einem längeren Aufenthalt auf dem Hügel notiert. Ihr erscheint der Park »als Märchenland«. Enthusiastisch beschreibt sie die Grotte im

Widderkopf am Fuß einer Leuchte vor dem Großen Haus der Villa Hügel

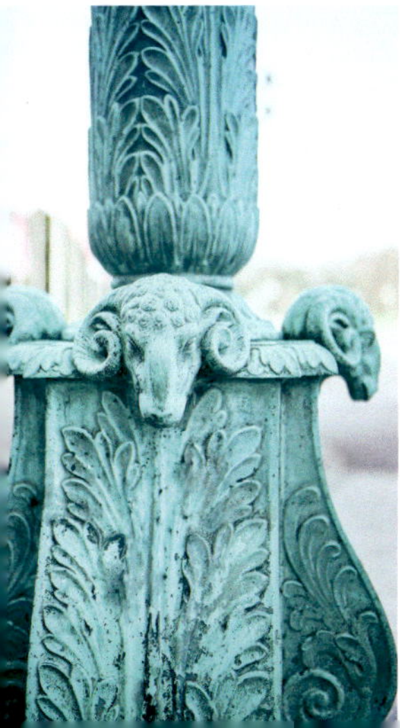

rechts: Spanische Hasenglöckchen

unteren Terrassengarten: »Die Decke ist gewölbt mit einer Art hellem Marmor, die Seitenwände aus rauen Steinpfählen fantastisch zusammengefügt, der Wasserfall ein Gedicht – es ist ein Ort zum Träumen!« Die Aussicht vom Balkon im Logierhaus (dem Kleinen Haus der Villa Hügel) auf Terrassengärten und Park ist »wie ein schöner Traum: der Garten mit den plätschernden Fontänen und weißen Statuen, die unter grünen Bäumen schimmern. Nie sah ich Lieblicheres als die über Spalieren wachsende Jungfernrebe – kurz, überall zeigen sich charmante Anblicke«, ist die Amerikanerin begeistert vom Hügelpark. Ebenso wie die bereits erwähnte Freiin von Kesling: »Als wir in das erste Parktor (...) einfuhren, begann unsere Bewunderung. Das Parkgebiet ist ein Riesen-Komplex, in dem allein 300 Gärtner beschäftigt sind«. Mit dieser im Brief ans »Großmamerl« geschätzten Zahl griff sie allerdings viel zu hoch.

Von den zahlreichen Gebäuden im Park ist – abgesehen von den Portiershäusern und dem ehemaligen Gästehaus, dem heutigen Sitz der Alfried Krupp von Bohlen und Halbach-Stiftung – nur ein einziges aus jener Zeit original erhalten geblieben. Es ist das Romantischste von allen: das »Spatzenhaus«. 1894 wurde es für die Töchter Bertha und Barbara, damals sieben und acht Jahre alt, erbaut. Es ist ein Spielhaus wie aus dem

Besuch des chinesischen Gesandten Chang Yin Huang, 1897 (Aufnahme von Margarethe Krupp)

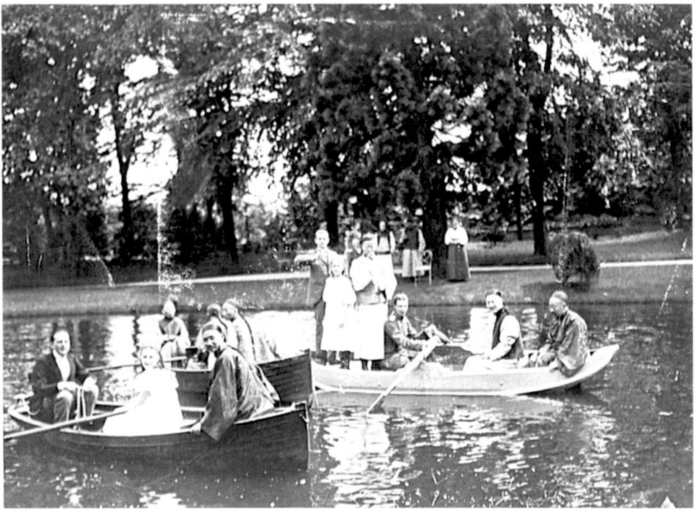

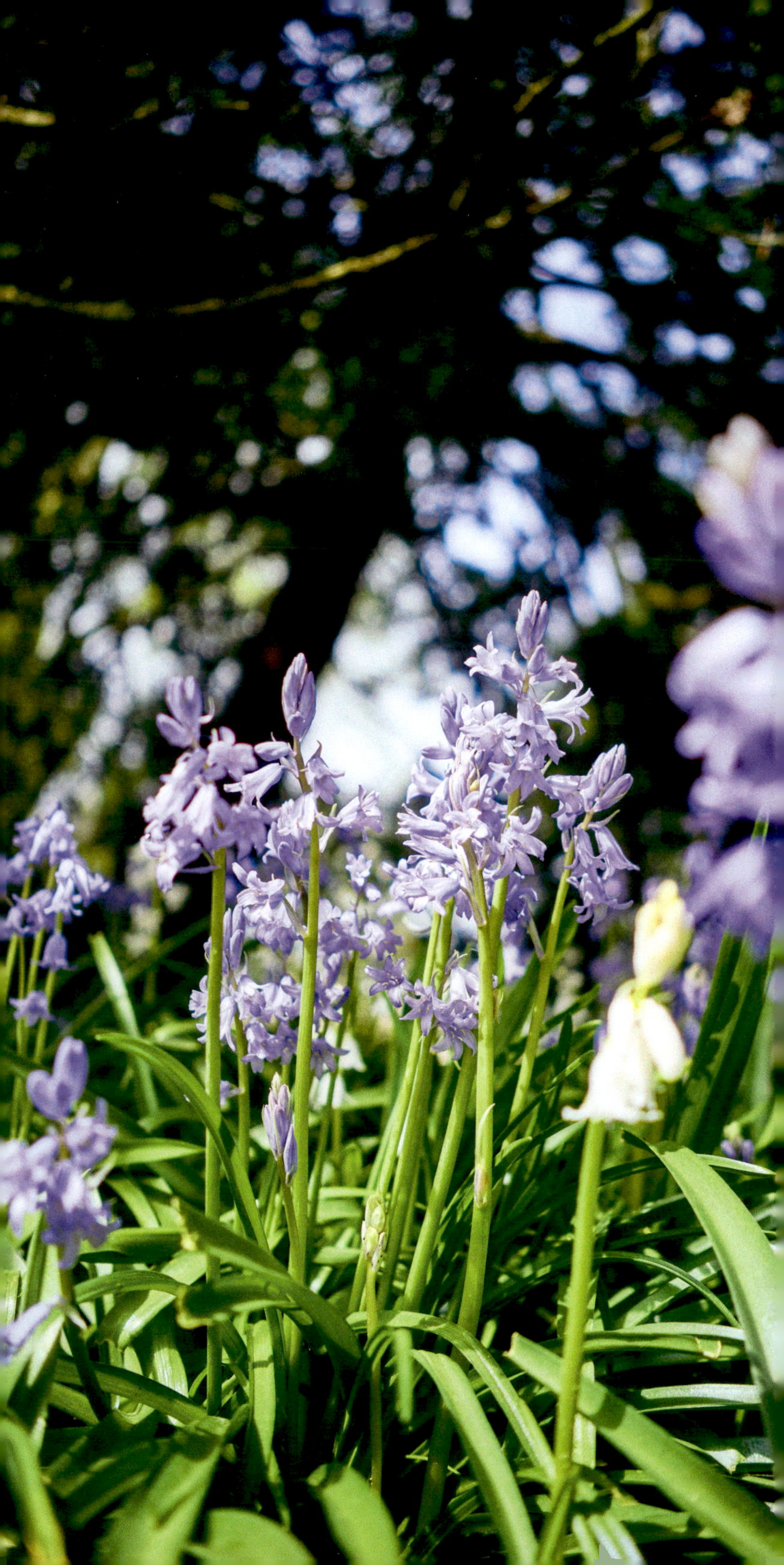

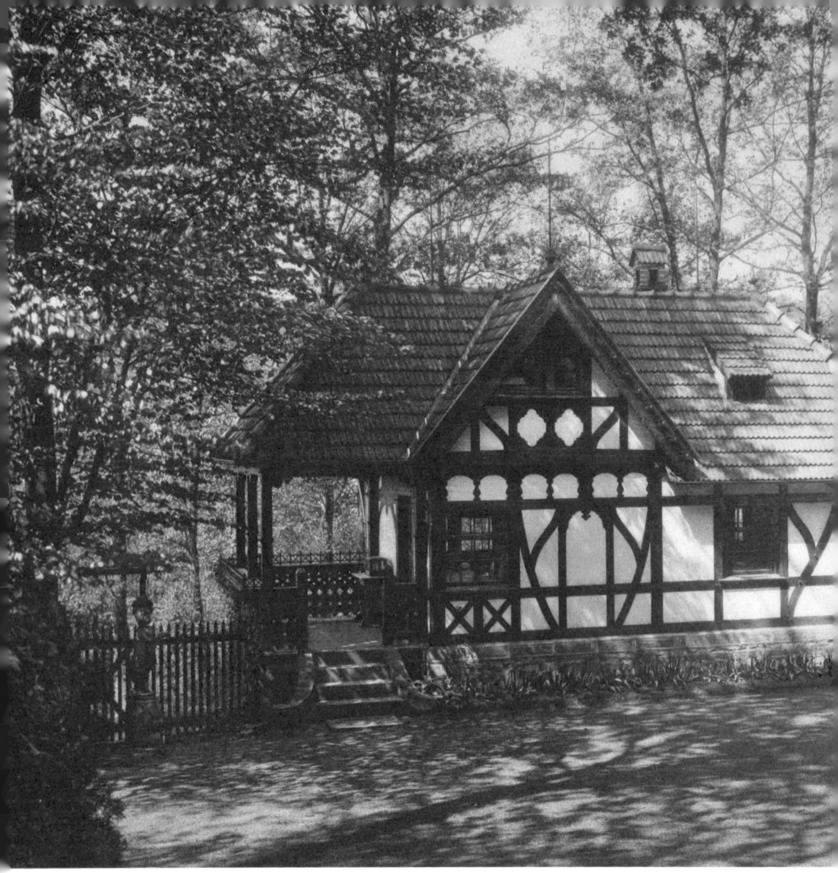

Spatzenhaus, Ansicht von Osten, 1901

Märchenbuch, mit Fachwerk und Spitzgiebeln. Hier lernten die Mädchen spielerisch ihre zukünftige Rolle als Gastgeberinnen und empfingen schon zu jener Zeit hochrangige Gäste der Familie.

Ins Gästebuch des »Spatzenhauses« trugen sich unter anderem ein: Constantin, Kronprinz von Griechenland, der Musiker Engelbert Humperdinck, der 1885 etliche Monate als musikalischer Unterhalter in der Villa Hügel weilte, der Kronprinz von Siam, Moha Vajirunhis, Kaiser Wilhelm II. und Kaiserin Auguste Victoria. Erhöht wird der Charme dieses Ortes durch den kleinen »Rotkäppchen-Brunnen«, den eine Steinplatte mit einer Szene aus dem bekannten Kindermärchen ziert. Die Zeit hat ihn mit Patina und Moos bedeckt, der Löwenkopf speit schon lange kein Wasser mehr.

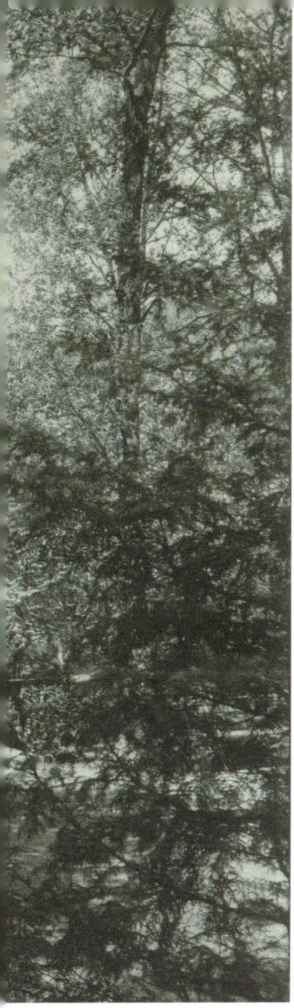

Kaiser Wilhelm II. war zwischen 1890 und 1918 neunmal Gast auf dem Hügel, wo er auch mehrfach nächtigte. Seit 1896 eskortierte man ihn von der eigenen Bahnstation die Kiesauffahrt zum »Sanssouci über der Ruhr« hinauf. So erreichten auch die meisten prominenten Gäste aus aller Welt die Privatresidenz der Krupps. Viele Gäste kamen im Sommer und genossen vielleicht vom schattigen Laubengang aus die Sicht auf das Ruhrtal. Bei der Jahrhundertfeier im August 1912 gab es abends einen »Gang in den illuminierten Park, wo unter den alten Bäumen Kaffee gereicht wurde«.

Reiten kann man im heutigen Hügelpark nicht mehr. Aber bei einem Spaziergang genießt man die immer neuen Sichtachsen und Panoramen des Parks, die sich bei jeder Wegbiegung wie Bühnenbilder erschließen. Blickt man vom Eingang der Schlucht hoch auf die »Obere Sicht«, sieht man dort die lebensgroße Bronzeskulptur des weidenden Pferdes. Sie erinnert bis heute an jene längst vergangenen Tage, als das Reiten zum alltäglichen Vergnügen der Familie Krupp gehörte.

Der »Rotkäppchen-Brunnen« zeigt eine Szene aus dem Märchen der Brüder Grimm.

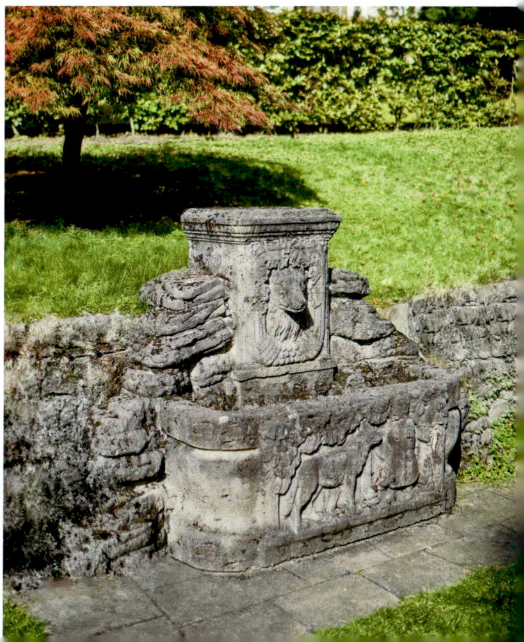

nachfolgende Doppelseite: Spatzenhaus heute

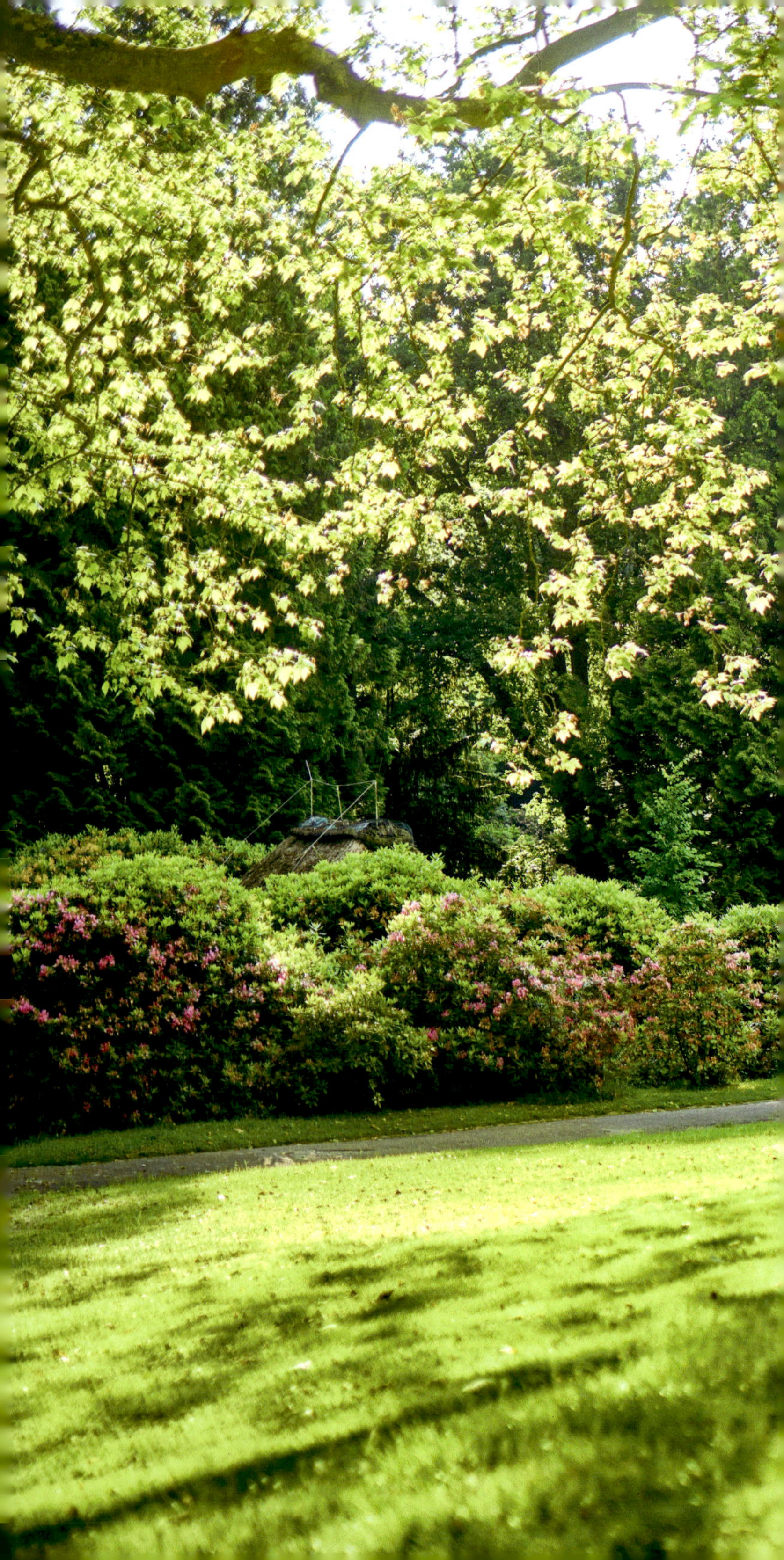

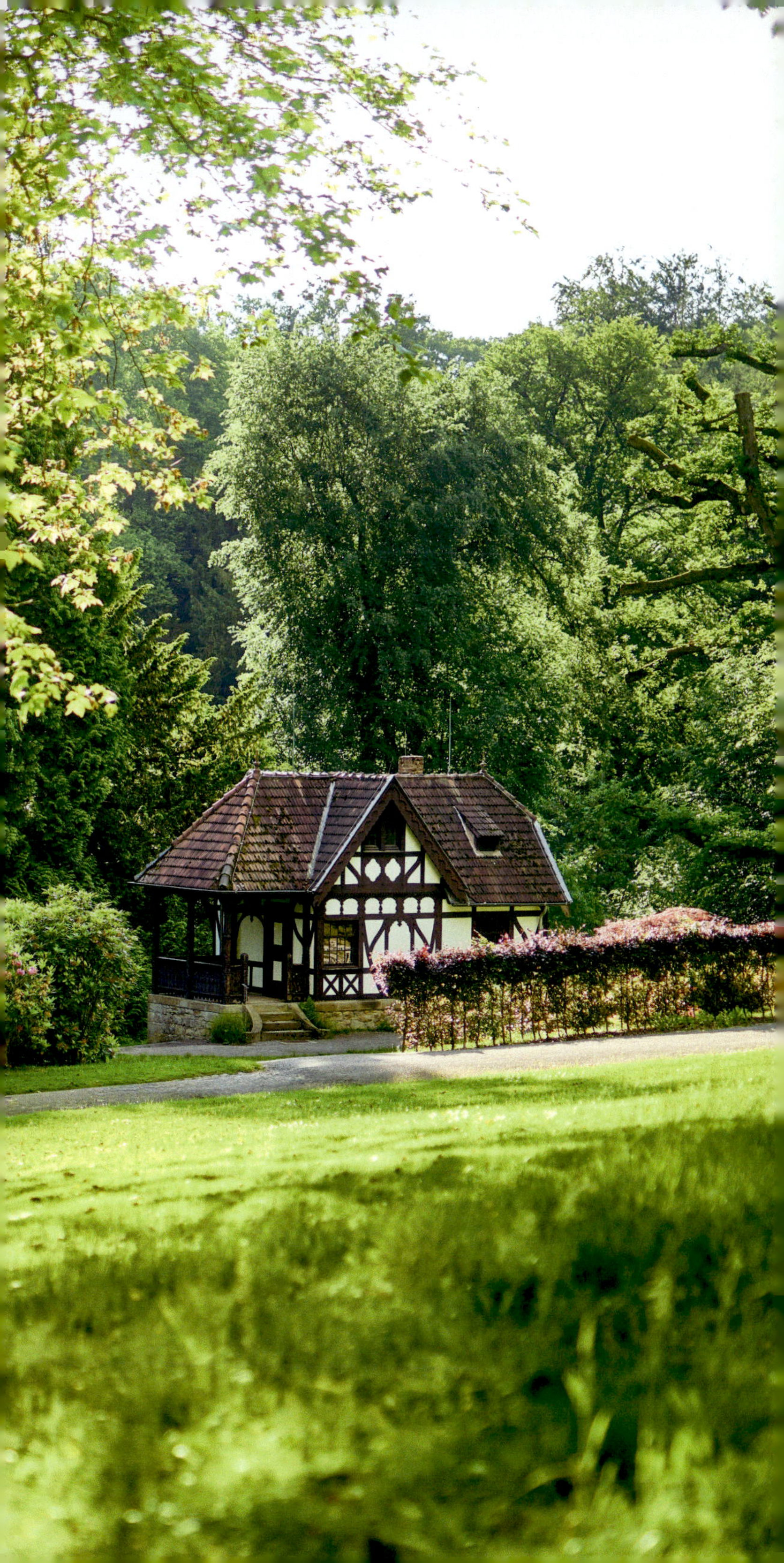

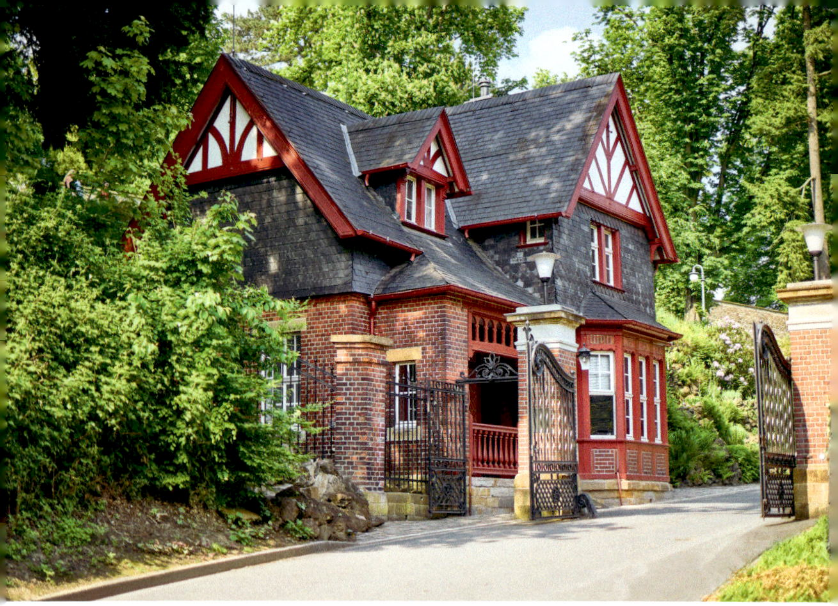

Passierscheine und Erlaubniskarten

Ansicht des Pförtnerhauses III am südlichen Eingang zum Park

Die Familie Krupp lässt die drei Eingänge zu ihrem Refugium von Portiers bewachen. Aber das Problem der Einlasskontrolle wächst, denn aus dem privaten Paradies Hügel ist um 1890 ein großer autarker Wirtschaftsbetrieb geworden. Die Zahl der Personen, die dort arbeiten und wohnen, steigt ständig: 1888 arbeiten insgesamt 290 Personen auf dem Hügel, 1914 werden es sogar 648 sein. Es gestaltet sich immer schwieriger, die Balance zwischen ungestörter Privatheit und geschäftigem Gutsbetrieb zu bewahren.

So sieht sich Friedrich Alfred Krupp 1896 gezwungen, in einem »Circular« Grundsätze festzulegen, »welche für das Betreten des Parks, der Gärten und sonstigen Einrichtungen auf dem Hügel maßgebend sind«. Das Schriftstück regelt, wer wann wo zu welchen Aufenthalten berechtigt ist. Angestellte im Dienst haben »selbstverständlich die Berechtigung, sämtliche (...) Anlagen der hiesigen Besitzung, soweit dies ohne Störung der Herrschaften geschehen kann, zu betreten.

Außer Dienst steht es allen auf dem Hügel (...) Beschäftigten frei, auch mit ihren Familienangehörigen im offenen Walde Spaziergänge zu machen«. Die Begünstigungen sind hierarchisch fein austariert: »Den Direktoren, Wirtschaftsvorständen, Sekretären und deren Familien, Gärtnern, Haus- und Stallpersonal ist (...) auch der Park ausschließlich der Gärten (Terrassen) südlich des Haupthauses freigegeben!« Wer nicht zum Kreis dieser Privilegierten zählt, darf die Besitzung nur im Besitz eines Schlüssels zu den Parktoren oder eines Passierscheins betreten, oder wenn er »dienstlich hier zu tun hat«.

Mit diesen Passierscheinen versucht man zunächst, des wachsenden Ansturms allein für den Besuch des Waldes Herr zu werden. Die Lust an frischer Luft treibt immer mehr Essener Bürger auf den dicht bewaldeten grünen Hügel. Es sind die Jahre, in denen Kohlenruß und Industriestaub zum großen Problem werden. Neugier kommt hinzu. Auch viele Auswärtige zieht der Hügelpark an. Sie haben vom imposanten Gebäude, dem großen Park, den Gärtnereien mit exotischer Blumenzucht gehört. Daher versuchen Vereine und Privatleute unter Vorwänden und mit Tricks dorthin zu gelangen. Darauf muss reagiert werden, denn es »haben die Anträge auf Erlaubniskarten für den Besuch meines Waldes außerordentlich zugenommen«, schreibt Krupp 1898 als Epilog zu neun Paragraphen für die Erteilung solcher Erlaubniskarten.

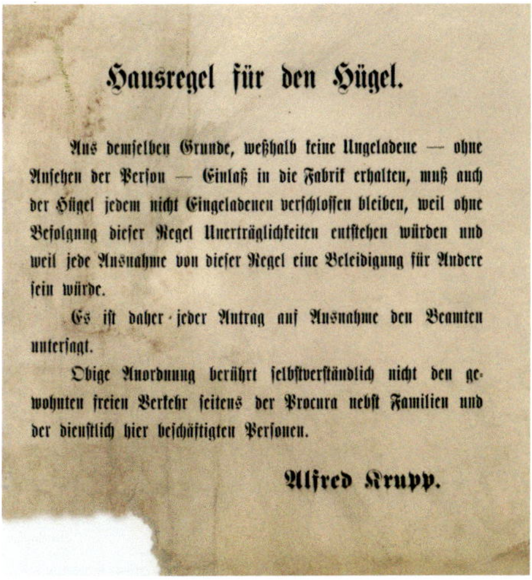

Hausregel für den Hügel.

Aus demselben Grunde, weßhalb keine Ungeladene — ohne Ansehen der Person — Einlaß in die Fabrik erhalten, muß auch der Hügel jedem nicht Eingeladenen verschlossen bleiben, weil ohne Befolgung dieser Regel Unerträglichkeiten entstehen würden und weil jede Ausnahme von dieser Regel eine Beleidigung für Andere sein würde.

Es ist daher jeder Antrag auf Ausnahme den Beamten untersagt.

Obige Anordnung berührt selbstverständlich nicht den gewohnten freien Verkehr seitens der Procura nebst Familien und der dienstlich hier beschäftigten Personen.

Alfred Krupp.

Hausregel für den Hügel, ca. 1883

So entsteht ein höchst differenziertes Gebilde zur Verteilung von Gunst: Gesuche sind zu berücksichtigen, wenn die Antragsteller Verwandte sind oder gesellschaftlich im Hause verkehren. Mitglieder von Behörden (»Subalternbeamte nur in Ausnahmefällen!«), Theologen (»nicht etwa sogenannte Prediger«), Lehrer und Lehrerinnen höherer Lehranstalten oder Oberinnen und Schwestern von Kranken- und Wohltätigkeitsanstalten sind ebenfalls zugelassen. Generell kommen nur Personen in Frage, die in der Stadt oder im Landkreis Essen wohnen und solche, »welche sich durch ihr persönliches Verhalten dessen würdig zeigen«.

Inhaber von Erlaubniskarten müssen diese beim Waldspaziergang dabei haben und gegebenenfalls dem kontrollierenden Parkangestellten zeigen. Wer einen eigenen Wagen oder ein Reitpferd besitzt, darf die Waldwege benutzen, Fahrräder sind jedoch ebenso strikt verboten wie Hunde. Wer die Vorschriften übertritt, dessen Karte wird eingezogen, zur

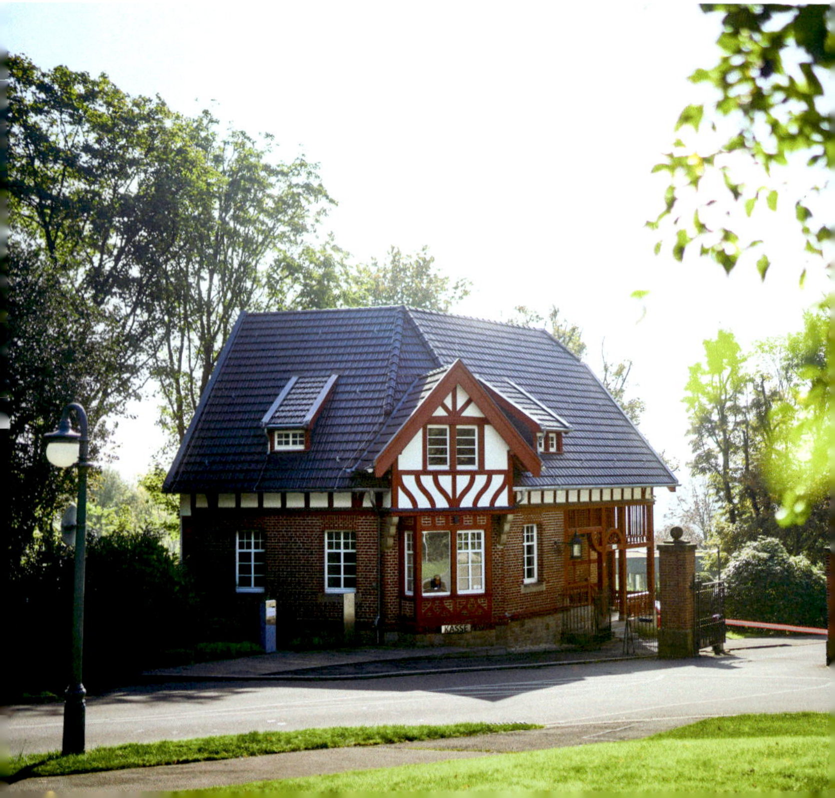

Das Pförtnerhaus IV am Nordeingang zum Park

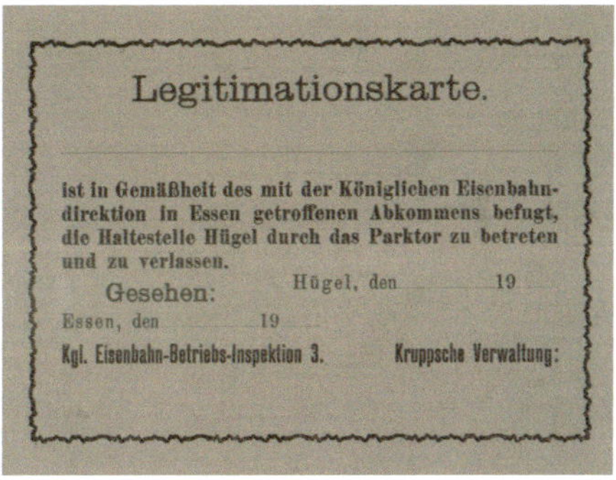

Legitimationskarte.

ist in Gemäßheit des mit der Königlichen Eisenbahndirektion in Essen getroffenen Abkommens befugt, die Haltestelle Hügel durch das Parktor zu betreten und zu verlassen.

Gesehen: Hügel, den 19

Essen, den 19

Kgl. Eisenbahn-Betriebs-Inspektion 3. Kruppsche Verwaltung:

Legitimationskarte für den Zutritt zum Bahnhof Hügel vom Park, ca. 1900

nachfolgende Doppelseite: Unterer Terrassengarten im Schnee

Erneuerung der Karte muss die abgelaufene eingesandt werden. »Die von jeher den Direktoren meiner Firma eingeräumte Berechtigung, mit ihren Familien in sämtlichen Anlagen meiner Besitzung, mit Ausnahme der Gebäude und geschlossenen Terrassen, auch mittelst Wagen und zu Pferde zu verkehren, wird durch diese Bestimmung nicht berührt«. Später erlaubt Krupp lang gedienten pensionierten Meistern der Gussstahlfabrik sowie Essener Stadtverordneten Waldkarten. Diese berechtigen hingegen »nicht zum Passieren eines Tores«.

Doch immer wieder gibt es Ärger. Angestellte, die verbotenerweise Parktore überklettern, werden zunächst mit einer Geldstrafe belegt. Bei wiederholtem Vergehen droht ihnen die fristlose Entlassung. Manche Hügelangehörige legen die Anordnungen auch sehr eigenwillig aus. So dürfen sie beim Spaziergang über den inneren Hügel »auf Antrag« drei bis vier Personen mitbringen. »Nachher ist mir gemeldet worden, dass ganze Gesellschaften von 20 und sogar 25 Menschen auf dem Hügel herumgeführt wurden. Damit dieser Unfug nicht wieder vorkommt«, so Verwalter Bernsau erbost, werde nun kontrolliert und »nur ganz ausnahmsweise« dürfe die Zahl fünf Personen überschreiten.

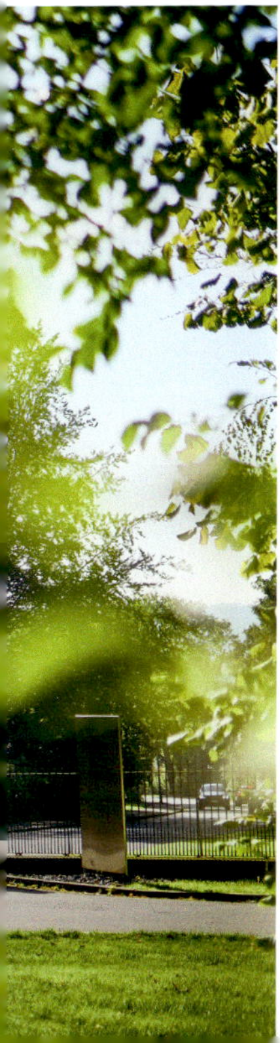

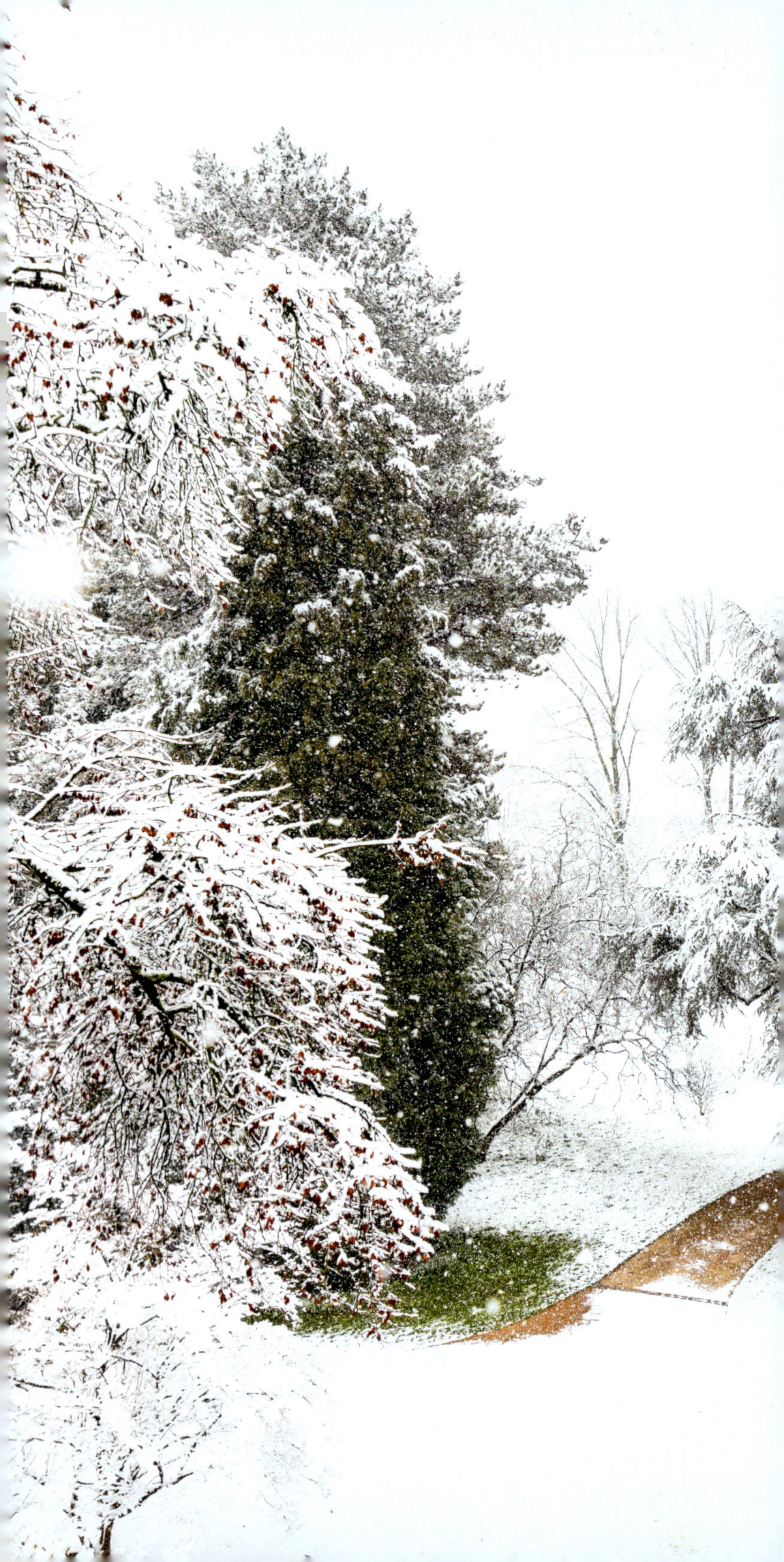

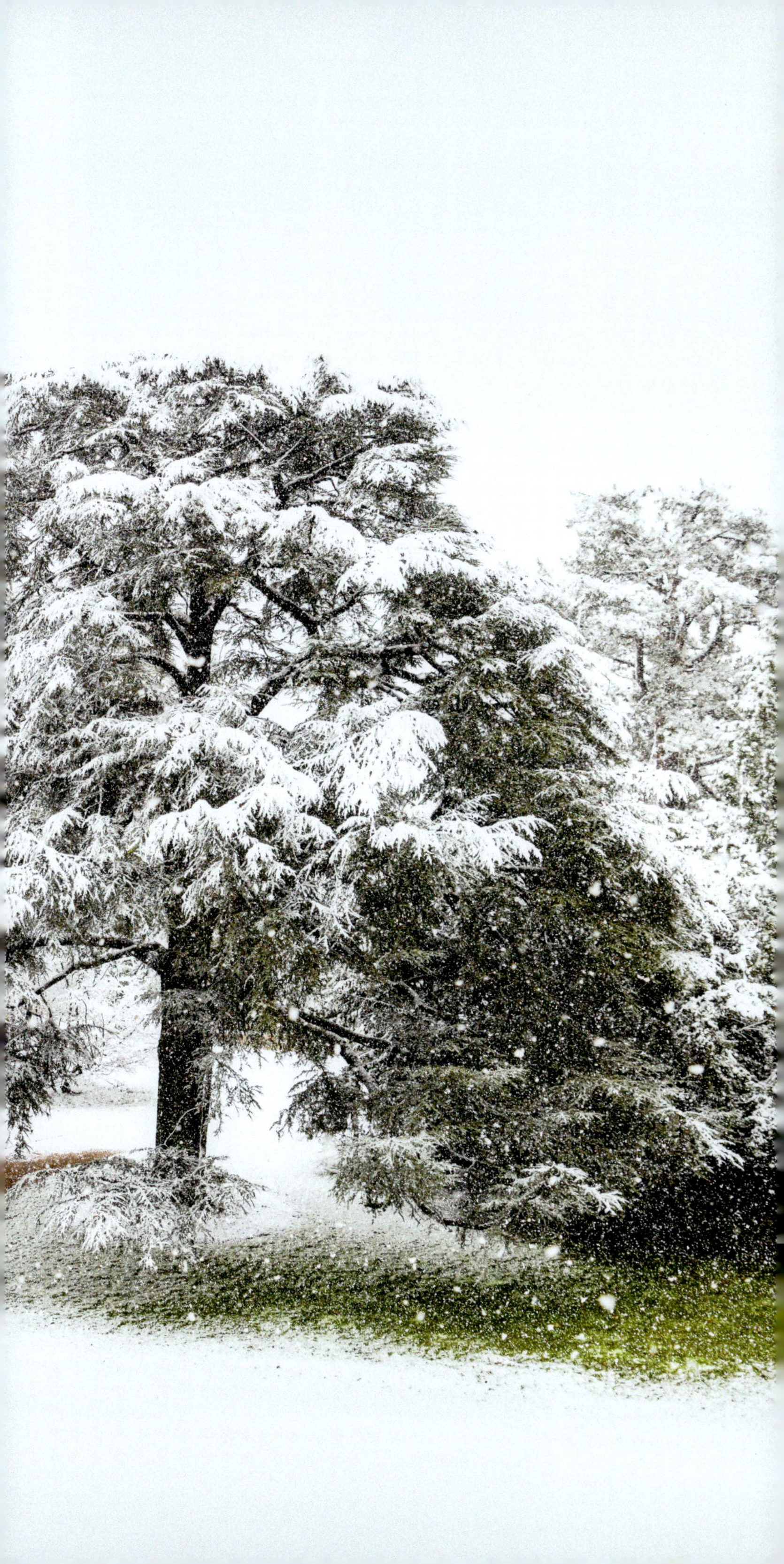

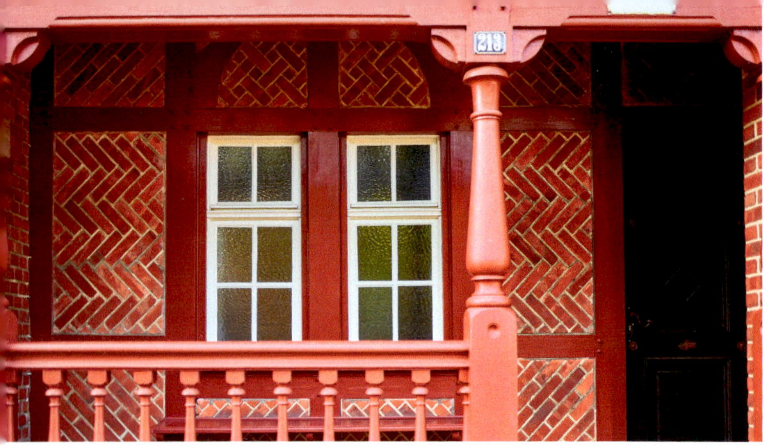

Pförtnerhaus III

Nach welcher inneren Logik öffnen sich Bittstellern die begehrten Pforten des Hügels – oder auch nicht? Während der Tochter einer Angestellten der Weg durch den Park erlaubt wird, ist er den Söhnen verboten. Über die Gründe für diese Entscheidung teilen die Akten leider nichts mit. Einem Corvettenkapitän Maschke samt zwei Werdener Offizieren und Leutnants wird 1890 von Krupp die »Erlaubnis gegeben, die Waldwege (...) nach Belieben zu betreten«. Die Bitte einer Lehrerin aus Kettwig zur Besichtigung der Besitzung wird 1896 in allerhöflichster Form abgelehnt, da derartige Anträge »in so großer Zahl eingehen, dass durch Genehmigung (...) der Hügel seine Eigenschaft, ein Ort stiller Zurückgezogenheit zu sein, einbüßen würde«. Mit diesem Argument werden im Laufe der Jahre wohl Hunderte ähnlicher Anfragen, darunter die des Männergesangvereins »Concordia« aus Wattenscheid und der »Bürgergesellschaft Witten« abgewiesen.

Mehr Glück haben Antragsteller mit fachlichem Hintergrund. Der Gärtnerverein »Flora« aus Düsseldorf darf die gärtnerischen Anlagen besichtigen, auch der Vorstand eines Gartenbauvereins in Ruhrort. Der Obst- und Gartenbauverein Unna bedankt sich 1912 für die Genehmigung, »die herrlichen gärtnerischen Schöpfungen auf dem Hügel in Augenschein nehmen zu dürfen«. In der Fachzeitschrift »Die Gartenwelt – Illustriertes Wochenblatt für den gesamten Gartenbau«

erscheinen im Frühjahr 1903 drei hymnische, mit Fotos illustrierte Artikel über Park und Gärtnerei der Villa Hügel. Autor ist der Quedlinburger Obergärtner Berthold Trenkner. Er ist von dem Gesehenen »entzückt«, erwähnt »viele herrliche Durchsichten und idyllische Partien«. Jedoch für »Dendrologen und Freunde fremdländischer Gehölze hat Hügel wenig Sehenswertes zu bieten. Die Bepflanzungen (…) bestehen hauptsächlich aus einheimischen Bäumen und Gehölzen, um den Park möglichst der sich daran anschließenden Landschaft anzupassen«. Dies habe man mit großem Geschick verstanden. Das Ganze gleiche mehr einem Waldpark, die Durchblicke darin seien »köstliche Perlen der Gartenkunst, Kabinettstücke der Landschaftsgärtnerei«.

Er beschreibt die »herrliche Fernsicht« vom Belvedere des Laubengangs aus und »die reizende Teichanlage mit Insel, Brücke, Felsen und seltenen, herrlich gewachsenen Koniferen«. Besonders begeistert ist er von der Grotte: »Diese Grotte zählt nicht zu den abgeschmackten Spielereien, die man auf diesem Gebiete so oft sieht« – hätte doch Alfred Krupp, der mit dem Bauwerk sehr unzufrieden war, dieses Kompliment aus Expertenmund gehört. »Das Innere erstrahlt bis in die tiefsten Felsspalten hinein in magischem Lichte, hervorgerufen durch unzählige hinter Felsstücken versteckt angebrachte farbige Glühlampen. Ein wahrhaft feenhafter Anblick!«

Rotblühende Kastanie

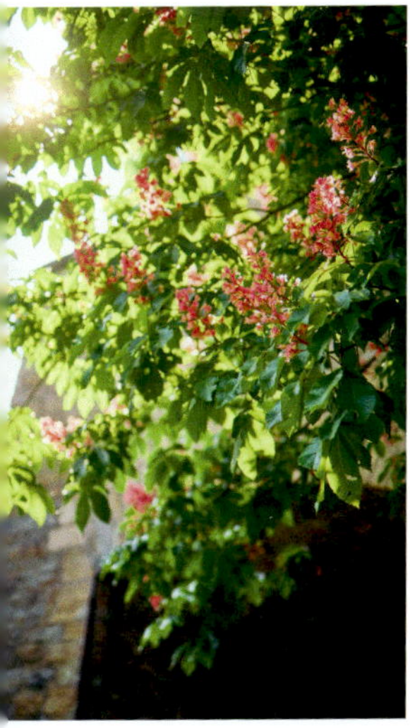

In der Gärtnerei bewundert er die 10.000 Töpfe Erdbeeren, die vielen Rebsorten in den bis zu 70 Meter langen Weinhäusern und vor allem die Kulturen der Nepenthes, der fleischfressenden tropischen Kannenpflanze, im kleinen Warmhaus. Der Autor lässt seine Leser durchs Schlüsselloch in die für viele unzugängliche Welt des Hügelparks blicken. Trenkner lüftet am Ende auch das Geheimnis der herrlichen Seerosen, »die einige Teiche im Park auf so vornehme Weise zieren«: Sie werden in einem eigenen Haus mit heizbaren Wasserkästen kultiviert. Sein Fazit: »Zwei unvergessliche Tage auf dem schönen Hügel!«

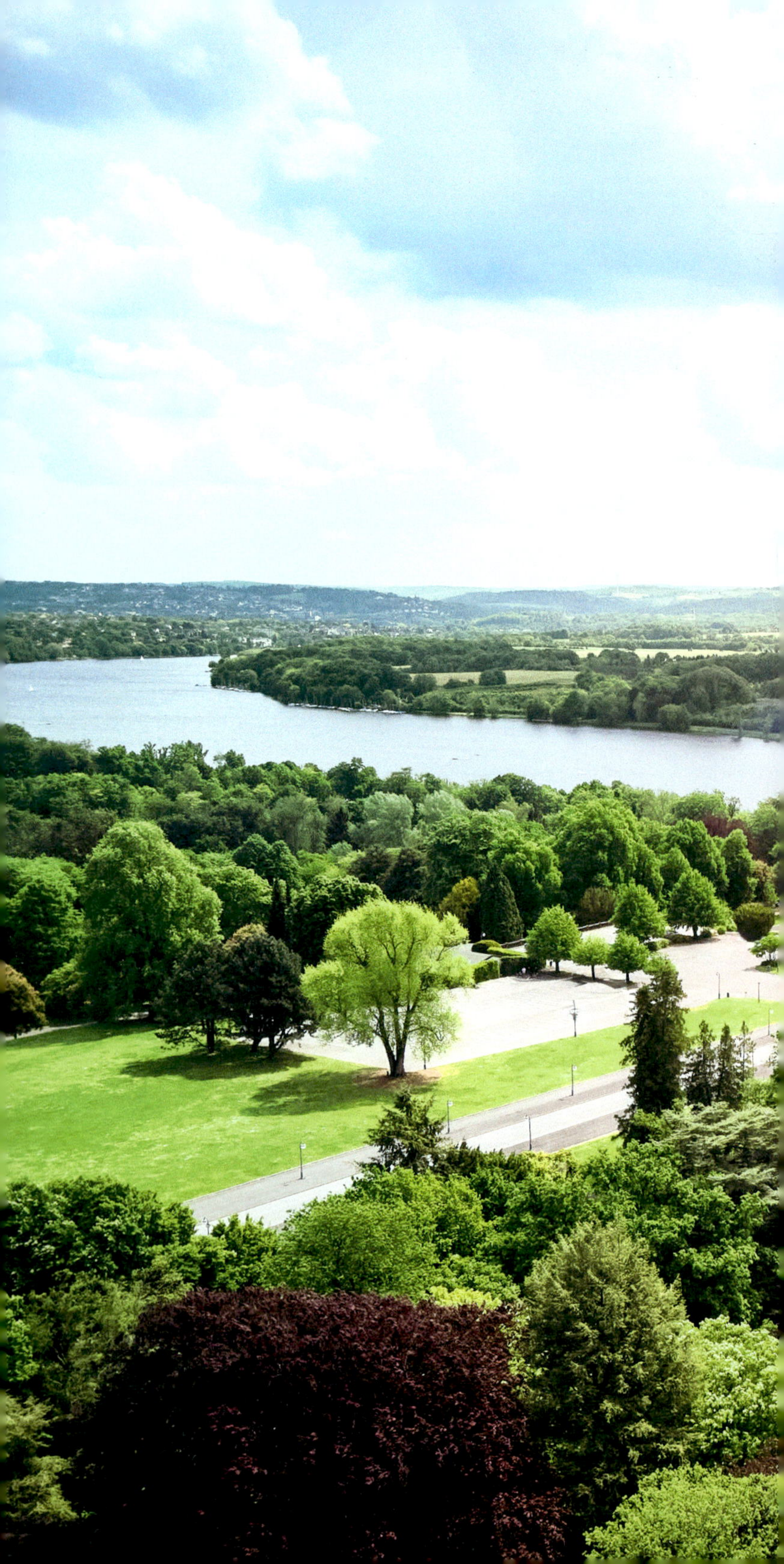

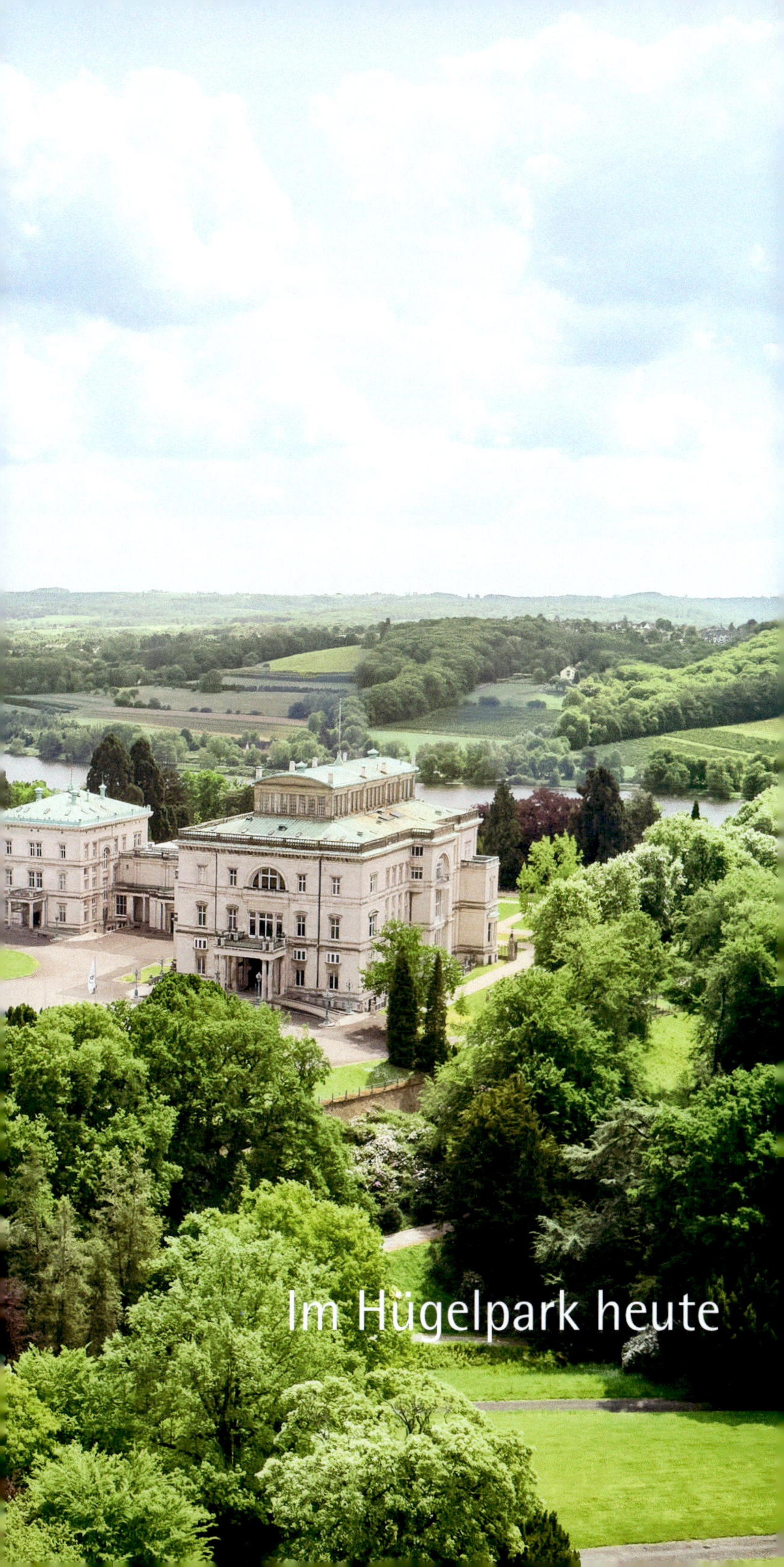

Im Hügelpark heute

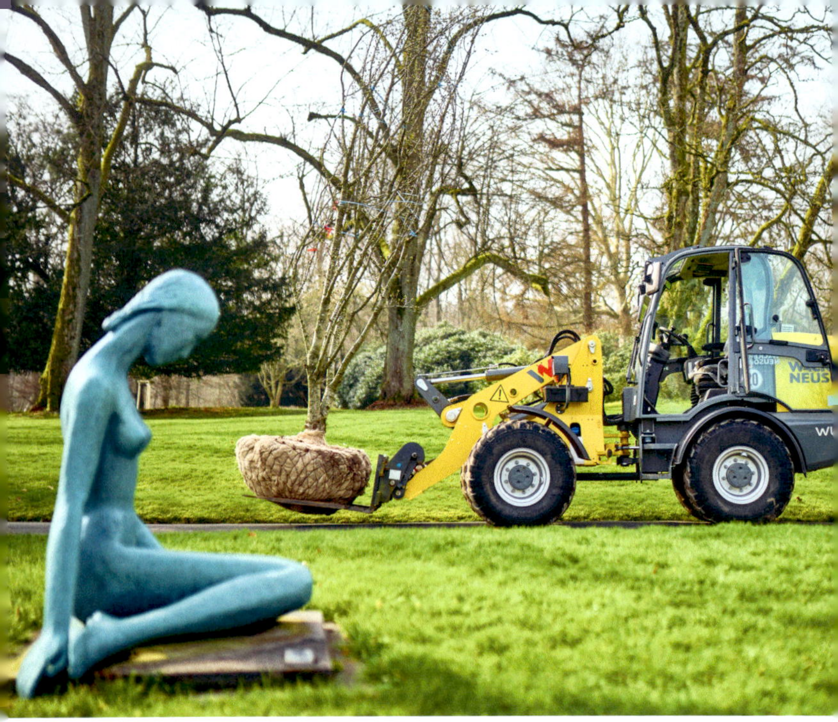

Baumpflanzmaß-nahmen an der »Kleinen Sitzenden« im nordwestlichen Hügelpark

Jeder Park ist ein Gesamtkunstwerk aus vom Menschen gestalteter Natur, das sich im Sinne einer lebenden Natur ständig wandelt. Auch die Herausforderungen des 21. Jahrhunderts nehmen Einfluss auf Anlagen wie den Park der Villa Hügel. Der Klimawandel mit seinen langen Trockenperioden und gleichzeitig zunehmenden Temperaturen sowie aus aller Welt eingeführten Kleinlebewesen, Viren und Bakterien setzen ihm zu. Etliche Bäume starben aus Altersgründen, einige haben die letzten Hitzesommer nicht verkraftet, andere fielen Schädlingen zum Opfer. Manch markanter Solitär, der zum prägenden Bild einer Sichtachse gehörte, ist verschwunden. »Seit 2014 mussten rund 200 Bäume gefällt werden«, resümiert Bernd Heimath, seit genau jenem Jahr Chefgärtner auf dem Hügel. Diese Bedingungen verlangen entsprechende Maßnahmen zur Sicherung und Erhaltung der grünen Schätze. Parallel zu den Fällungen wurden zum Beispiel vor-

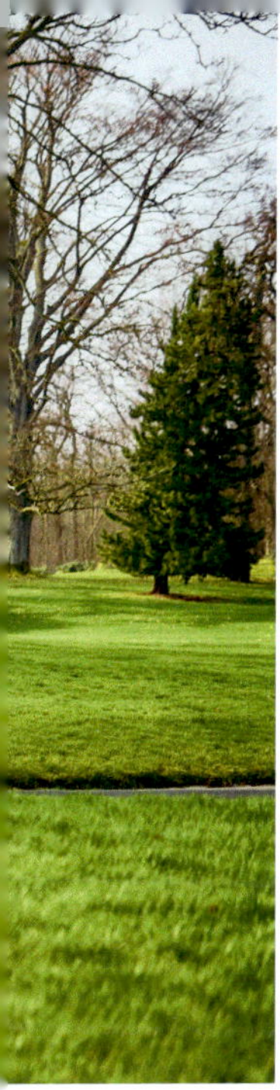

ausschauend Neupflanzungen durchgeführt: Insgesamt 420 Großbäume und fast 2.000 Sträucher wurden seitdem nachgepflanzt. Dabei konnten nicht alle gefällten Bäume durch gleiche Arten ersetzt werden. So wurden anstatt der bisherigen rotblühenden Rosskastanien, die von Baumschulen kaum noch gezüchtet werden, kleinkronige Linden gepflanzt. Andere Bäume wurden wiederum durch sogenannte »Klimabäume« ersetzt – Gehölze, die den extremen Anforderungen des Klimawandels besser standhalten können. Dazu gehören heimische Arten wie Feldahorn, Erle, Mehlbeere, Trauben-Eiche, die kleinkronige Winterlinde »Rancho« und die Kaiserlinde, die südlich der Alpen heimische Zerr-Eiche, die Ungarische Eiche sowie die nordamerikanische Roteiche. Auch die südeuropäische Hopfenbuche, der nordamerikanische Lederhülsenbaum und die asiatische Blasenesche schmücken neuerdings den Hügelpark. Ein immergrüner Urweltmammutbaum – die Art wurde erst 1941 in China entdeckt – steht schon lange auf dem Hügel, kürzlich kamen weitere Exemplare hinzu.

Seltenere oder exotische Arten werden ebenfalls gepflanzt, wie der asiatische Seidenbaum mit seinen auffälligen rosa Blütenpuscheln. Das Mimosengewächs, das nördlich der Alpen gedeiht, kann als ein Gewinner des Klimawandels bezeichnet werden. Eine besondere Art stellt der chinesische Blauglockenbaum dar, der mit seinen langen violetten Blütenrispen im April/Mai sicher zum Hingucker wird. »Exotische Bäume gibt es schon lange im Hügelpark, auch wenn Alfred Krupp damals nur einheimische Gehölze favorisierte, bis auf den Rhododendron«, erinnert Heimath. Doch unter Friedrich Alfred und Margarethe Krupp schmückten schließlich Exoten den Park: Ganz im Sinne der damaligen Mode bereicherten Dattelpalmen, Zwergpalmen, Agaven und Bananenstauden als malerische mediterrane Kulissen das Bild, das sich seitdem wieder gewandelt hat.

rechts:
Luftaufnahme des Südparks mit Blick auf den Baldeneysee

Eine Änderung würde Alfred Krupp hingegen heute sicher sehr erfreuen: die Neu-Pflanzung eines Lindenhains auf der oberen Terrasse. Diesen ließ er als großes Tableau, direkt vor der Gartenseite der Villa, um 1873 anlegen. »Damit man im Schatten wandeln kann«, wünschte Krupp sich grünen Schutz gegen Sonnenhitze und Strahlung. Wie visionär das war, zeigte sich in den folgenden Jahren: Der Hain entwickelte sich zu einem duftenden, kühlenden Wäldchen, das jedoch im Rahmen von allgemeinen Sanierungsmaßnahmen in den 1960er-Jahren gefällt wurde. 2017 beschloss die Alfried Krupp von Bohlen und Halbach-Stiftung, den Lindenhain im Zuge von Bestands- und Rekonstruktionsmaßnahmen auf der Grundlage historischer Fotografien und Pläne wiederherzustellen. Damit dieser »Lindensaal« schnell zuwachsen konnte, wurden 49 Kaiserlinden, zwischen 15 und 18 Jahre alt, gewählt, die nicht nur schnell wachsen und anspruchslos sind,

Bienenstöcke im östlichen Hügelpark

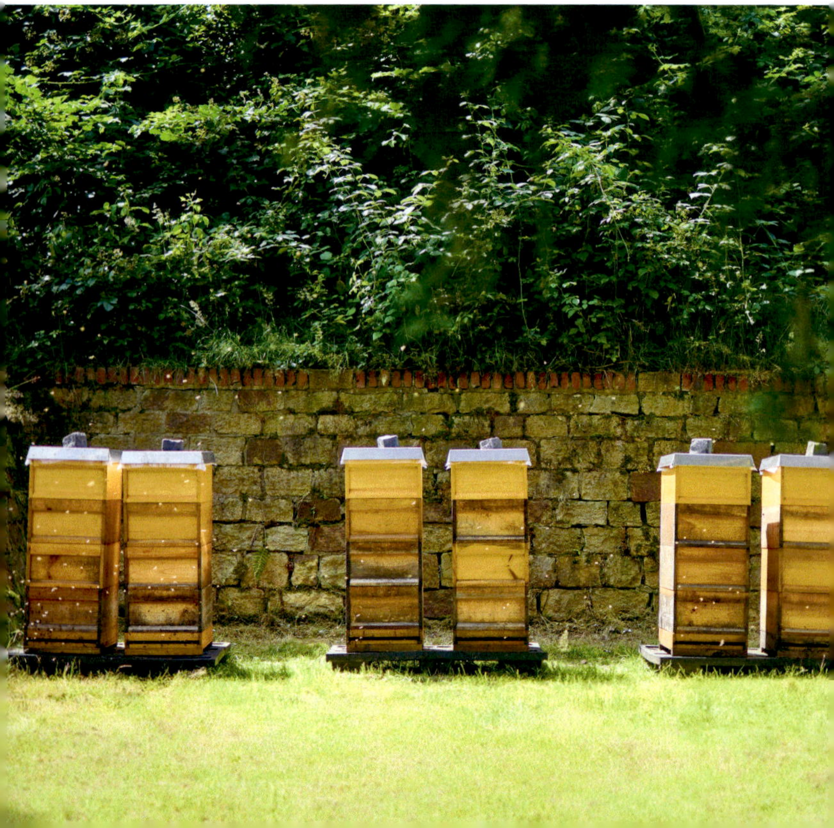

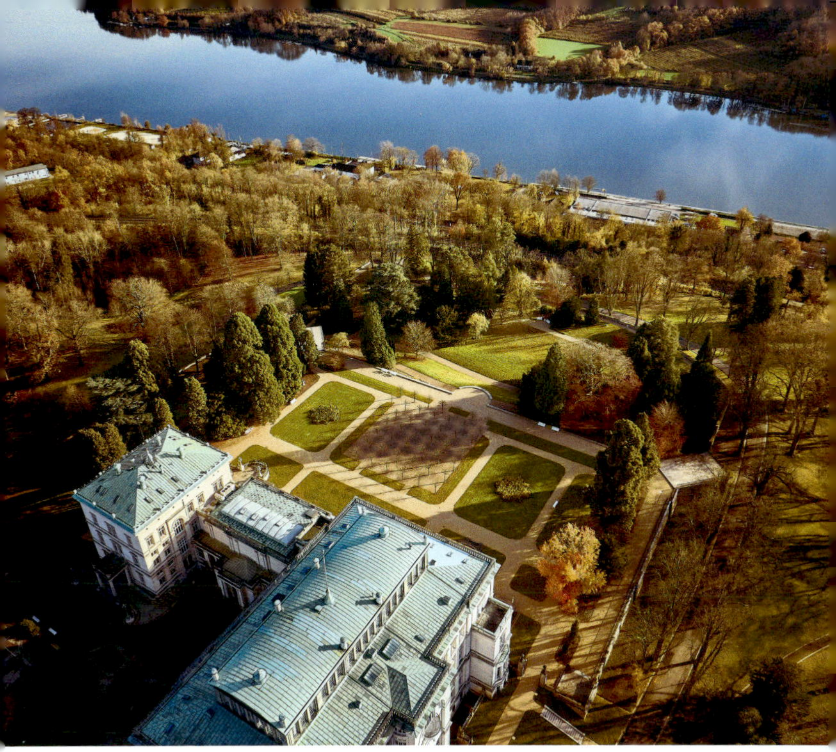

sondern auch zu den klimafesten Zukunftsbäumen zählen. Um die Schattenwirkung zu erhöhen, werden die Linden jährlich entsprechend geschnitten, dass sich ein grünes Dach entwickelt. In zukünftigen heißeren Sommern dürfte dieser Lindenhain für Besucher ein Ort der Abkühlung werden. Ebenfalls angelehnt an historische Ursprünge sind im Ostteil des Parks zwei Rekonstruktionen. Zum einen wurde 2015 der von Wildwuchs, Laub und Schlamm überdeckte Ostteich mit 1.500 Quadratmetern Fläche wieder freigelegt. Und dort, wo einst der historische Gutshof große Mengen Obst und Gemüse zur Selbstversorgung auf dem Hügel produzierte, gibt es seit 2023 ein ambitioniertes Schulgartenprojekt. Um Kinder auf sinnlich erfahrbare Weise mit dem Genuss selbstgezogenen Gemüses vertraut zu machen, wurden gemeinsam mit einer Essener Schule Beete angelegt. Darin gedeihen nun jährlich Kartoffeln, Rote Beete, Salat, Lauch und Zwiebeln.

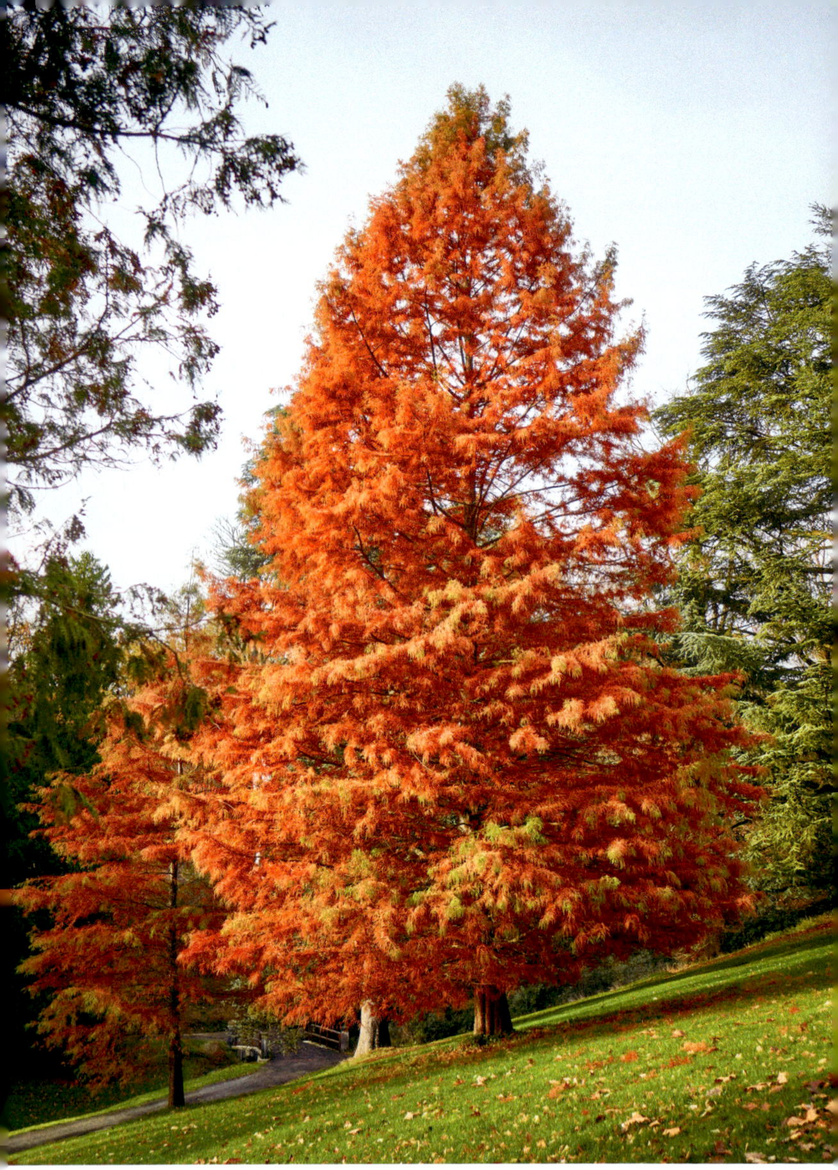

Sumpfzypresse in Herbstfärbung oberhalb des ehemaligen Schlittschuhteichs

Der Hügelpark ist zwölf Monate im Jahr ein lohnendes Erlebnis. Viele Laubbäume verwandeln sich im Winter zu bizarren, lebenden Skulpturen. Im Frühjahr vertreiben ganze Meere von Blausternen, Hasenglöckchen, blühendem Bärlauch, Tulpen, Narzissen und dem frischen Grünaustrieb der Sträucher ebenso wie die Bäume den »Winterblues«.

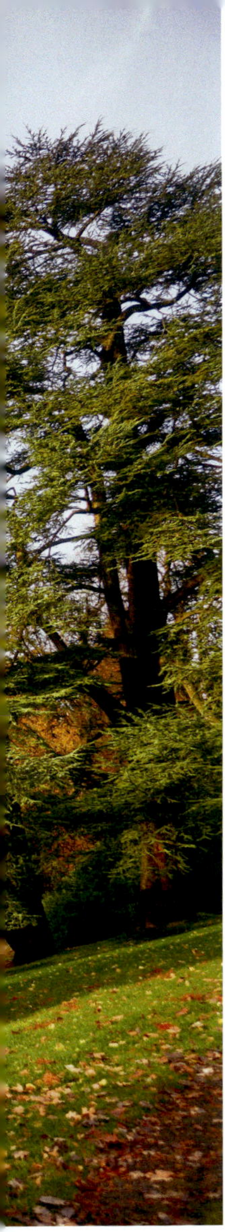

Ab Mai haben die Rhododendren mit ihren Blütenbällen in kraftvollen Farben den großen Auftritt und im Herbst entfaltet sich bei vielen Bäumen mit Herbstfärbung ein gelb-gold-rot-braunes Feuerwerk an Farben.

Neben der Pflege des Grüns durch Gärtner gibt es kontinuierliche Maßnahmen der Renovierung und Instandhaltung. Die massiven Stützmauern wurden etwa in den letzten Jahren überarbeitet, und das weitläufige Wegenetz bedarf regelmäßig gründlicher Erneuerungen – alle Arbeiten erfolgen in Übereinstimmung mit dem Denkmalschutz. Der Klimawandel, der längere Trockenperioden mit sich bringt, benötigt ein ausgeklügeltes neues Regenwasser-Management. Und weil ein Park ein komplexes ökologisches und biologisches System ist, in dem alles zusammenhängt und in Wechselbeziehung steht, werden auf dem Hügel seit 2020 keine Pestizide mehr verwendet. Naturverträglichkeit, im Einklang mit der Natur ist eine Priorität, die sich in den zahlreichen Wildwiesen mit überwiegend regionalen Saatgutmischungen widerspiegelt. Ein sinnlicher Genuss für die Menschen und ein Lebensraum für viele Tiere sind diese sommers wogenden Wiesen, die idyllisch wie aus dem Bilderbuch anmuten. Die Tierwelt spielt ebenfalls eine große Rolle im Hügelpark: Wer leise und aufmerksam durch den Park flaniert, kann Hasen, Kaninchen, Rehen, Füchsen und Dachsen begegnen, Gänse und Enten entdecken. Besonders vielfältig ist die Vogelwelt mit Habicht, Bussard, Sperber, Eule, Falke, Kernbeißer, Eichelhäher, Bunt- und Grünspecht, Meise, Buchfink und Distelfink. Zahlreiche Nistkästen, auch für Fledermäuse, wurden aufgehängt. Bei so viel Biodiversität verwundert es nicht, dass nun wieder – wie einst unter Bertha Krupp – ein Imker mit seinen Bienenvölkern im Hügelpark ein Zuhause hat.

Die kommenden Jahrzehnte des Parks werden daher nicht nur von dem Bewahren des historischen Erbes, sondern auch von der notwendigen Neuausrichtung für eine klimafeste Zukunft dieses besonderen Öko-

nachfolgende Doppelseiten: Blüten des Tulpenbaums; Zierapfel im unteren Terrassengarten

systems geprägt sein. Es geht um den Erhalt der biologischen Vielfalt ebenso wie die professionelle Anpassung an sich permanent ändernde Umweltbedingungen: Damit diese grüne Schatzkammer für nächste Generationen ein Ort der Schönheit, Entspannung und Anregung bleibt.

Es ist kein Paradox, dass sich gerade im Zeitalter vermehrter Technisierung, Robotik und Künstlicher Intelligenz immer mehr Menschen nach authentischer Natur sehnen. Wie gut sich jedoch im Hügelpark Historie, Gegenwart und Zukunft, Natürliches und Digitales vereinen lassen, zeigte sich im Jahr 2023. Das Jubiläumsjahr, 150 Jahre Hügel, war Anlass einer großflächigen Transformation nicht nur in den Gebäuden, sondern auch im Park. So gehörte zum Auftakt der zahlreichen Höhepunkte im Februar und März die künstliche Verwandlung der Außenfassaden durch die Transmedia Echtzeit

Oberer Terrassengarten während der Transmedia Echtzeit Installation »kontraste« von joeressen+kessner, 2023

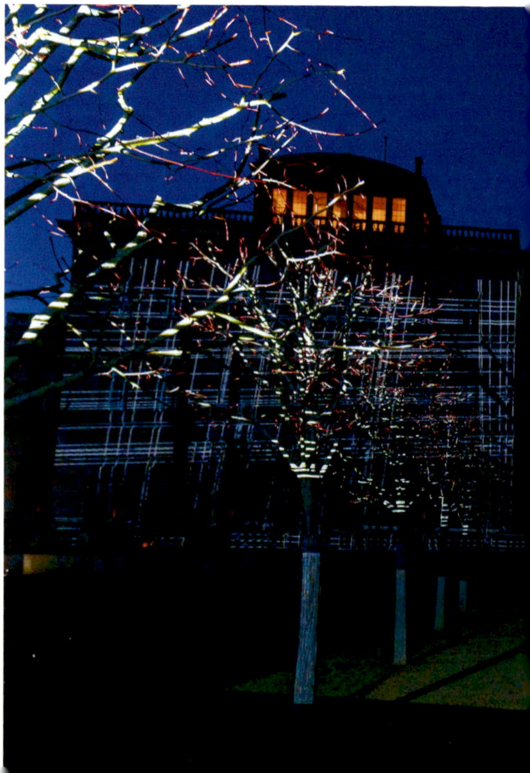

Installation »kontraste« des Künstlerpaares joeressen+kessner. 25.000 Besucher erfuhren mit dem temporären audiovisuellen Kunstwerk auf sinnliche Weise das geschichtsträchtige Gebäude völlig neu. Parks und Musik sind spätestens seit der Barockzeit ein ideales Paar – auch der Hügelpark wurde in einen großen Freiluft-Konzertsaal verwandelt. Das Spektrum verband E- und U-Musik, Klassik vom Folkwang Kammerorchester bis zu einem Auftritt des Multikünstlers Helge Schneider. Mit einer eigens entwickelten kostenfreien »Hügel-App« erlebten mehr als 30.000 Interessenten beim Spaziergang durch Gebäude und Park neue und ungewohnte Einblicke in geschichtliche Hintergründe. Dank Augmented Reality, 3D-Elementen und 360-Grad-Panoramen taucht man so auch bei Park-Spaziergängen auf spielerische Art in die wandlungsreiche Biografie dieses ikonischen Ortes ein.

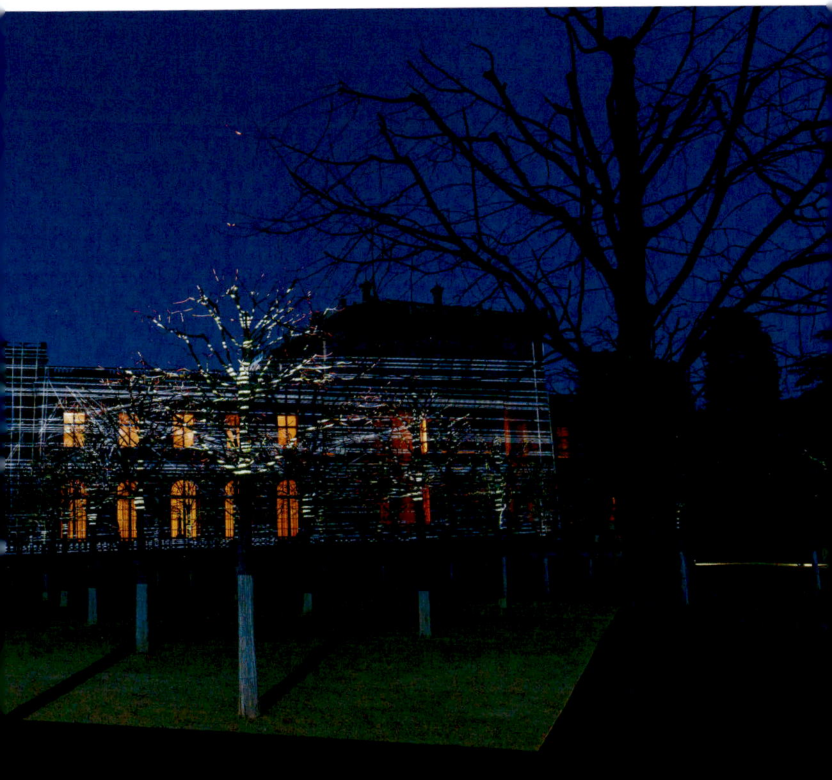

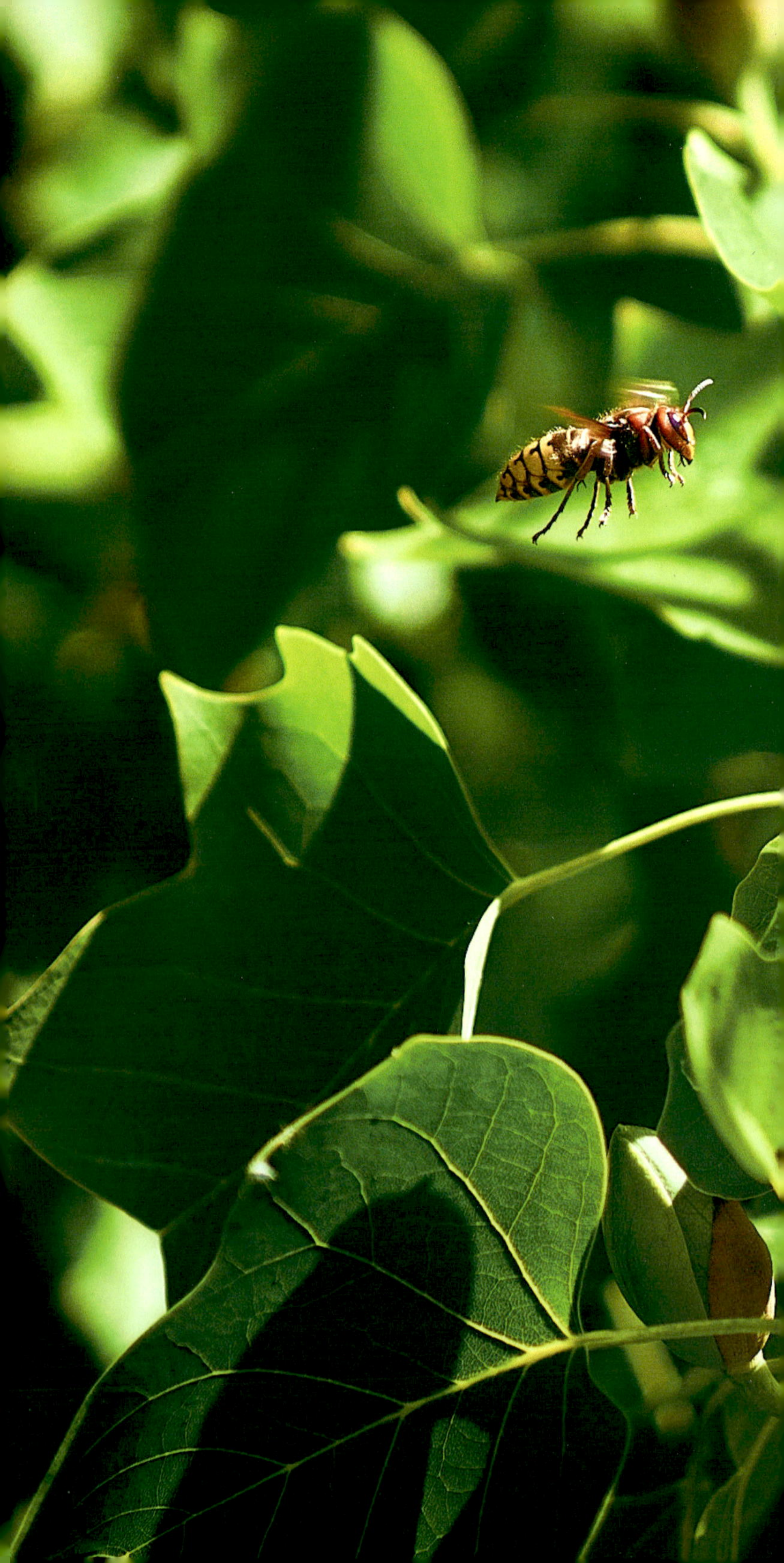

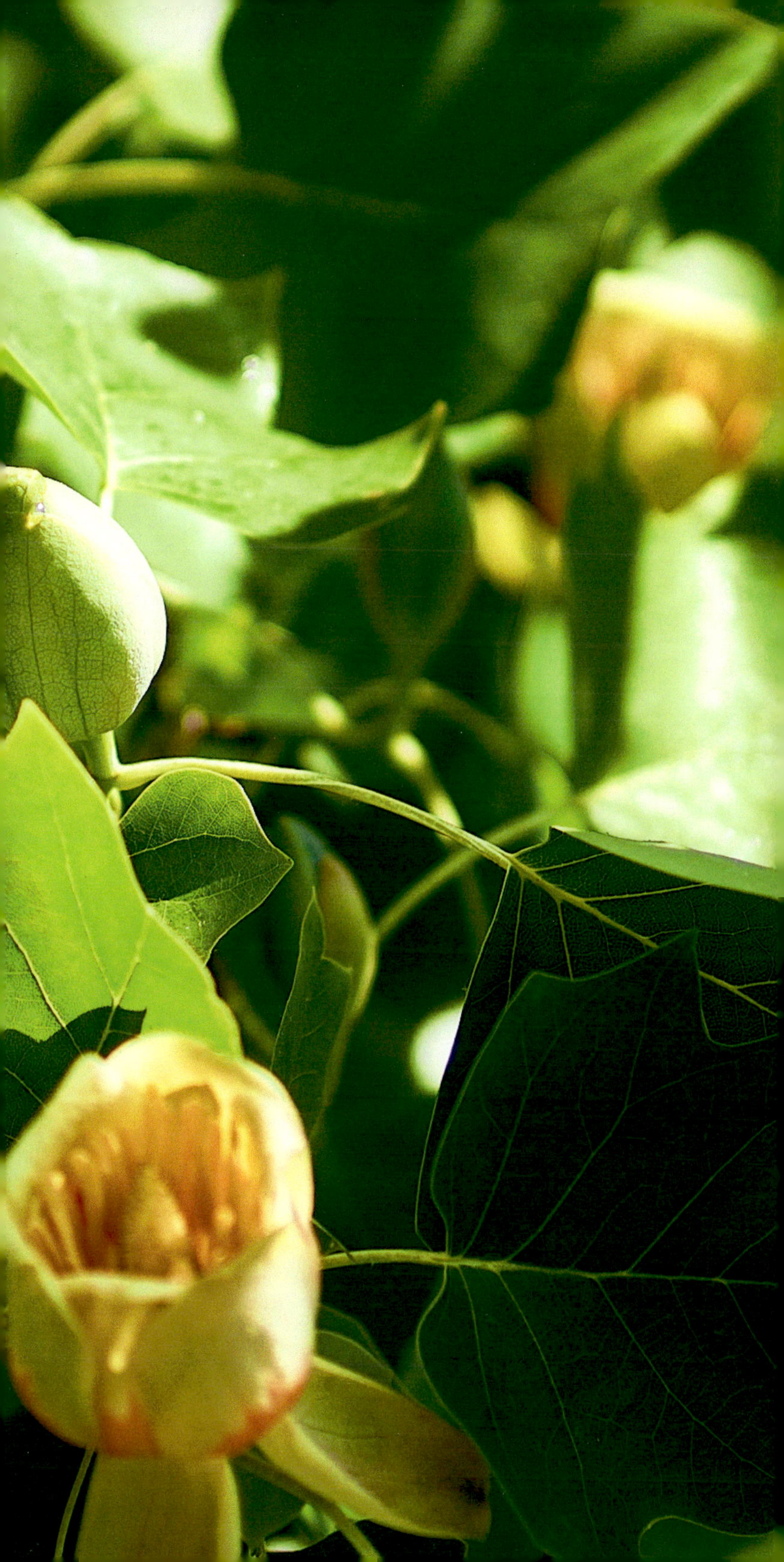

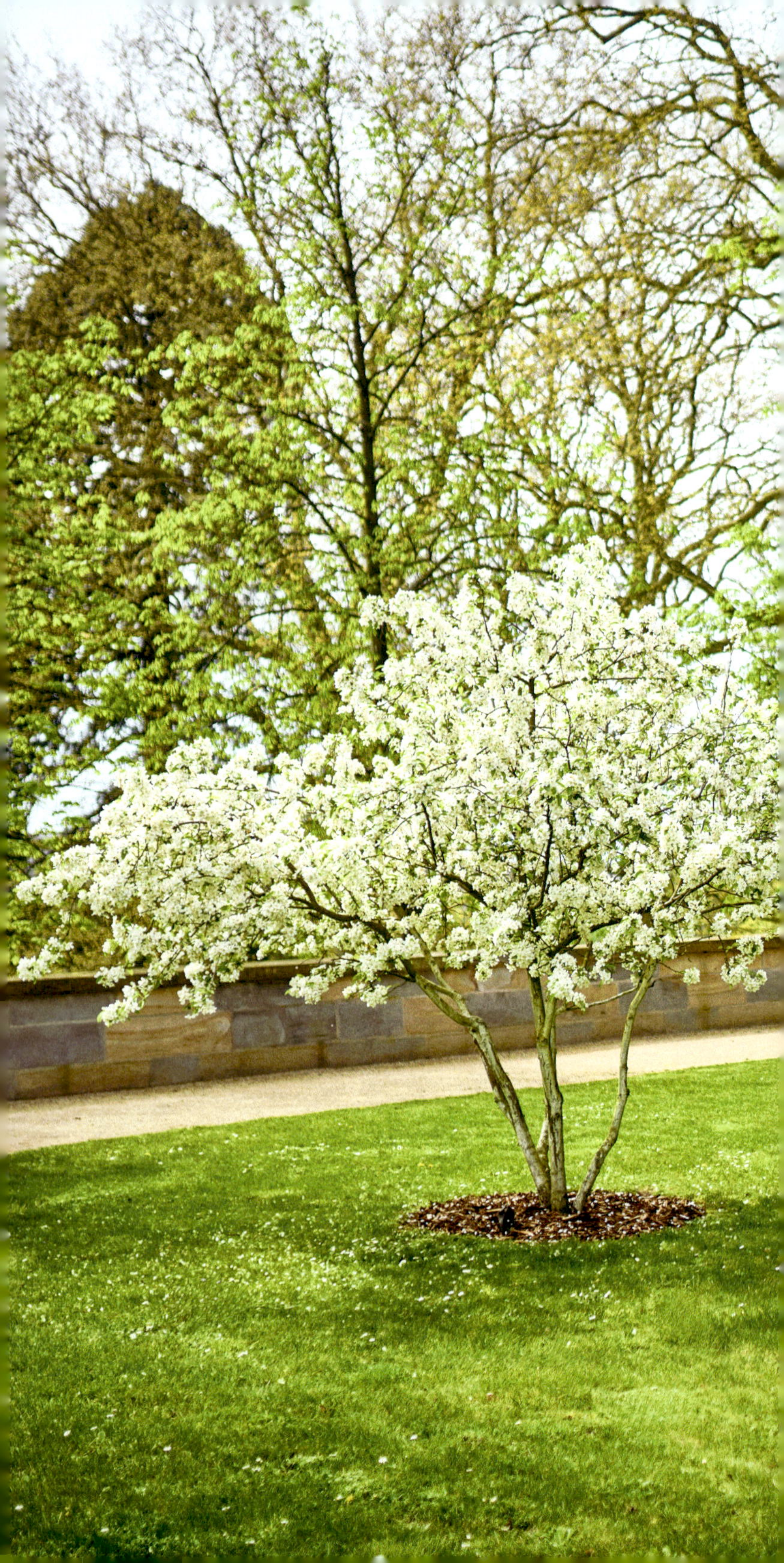

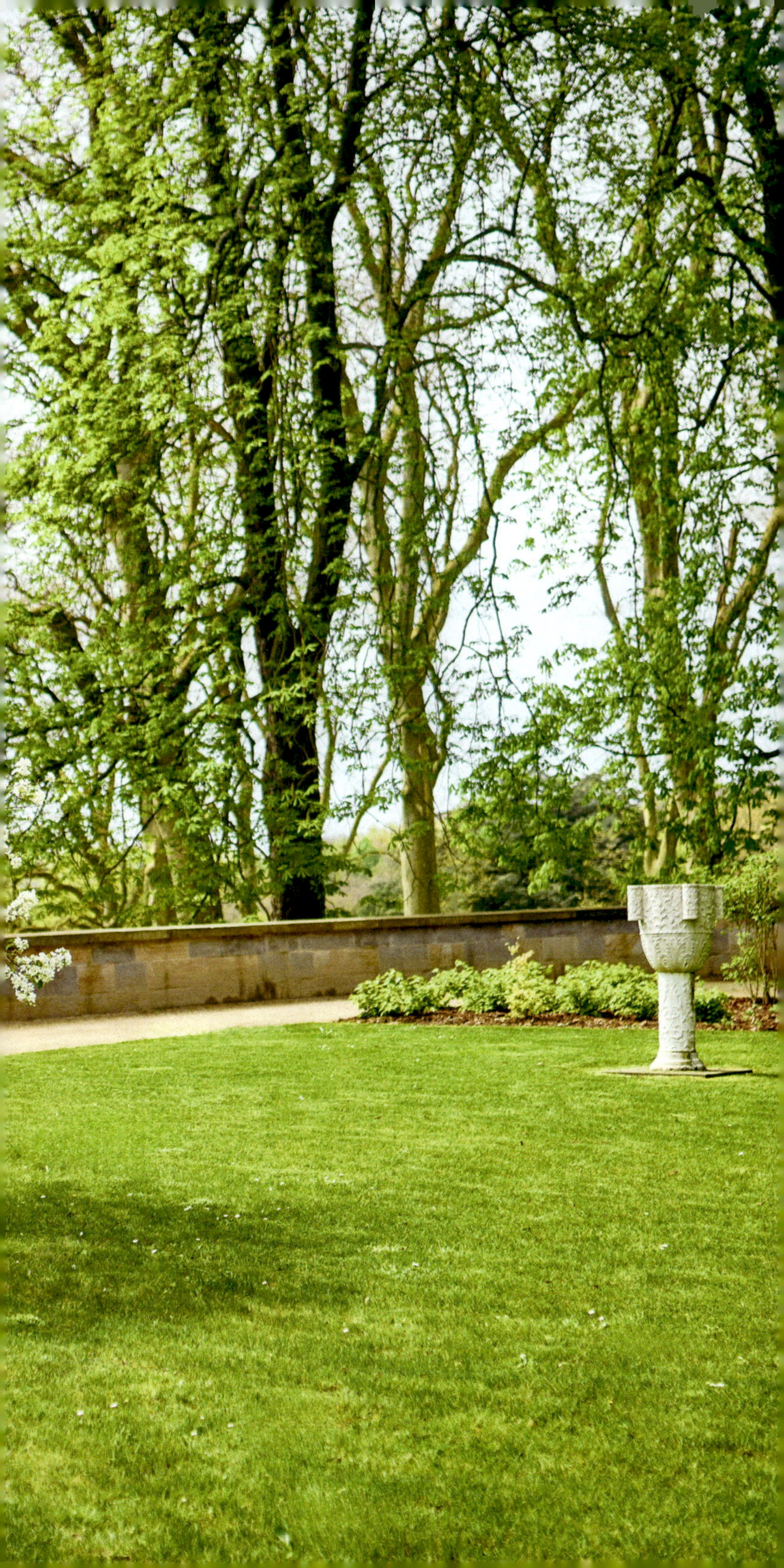

Parkrundgang

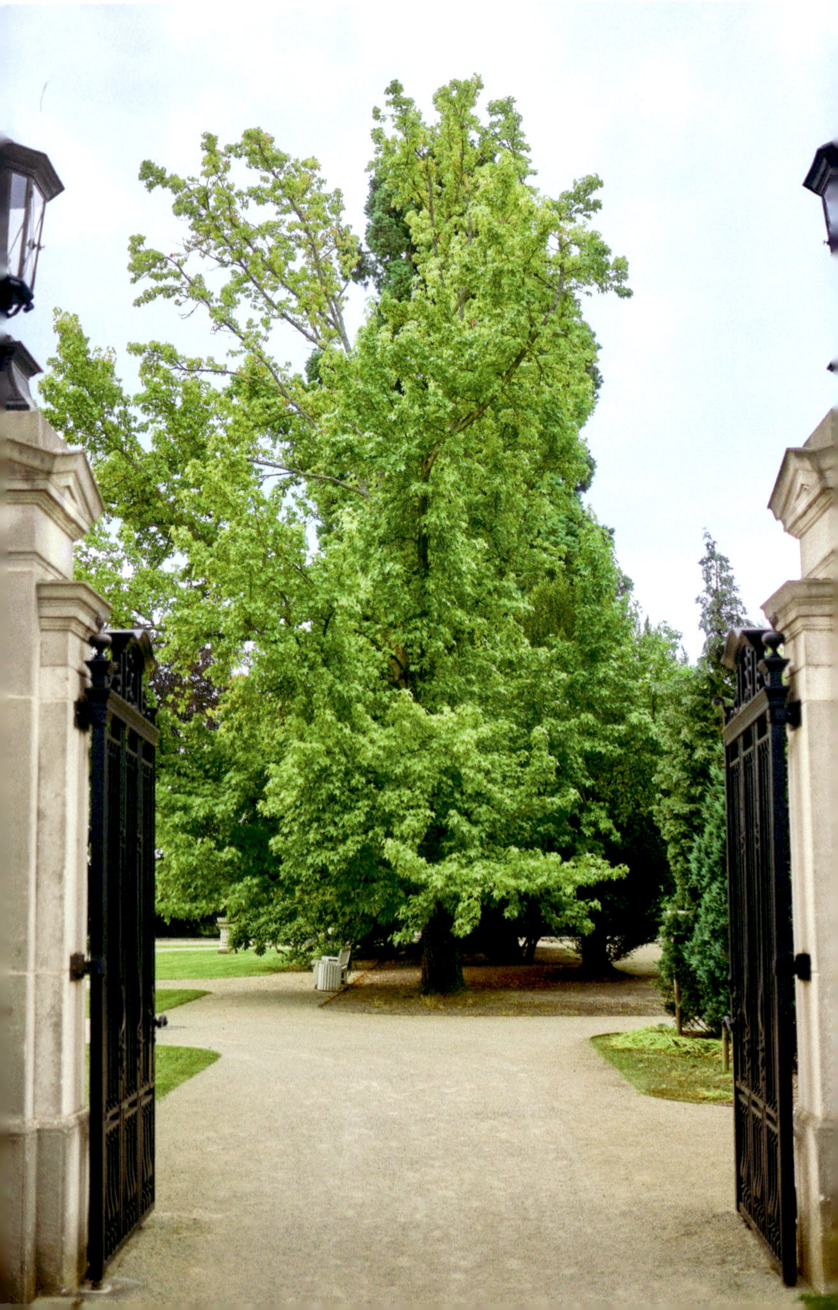

Gehölze

Mehr als 9.000 Bäume stehen heute im Hügelpark, über 120 Arten weist das Verzeichnis der Gehölze im Frühling 2024 aus. Am beeindruckendsten sind die majestätischen alten Bäume und seltenen Sträucher. Zahlreiche der grünen Patriarchen wurden noch unter Alfred Krupp gepflanzt. Und da er ganze Alleen bereits 50-jähriger Bäume

Villa Hügel, Südterrasse

links: Amberbaum

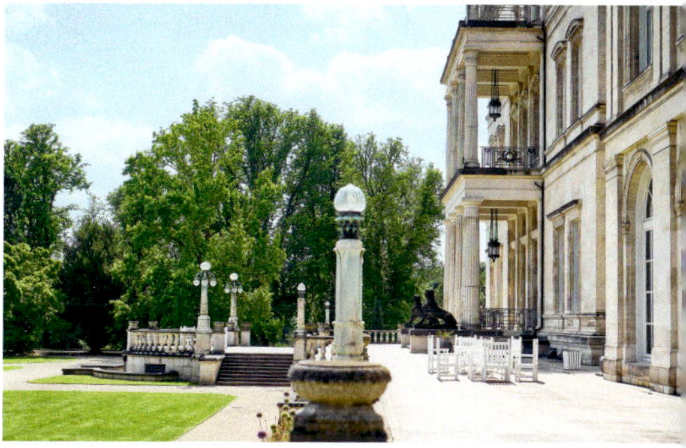

in seinen Park versetzte, dürften manche Linden, Ulmen und Kastanien fast 200 Jahre alt sein.

Einige Gehölze sollen im Folgenden vorgestellt werden. Die Nummerierung verweist auf die Standorte (siehe Karte Seite 190/191).

Amberbaum 1

Liquidambar styraciflua

Seine volle Schönheit entfaltet dieser aus dem Osten und Südosten der USA importierte Baum im Herbst. Dann wird er zum hoch aufragenden feuerroten Kegel. Seine lang andauernde Färbung changiert von violettbraun über purpurrot bis zu orangegelb in vielen warmen Tönen. 1681 tauchten die ersten dieser Gehölze in England auf, ab 1726 in Deutschland.

Blaue Atlas-Zeder

Cedrus Libani var. atlantica »Glauca«

Die silbrig blaunadligen Varianten der wintergrünen Zeder – auch unter dem älteren Namen Cedrus atlantica »Glauca« bekannt – stehen oft als Solitäre in großzügigen Parkanlagen. Ihre eigentliche Heimat sind die Atlas-Hochlagen in Marokko. Zedern erreichen eine Höhe zwischen 25 und 40 Metern, die Früchte sind zylindrische, auf den Zweigen sitzende Zapfen. Ihr Holz ist unter allen Nadelhölzern das hellste und widerstandsfähigste. Erste Exemplare in Europa wuchsen ab 1561 in Italien. Die Zedern im Hügelpark wurden wahrscheinlich kurz nach 1900 gepflanzt.

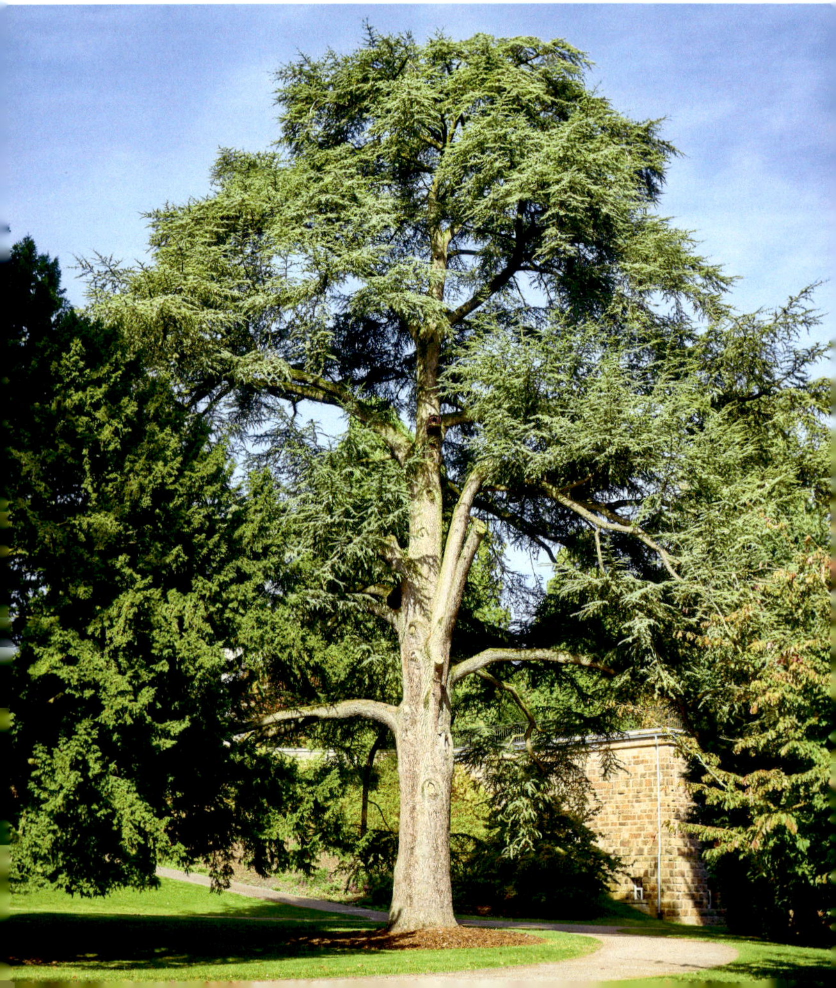

Blaue Atlas-Zeder im unteren Terrassengarten

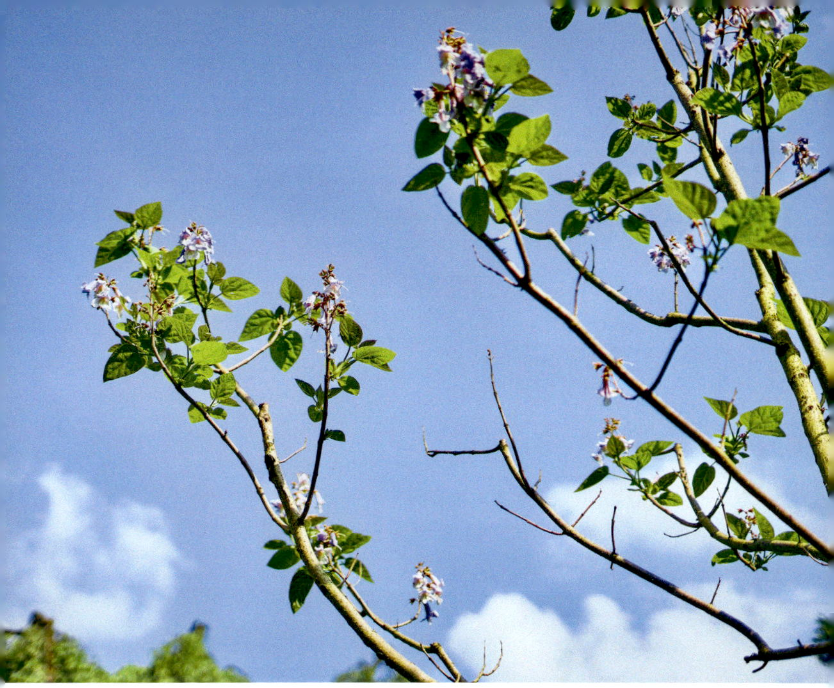

Blauglockenbaum 3

Paulownia tomentosa

Blüten und Blattwerk des Blauglockenbaums

Seitdem der Würzburger Naturforscher und Japanologe Philipp Franz von Siebold im 19. Jahrhundert diesen Baum aus China nach Europa brachte, sorgte der Blauglockenbaum für Furore. Kein Wunder, bezaubert er doch mit stehenden traubigen Blütenständen aus glockenförmigen großen Blüten in hellstem, leuchtenden Violett oder auch Weiß. Sie verströmen starken Vanilleduft. Siebold benannte ihn nach der russischen Zarentochter Anna Pawlowna, die von 1840 bis 1849 Königin der Niederlande war. Als »Kaiserbaum« erlangte das attraktive Blütengehölz weitere Berühmtheit, da Österreichs Kaiser Franz Joseph es zu seinem Liebling erkor. Im Hügelpark ist der, bis zu 30 Meter und höher wachsende Baum ein Neuling. Drei Exemplare wurden 2023 als sogenannte Klimabäume gepflanzt, da sie robust, winterhart, anspruchslos und hitzebeständig sind.

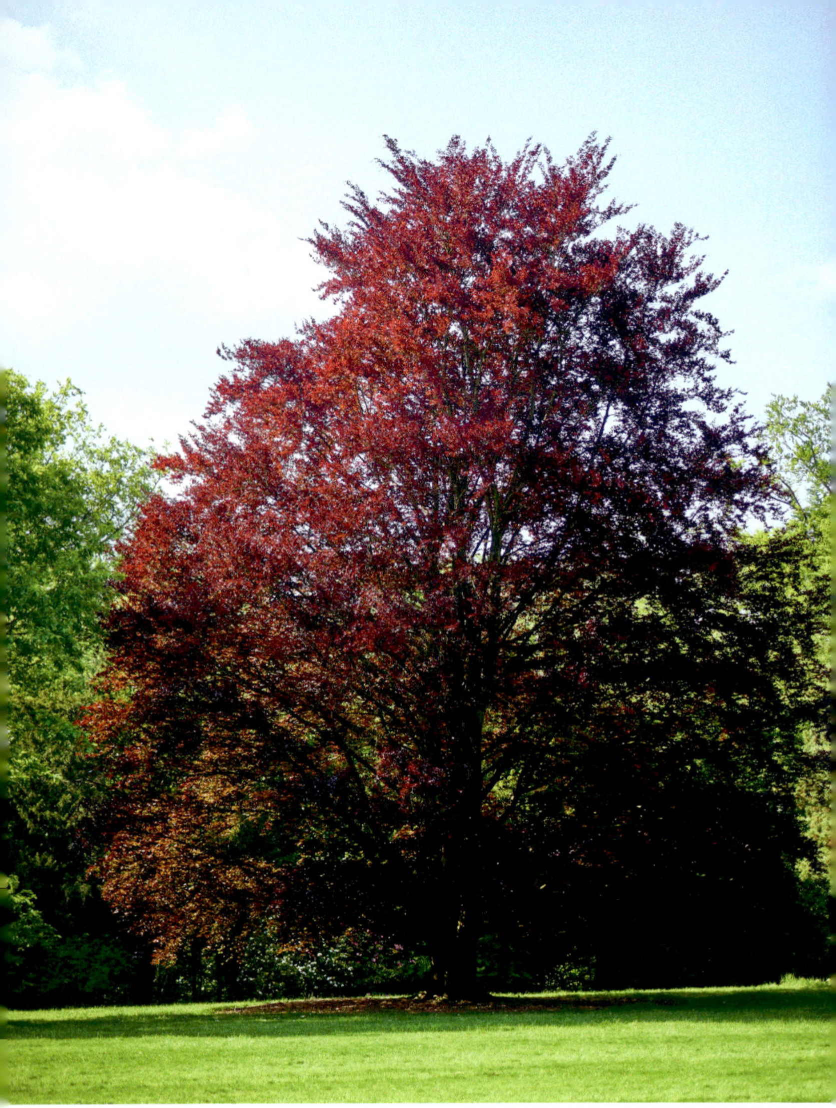

Blutbuche 4

Fagus sylvatica »Purpurea«

Blutbuche

Der lateinische Name »Fagus« bezieht sich auf das griechische Wort »phagein« für »essen« und deutet auf die essbaren Früchte des Baumes, die Bucheckern. Es gibt zehn Buchenarten; die Blutbuche wurde in Deutschland ab 1770 kultiviert. Vor allem als Solitär ist sie beeindruckend.

Echte Mehlbeere 5

Sorbus aria

Dieses heimische Gehölz macht vor allem zur Blütezeit im Mai/Juni auf sich aufmerksam. Dann schimmern die großen flachen Blütendolden in cremeweiß auf dichtem Laub. Die Blüten sind eine wichtige Bienenweide. Ab August reifen kleine kugelige Früchte heran, winzigen Äpfeln ähnlich. Sie leuchten in Gelb bis Scharlachrot und sind wiederum begehrtes Buffet für über zwanzig Vogelarten. Im Herbst fällt dieser Baum durch spektakuläre Laubfärbung in Gelb bis Goldbraun auf. 2024 wurde die Echte Mehlbeere zum »Baum des Jahres« gewählt. Denn er besitzt großes Potenzial als »Zukunftsbaum« für den Klimawandel, da er mit den zunehmenden Trockenperioden vermutlich gut zurechtkommen wird.

Echte Mehlbeere

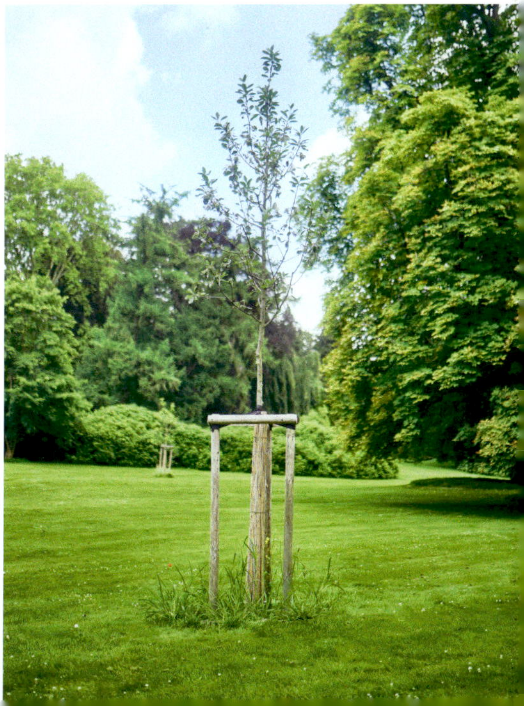

Eisenholzbaum oder Parrotie 6

Parrotia persica

Der aus den Bergwäldern Persiens stammende Eisenholzbaum besticht nach dem Motto »klein und sehr fein«. Der langsam wachsende, breit ausladende Großstrauch gehört zu den Zaubernussgewächsen. Seine Rinde blättert ähnlich wie bei Platanen ab. Die kleinen, gelblich-roten Blüten erscheinen in zahlreichen Büscheln im März am kahlen Holz. Monate später entfaltet das Laub seine ganze Pracht, bevor es sich im Herbst lang anhaltend goldgelb färbt.

Eisenholzbaum

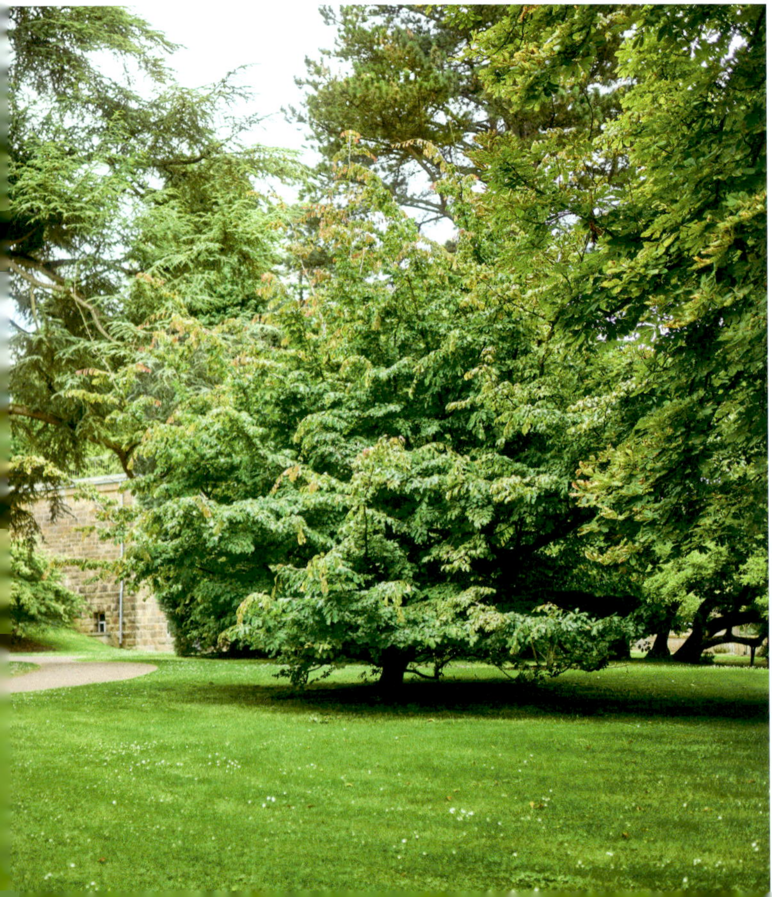

Japanische Blütenkirsche

Prunus serrulata

Kaum ein anderes Gehölz verzaubert Menschen auf der ganzen Welt im Frühling so sehr wie die Japanische Blütenkirsche. Wo immer Alleen davon gepflanzt sind, pilgern die Menschen in Scharen dorthin und erfreuen sich an diesem grazilen Baum und seiner umwerfenden Blütenpracht, meist in hellrosa. Der Baum hüllt sich dann geradezu in eine große Blütenwolke. In seiner Heimat Japan – und längst auch anderswo – wird er mit Kirschblütenfesten gefeiert. Und die Kirschblüte, »Sakura«, steht dort traditionell als Symbol für schlichte Schönheit.

Japanische Blütenkirsche

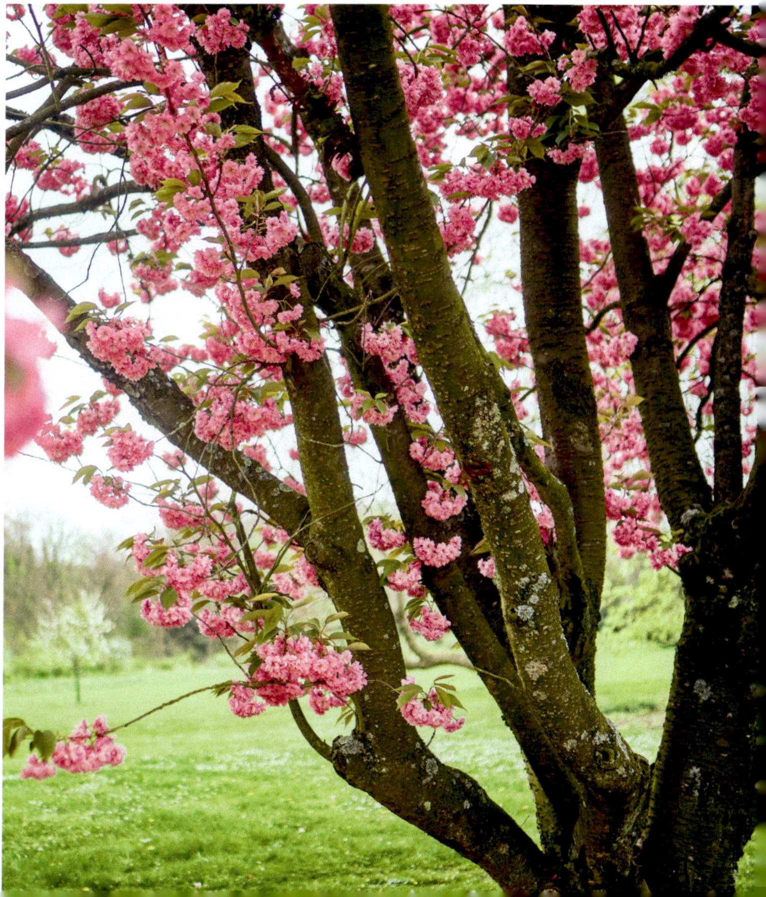

Japanische Sicheltanne

8

Cryptomeria japonica

Der Name des Baumes rührt von der sichelartigen Nadelform her. In seiner Heimat Japan gedeiht der urweltartige Bergbaum am besten in Gebieten mit hohen Niederschlägen und wird dort bis zu 60 Meter hoch. In Deutschland, wo er 1852 eingeführt wurde, liebt er ebenfalls die Feuchtigkeit, wächst aber nur bis zu einer Höhe von 20 Metern. Seine fadenartigen, weichen Nadeln sind frischgrün und die Zweige wirken wie federartiges Moos.

Japanische Sicheltanne

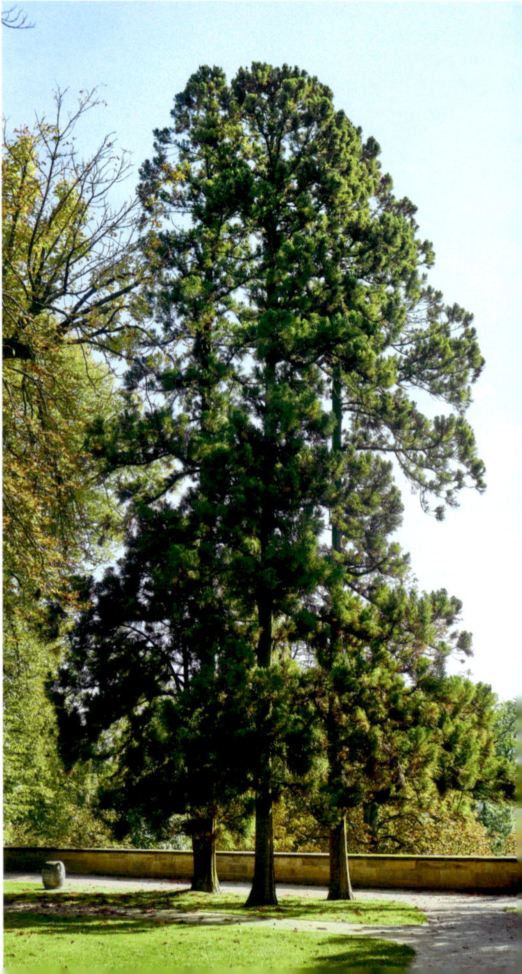

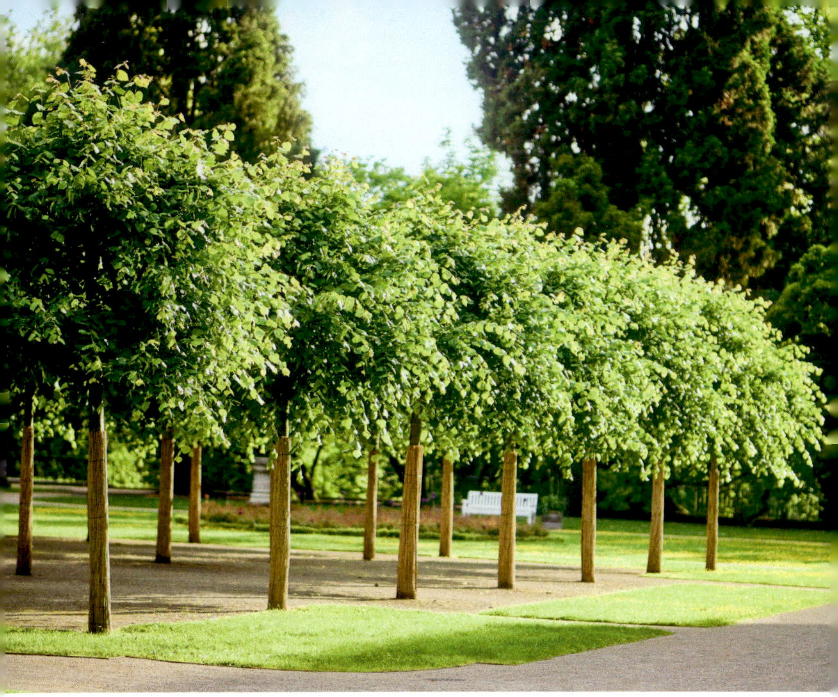

Kaiserlinde

9

Tilia europaea »Pallida«

Hain aus 49 Kaiserlinden

Linden gehören seit Jahrhunderten zu den beliebtesten Laubbäumen. Neben ihrer symbolischen Bedeutung im Brauchtum sind sie mit ihrer dichten ausladenden Krone auch begehrte Schattenspender. Die Kaiserlinde, eine Züchtung aus zwei anderen Lindensorten, wurde früher gerne gepflanzt, wenn es um Feierlichkeiten des Kaisers ging. Inzwischen ist sie auch botanisch gefragt. Denn sie hat sich als frostharter, wärmeliebender, wind- und stadtklimafester Baum erwiesen. Und ist damit ebenfalls prädestiniert für bevorstehende wärmere und trockenere Sommer. Im Hügelpark ist sie zu neuen Ehren gekommen: 2018 wurde auf der oberen Terrasse eine große quadratische Fläche mit 49 Kaiserlinden bepflanzt, bereits zwischen 15 und 18 Jahre alt. Damit ist der ursprüngliche Zustand, wie ihn einst Alfred Krupp pflanzen ließ, wieder hergestellt, ein kühlender, schattenspendender Hain.

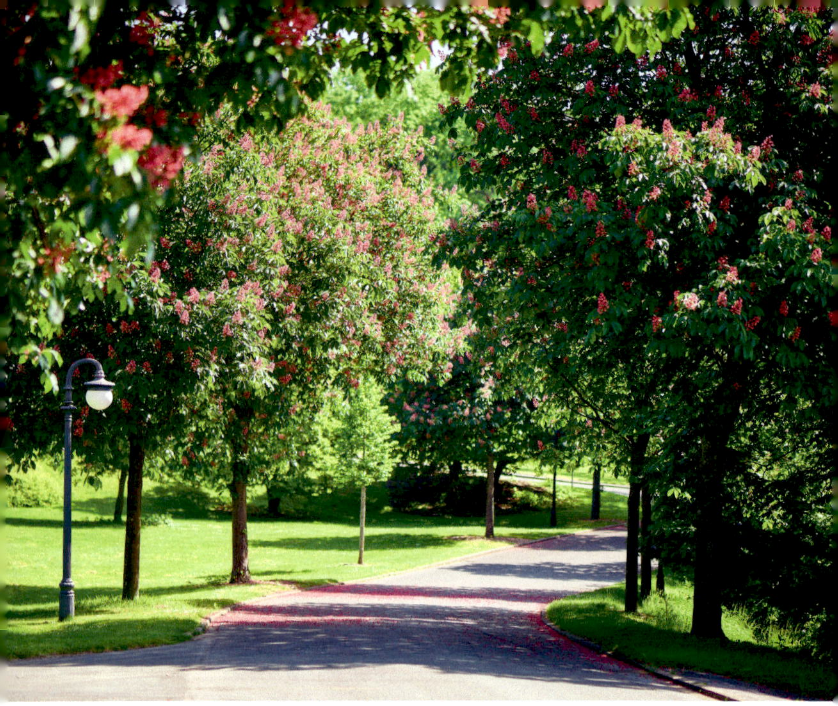

Kastanie (Gewöhnliche Rosskastanie) 10

Aesculus x carnea »Briotii« / Aesculus hippocastanum

Kastanienallee

Die Gewöhnliche Rosskastanie oder Echte Pferdekastanie ist ursprünglich in Kleinasien und Südosteuropa beheimatet. Mit ihrer dichten Krone ist sie ein hervorragender Schattenspender; ihre Blüten sind weiß oder rot. Zwei beeindruckende Exemplare ziehen die Blicke in der »Mittlere Sicht« genannten Ebene auf sich, die oberhalb der Rhododendron-Schlucht und unterhalb der »Oberen Sicht« mit Pferdeskulptur liegt. Zahlreiche rot- und weißblühende Kastanien, in Teilen noch als Alleen, prägen das Bild des Hügelparks mit.

Weißblühende Rosskastanie

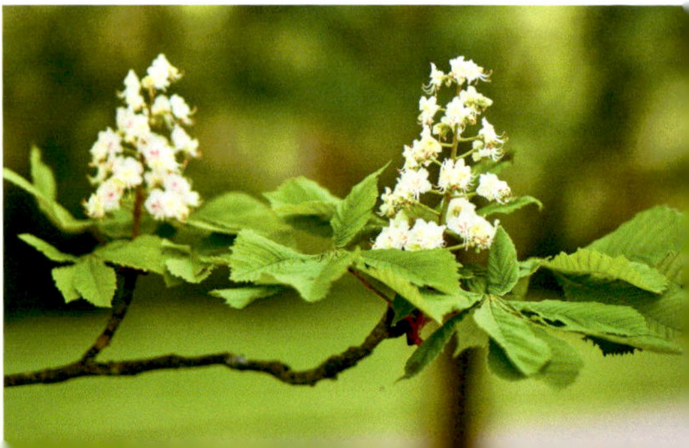

Korkenzieher-Scheinakazie 11

Robinia pseudoacacia »Tortuosa«

Die Robinie ist heute keine Besonderheit mehr. Doch diese Variante der malerischen Scheinakazie ist von seltsamer Schönheit. Die lockere Krone des schirmförmigen, bis zu zwölf Meter hohen Baumes lohnt näheres Hinsehen. Denn die Äste sind auffällig verdreht, wie ein Korkenzieher, und geben dem Aussehen des Baumes damit etwas Bizarres. Benannt wurde die Robinie nach den französischen Gärtnern Jean und Vespasian Robin. In Paris tauchte der ursprünglich nordamerikanische Baum zuerst 1635 auf, 1646 erstmals auch in Deutschland.

Korkenzieher-Scheinakazie

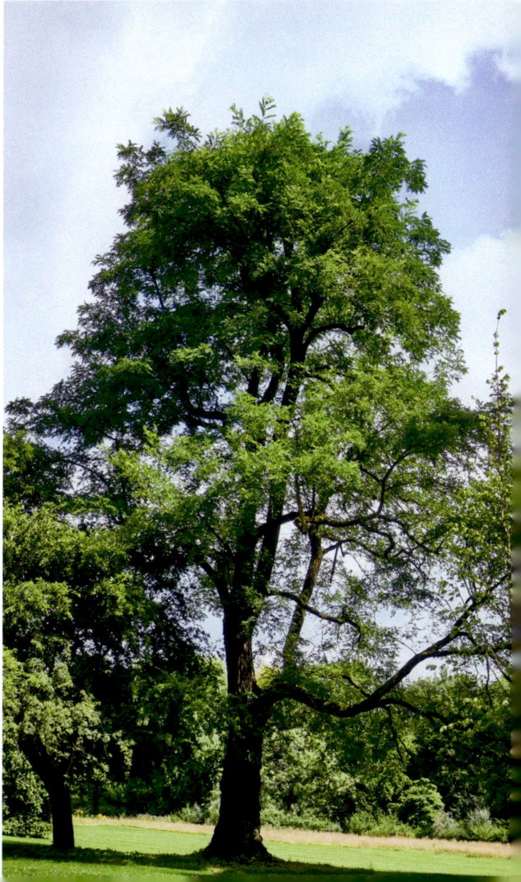

Magnolie (Immergrüne Magnolie) 12

Magnolia grandiflora

Ihren Namen verdankt die Gattung Magnolia dem Franzosen Pierre Magnol, der im 17. Jahrhundert Direktor des Botanischen Gartens von Montpellier war. Es gibt rund 130 Arten. ›Grandiflora‹ zeichnet sich durch immergrüne glänzende Blätter und große cremeweiße Blüten aus. Eine Besonderheit nach der Blüte ist der aufrecht stehende, zapfenförmige Blütenstand. Das stattliche Exemplar im östlichen Teil der unteren Terrasse ist circa 60 Jahre alt. Eine andere Magnolie ist im südlichen Park nahe des Bahnhofs Hügel zu finden.

Blüte der Immergrünen Magnolie

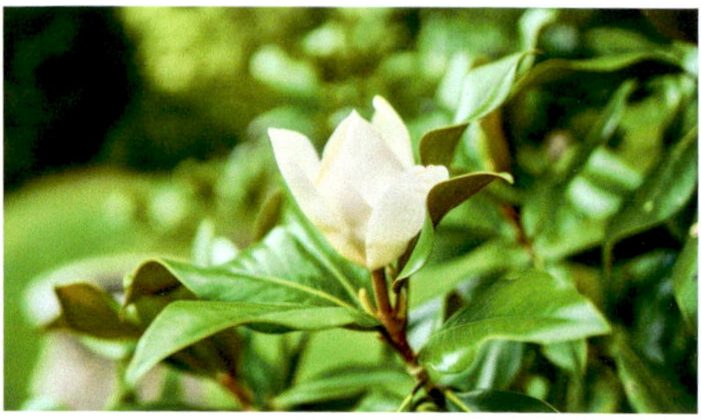

Mammutbaum (Bergmammutbaum) 13

Sequoiadendron giganteum

rechts: Bergmammutbaum

Dieser Baum macht seinem Namen alle Ehre: Bis zu 50 Meter Höhe erreicht er in Europa, in seiner kalifornischen Heimat das Doppelte. Er ist ein immergrüner Baum mit dickborkiger, im Alter zimtroter Rinde und schuppenartigen, graugrünen Nadeln. Er kann einen Durchmesser von zehn Metern erreichen und mehr als 3.000 Jahre alt werden. Zwei Exemplare stehen auf der linken und ein Exemplar auf der rechten Seite im oberen Terrassengarten. Sie wurden zwischen 1900 und 1910, wohl auf Wunsch von Gustav Krupp von Bohlen und Halbach, gepflanzt. Einige Jahre zuvor kamen exotische Bäume auch in deutschen privaten Parks in Mode.

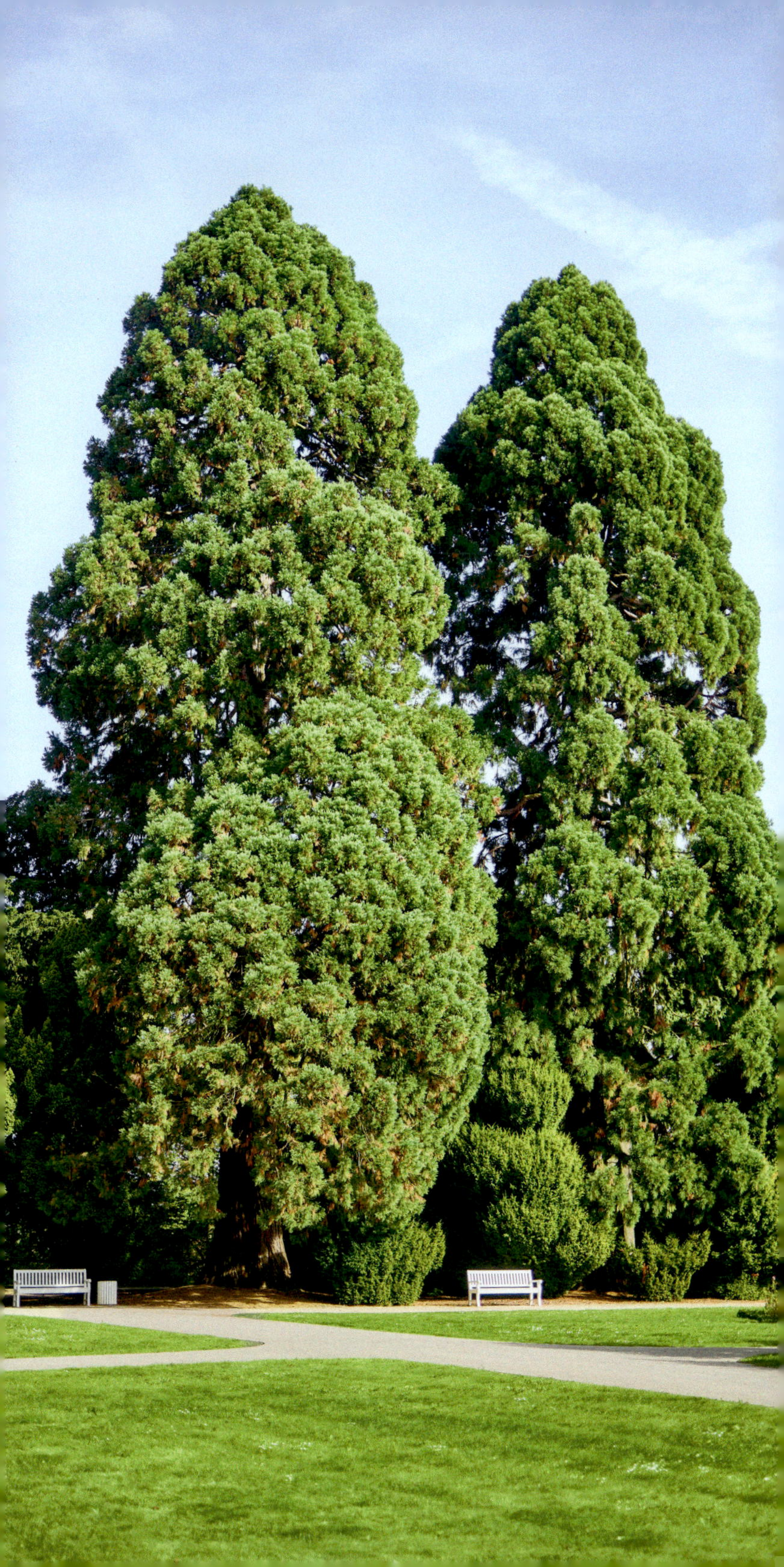

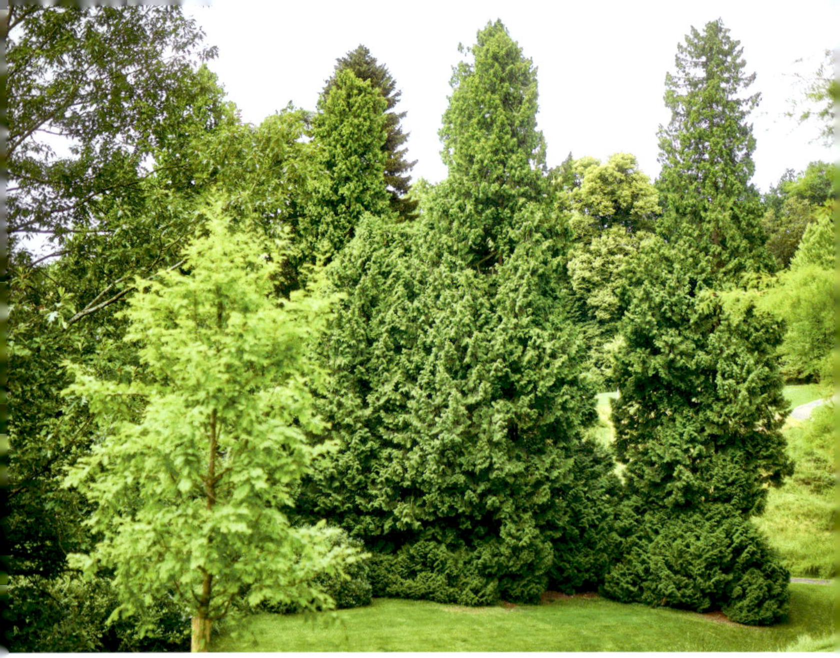

Riesen-
Lebensbaum

Riesen-Lebensbaum 14

Thuja plicata

Die Heimat des Riesen-Lebensbaums ist die Westküste Nordamerikas, wo er in regenreicher Gegend eine Höhe von bis zu 60 Metern erreicht. Aus seinem Holz stellte die Bevölkerung ihre Einbaumkanus her. Aus den USA kam er vor 200 Jahren nach Deutschland. Im Winter behält er sein frisches Grün.

Strauch-Rosskastanie 15

Aesculus parviflora

Diese nordamerikanische Verwandte der Rosskastanie ist kein Baum, sondern ein bis zu drei Meter hoher breitwüchsiger Großstrauch mit vielen Stämmen. Im Juli/August trägt er viele schmale, hochaufgerichtete Blütenkerzen. Sie leuchten porzellanweiß und heben sich wirkungsvoll vor dem dunkelgrünen Blatthintergrund ab. 1799 kam der Strauch nach Deutschland. Im Hügelpark ziehen mehrere voluminöse Exemplare zur Blütezeit die Aufmerksamkeit auf sich.

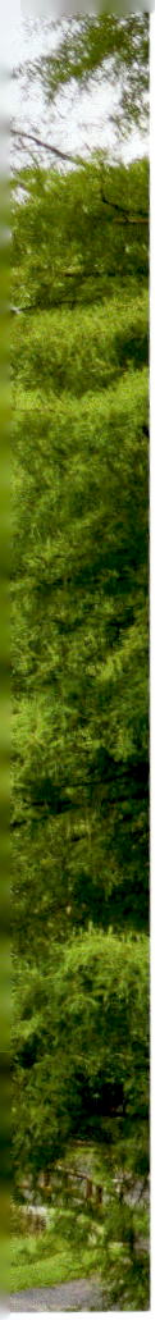

Scheinzypresse

16

Chamaecyparis lawsoniana

Die Scheinzypresse ist ein in seiner Jugend säulenförmig, im Alter schmal kegelförmig wachsender Baum mit dichten Zweigen. Die nadelähnlichen, schuppenförmigen Blätter sind dunkel- bis blaugrün. In ihrer Heimat in den US-Bundesstaaten Oregon und Kalifornien kann die Scheinzypresse bis zu 60 Meter hoch wachsen. In Europa, wo sie 1854 von Lawsons Baumschulen in Edinburgh eingeführt und benannt wurde, erreicht sie selten eine Höhe von mehr als 20 Metern. Der heute in Gärten und Parkanlagen verbreitete Baum war damals eine Rarität. Im Hügelpark wurden die ältesten Exemplare dieser Gattung nach 1900 eingepflanzt und sind im Barnscheidtsfeld und im oberen Terrassengarten zu sehen.

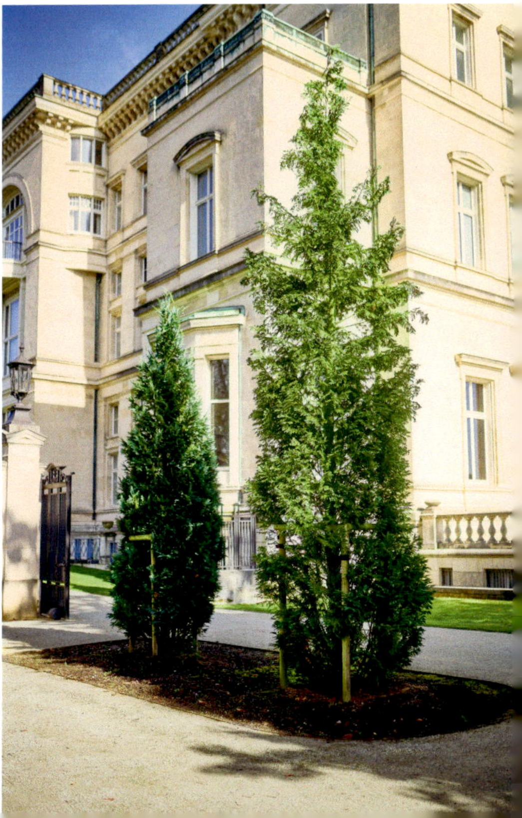

Scheinzypresse im oberen Terrassengarten

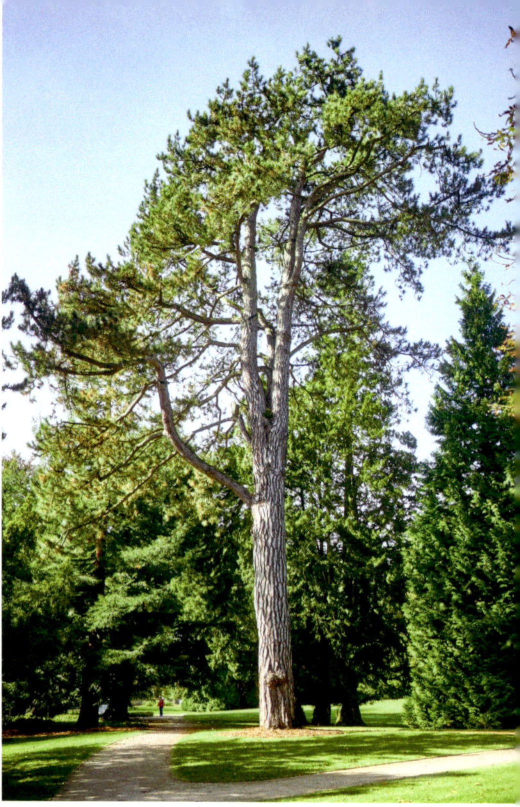

Österreichische Schwarzkiefer

Schwarzkiefer 17

Pinus nigra austriaca / Pinus nigra ssp. Nigra

Dieser Baum am unteren Rand der Südterrasse ist der schönste Beweis dafür, dass Gehölze auch lebende Skulpturen sein können. Gepflanzt wurde dieses Exemplar vor rund 150 Jahren, also während der Gründungszeit des Hügelparks. Österreichische Schwarzkiefern, auch als Schwarzföhren bekannt, sind beliebt wegen ihres schnellen Wuchses und ihrer eleganten schlanken Kegelform. Doch diese Kiefer besticht heute durch ihren bizarren Wuchs. Ein Blitz traf sie, zerstörte sie aber nicht. Im Gegenteil – in einer Astgabel wächst sogar ein Laubbaum. Ein Kunstwerk der Natur, dass auf beeindruckende Weise die Widerstandsfähigkeit eines Baumes demonstriert.

Seidenakazie

Albizia julibrissin

Auch dieser Baum ist als sogenannter »Klimabaum« ein Novize auf dem Hügel. Zu den Mimosengewächsen zählend, könnte man ihn damit verwechseln, denn er besitzt ebenfalls jenes zart gefiederte, filigrane Laub in sattem Grün. Ein Hingucker aber sind im Juli/August die auffälligen puschligen, pinselartigen Blütenstände in kräftigem Pink. Diese dichten Büschel geben dem anmutigen Schattenspender mit der ausladenden Krone flirrende mediterrane Leichtigkeit. Ursprünglich im Iran über den Himalaya bis nach Japan beheimatet gilt der Sonnenanbeter längst als Gewinner des Klimawandels und erobert auch unsere Gärten und Parks. Mit dem botanischen Namen Albizia julibrissin wird an den italienischen Adligen Filippo degli Albizzi erinnert. Er brachte den Exoten 1749 über Konstantinopel (Istanbul) erstmals nach Europa.

Laub einer Seidenakazie

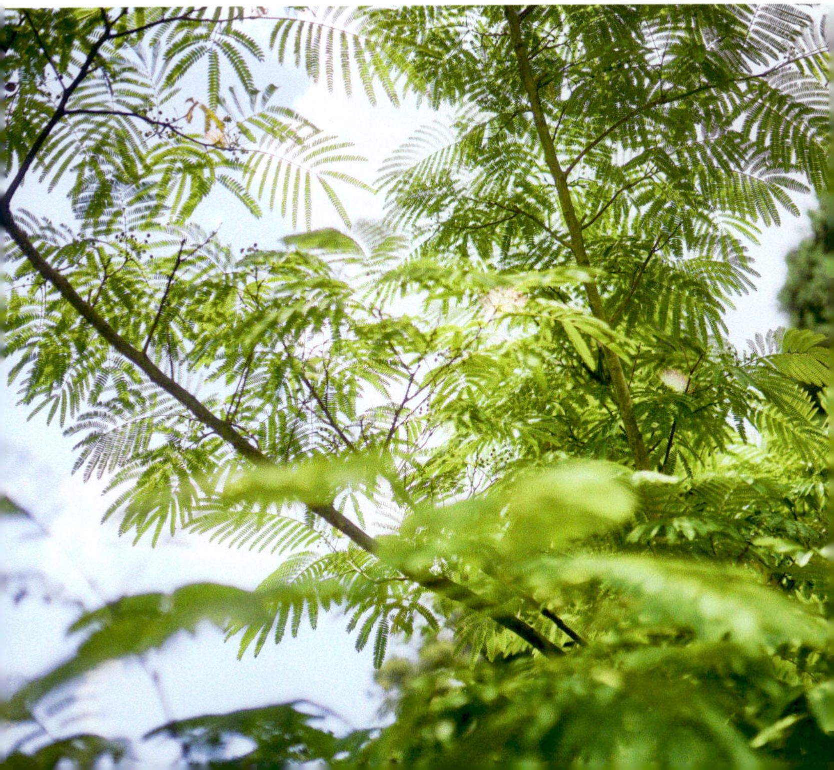

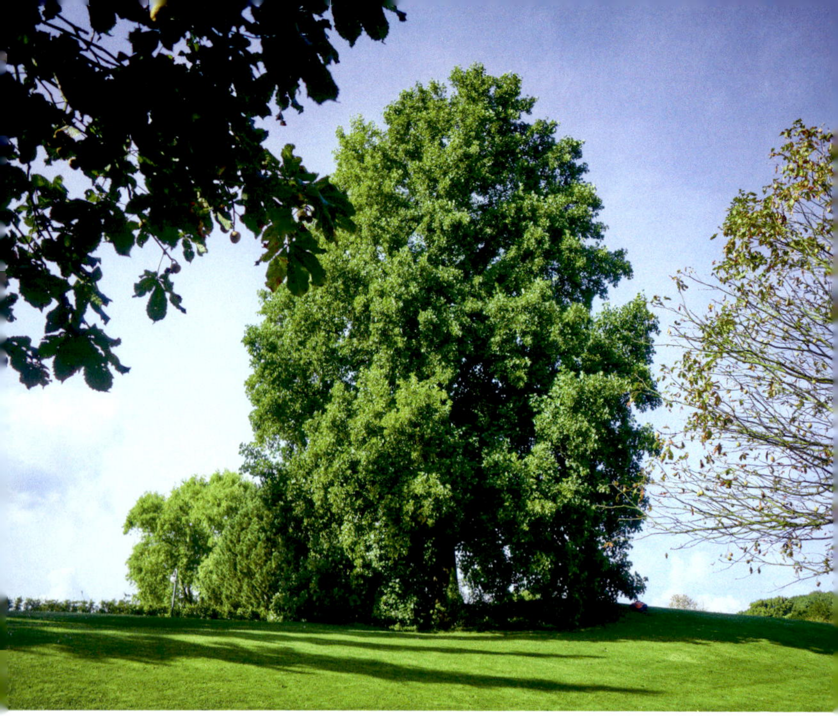

Tulpenbaum

19

Liriodendron tulipifera

Er ist einer der prachtvollsten Parkbäume überhaupt. Sein Wuchs mit breit ausladender oder hochgewölbter ausladender Krone prädestiniert ihn zum Solitär. Die extravaganten tulpenähnlichen Blütenschalen, grüngelb mit orangegeflecktem Inneren, blühen ab Juni. Auch die fast viereckige, auffällig gespitzte Blattform ist durch ihre goldgelbe Herbstfärbung unverwechselbar. In den Laub-Urwäldern im Osten Nordamerikas heimisch, ist er in Europa seit dem Tertiär verbreitet. 1697 stand in Leipzig der erste Tulpenbaum Deutschlands. Preußenkönig Friedrich II. ließ 1746 einige Exemplare aus Chelsea einführen. In den USA wächst er bis zu 60, in Europa bis zu 30 Metern Höhe. Der Tulpenbaum im Hügelpark ist etwa 120 Jahre alt und circa 25 Meter hoch.

Tulpen-Magnolie 20

Magnolia x soulangeana

Die aus Ostasien stammenden Magnolien sind mit ihrem exotischen Flair prunkvolle Ziergehölze; ihre Blüten gehören zu den edelsten der Art. Vor dem Laubaustrieb blühen tulpenähnliche Blütenglocken, innen alabasterweiß, außen rosa- bis purpurweiß, in verschwenderischer Fülle. Die Soulange-Hybriden wurden nach Chevalier Soulange-Bodin benannt, der sich nach seinen Kriegszügen unter Napoleon zur Ruhe setzte und passionierter Gärtner wurde. Das fast 70 Jahre alte Exemplar im unteren Bereich beeindruckt durch bizarren Wuchs und würdevolle Flechten-Patina an den Ästen.

Tulpen-Magnolie

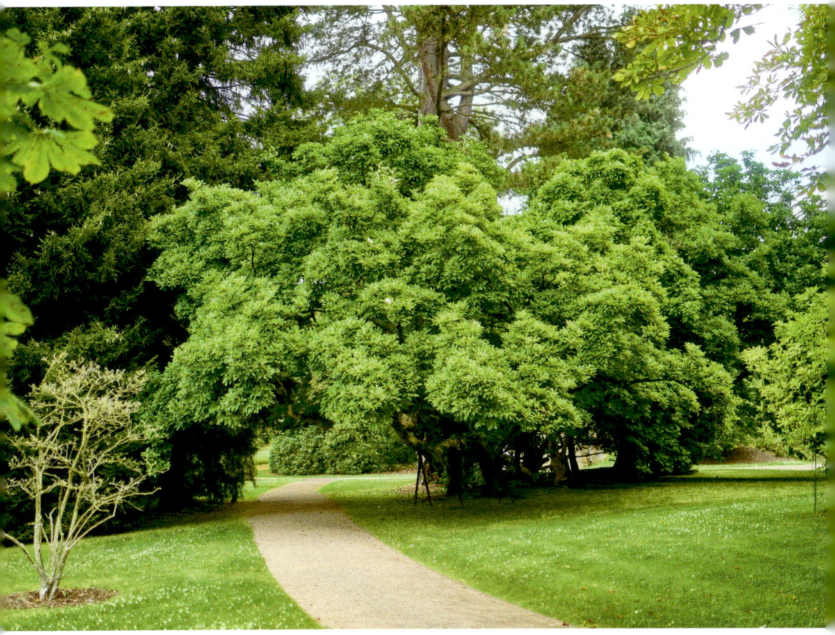

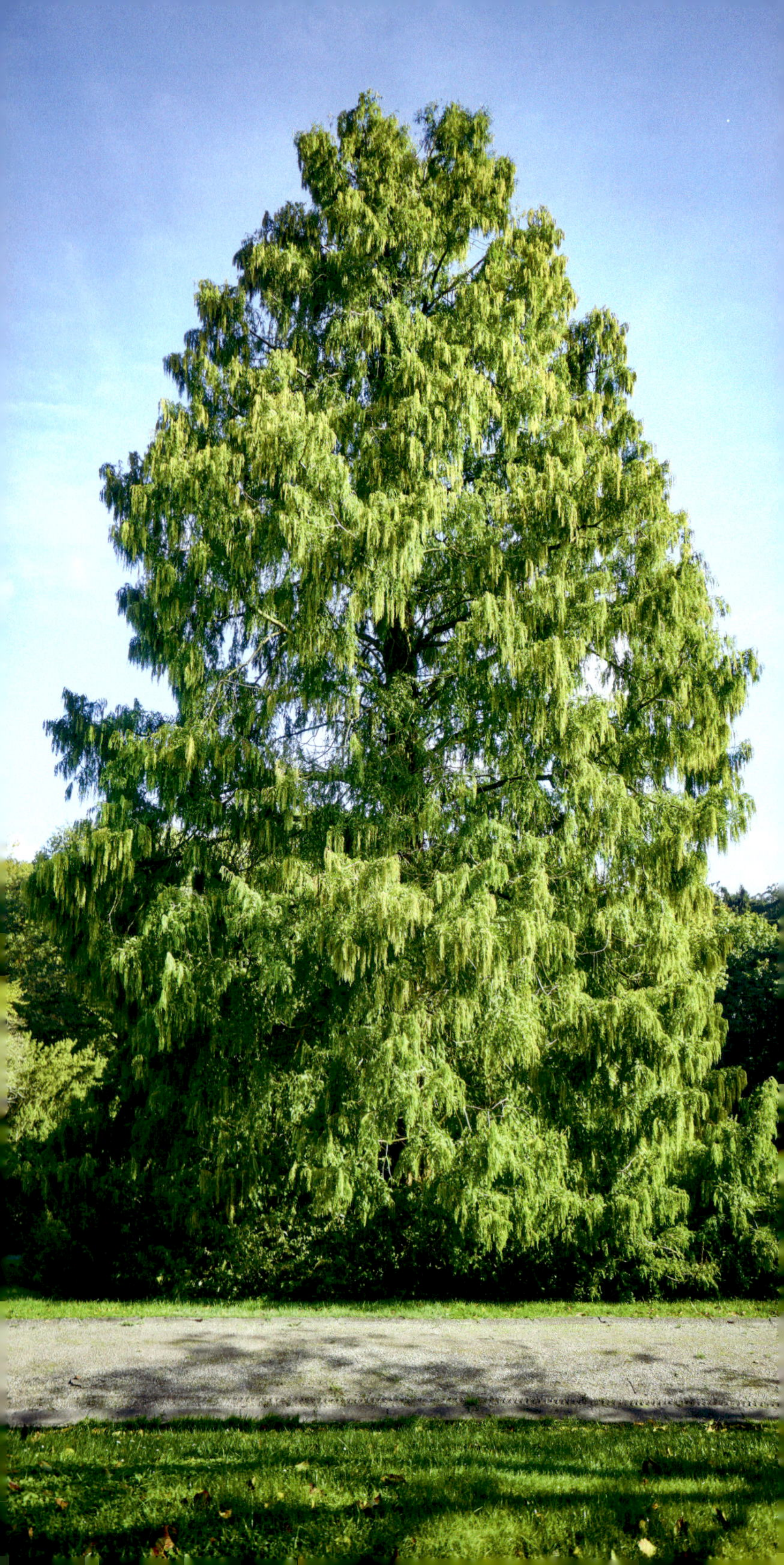

Urwelt-Mammutbaum 21

Metasequoia glyptostroboides

Urwelt-Mammutbaum

Erst 1946 entdeckte ein chinesischer Förster in der Provinz Szechuan bisher unbekannte 35 Meter hohe Bäume. Ein Gelehrter untersuchte sie und stellte fest, dass sie bislang nur als Fossilien bekannt waren. Ab 1948 versandte das Arnold-Arboretum in Boston Saatgut der Novität an botanische Gärten und Baumschulen weltweit. 1955 wurden die ersten Exemplare im Hügelpark gepflanzt. Die kegelförmig aufragenden Himmelsstürmer, die pro Jahr bis zu 120 Zentimeter wachsen, haben filigrane hellgrüne Nadeln, die sich im Herbst rotbraun färben und im Winter abfallen.

Zwergfichte 22

Picea abies pygmaea

Mehr als 60 Arten hat die heimische Gattung der Fichte. Sie entwickeln sich meist zu mehr oder weniger spitzen, kegelförmigen Bäumen. Durch Kultivierung haben sich viele Varianten in Farbe und Form entwickelt. Die dichtverzweigte Pygmäen- oder Gnomen-Fichte ist sehr artifiziell und die älteste, seit 200 Jahren bewährte Kleinform. Fünf Zwergfichten von knapp zehn Metern Höhe stehen vor dem Haupthaus der Villa. Sie sind besonders markant gewachsen und wurden 1890 gepflanzt.

Zwergfichten vor dem Großen Haus

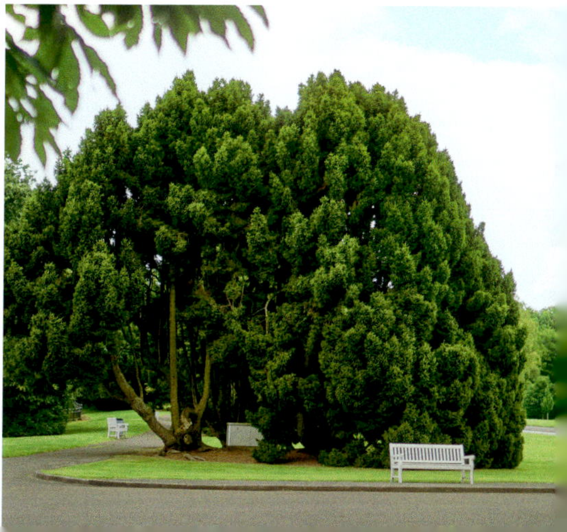

Denkmäler und Statuen

Die Nummerierung verweist auf die Standorte (siehe Karte Seite 190/191).

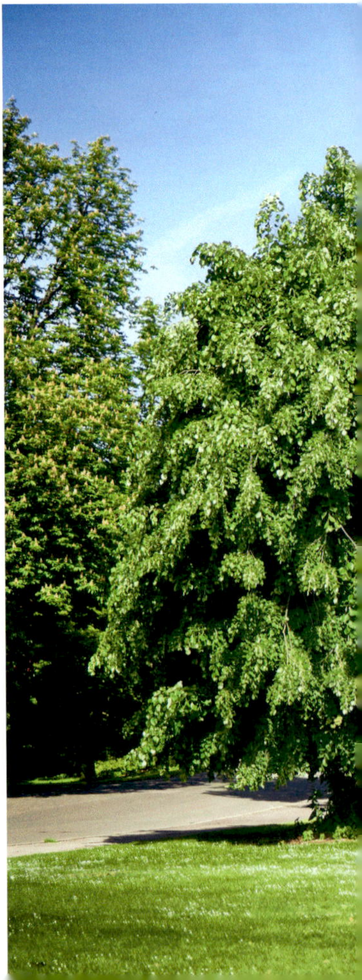

Alfred Krupp 23

Die Bronzestatue war ursprünglich Teil eines Denkmal-Ensembles, das nach Alfred Krupps Tod von der Belegschaft des Unternehmens gestiftet wurde. Sie wurde von Alois Mayer geschaffen. Am 1892 enthüllten Gesamtdenkmal wirkte auch Josef Wilhelm Menges mit. Während des Zweiten Weltkriegs wurde das Ensemble zerstört. Die erhalten gebliebene Zentralfigur stellte man 1954 zunächst in der Nähe des ursprünglichen Standortes an der Ostfeldstraße wieder auf und brachte sie 1962 in den Park der Villa Hügel. 1999 wurde die verwitterte Figur neu gegossen und das Original dem Ruhr Museum übereignet. Der Nachguss steht an der Zufahrt zum Gebäude der Alfried Krupp von Bohlen und Halbach-Stiftung.

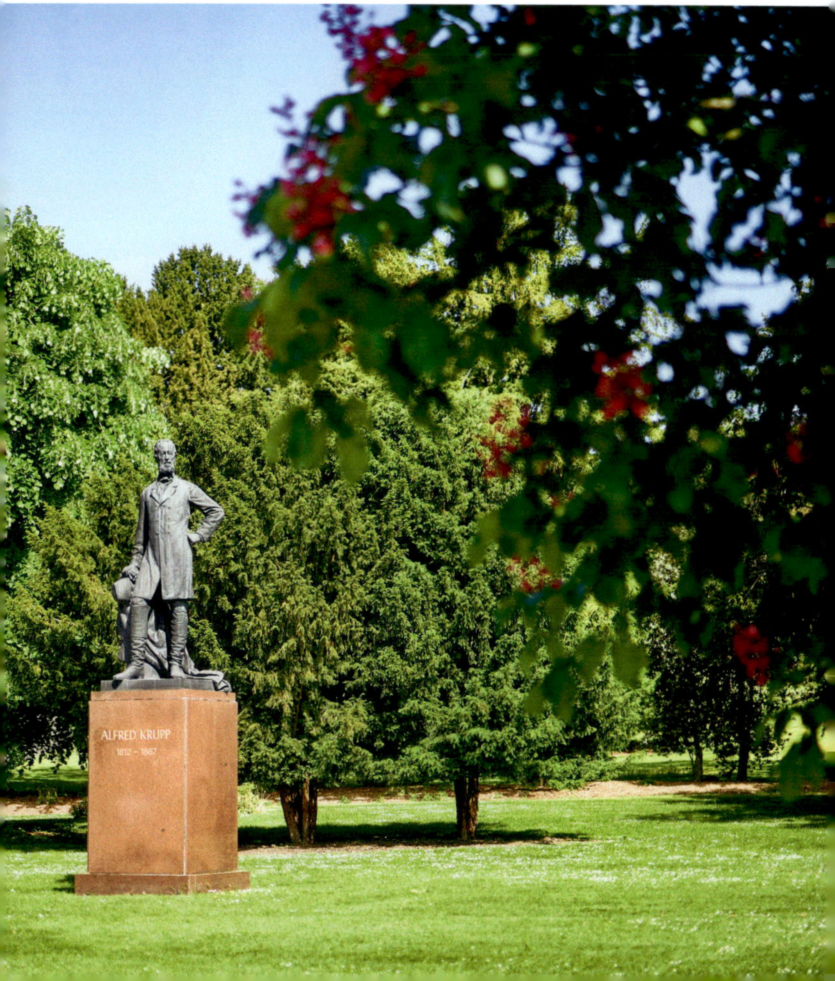

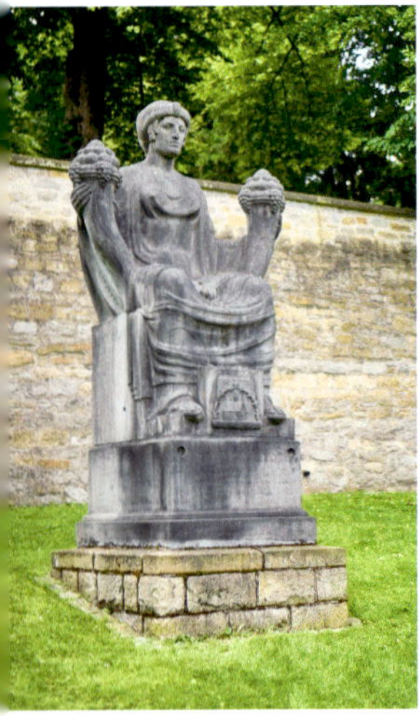

Denkmal der Arbeit 24

Das 1912 von Hugo Lederer für die Ehrenhalle des früheren Hauptverwaltungsgebäudes Krupp, des »Turmhauses«, geschaffene Denkmal soll die Arbeit versinnbildlichen. Mit dem Relief des sogenannten Stammhauses erinnert es an den Firmengründer Friedrich Krupp. Heute steht das Denkmal außerhalb der Ostmauer im Hügelpark.

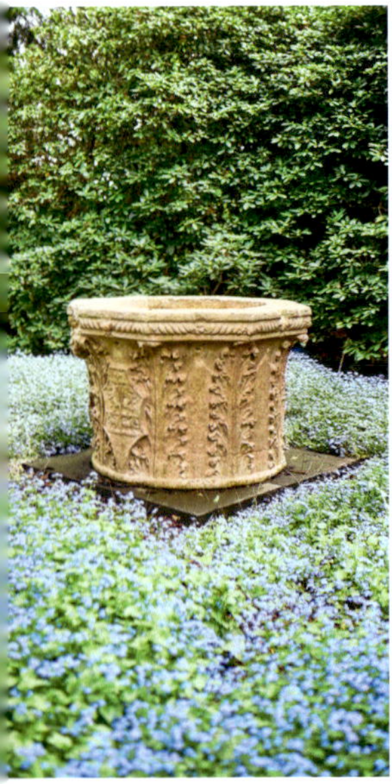

Brunnentröge 25

Die dekorativen Gartenvasen auf der Südterrasse sind an die berühmten venezianischen Brunnentröge, die »pozzi«, angelehnt. Aus weichem, leicht verwittertem Kalkstein gemeißelt, bestechen sie durch Motive aus Flora und Fauna: Akanthusblätter, Blütenstängel, Pfau und Löwe sind als Dekore eingearbeitet. Vermutlich wurden die Gefäße kurz vor 1900 angeschafft, wie Fotos belegen. Ob es sich bei diesen Gartenvasen allerdings um authentische Werke des 15. und 16. Jahrhunderts handelt, ist nicht nachweisbar.

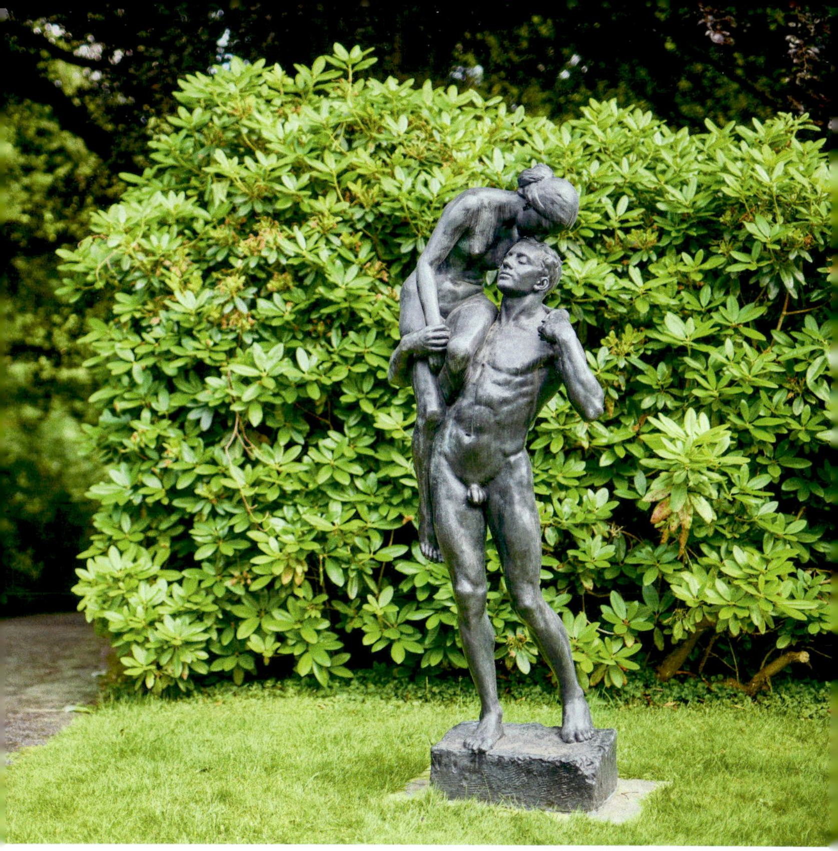

Figurenpaar

26

Das Figurenpaar stammt von der Berliner Bildhauerin Adele Paasch. Ein stehender männlicher Akt stemmt eine nackte Frau auf dem rechten Oberarm in die Höhe. Das Werk ist datiert auf 1907. Es ist unbekannt, wann und wer aus der Familie Krupp diese lebensgroße Bronzeplastik erworben hat und ob es ein Auftragswerk war. Adele Paasch (1868–1937) studierte an der Berliner Kunstschule Anatomie, nahm Unterricht in Bildhauerei und gehörte der renommierten Berliner Bildhauerschule an.

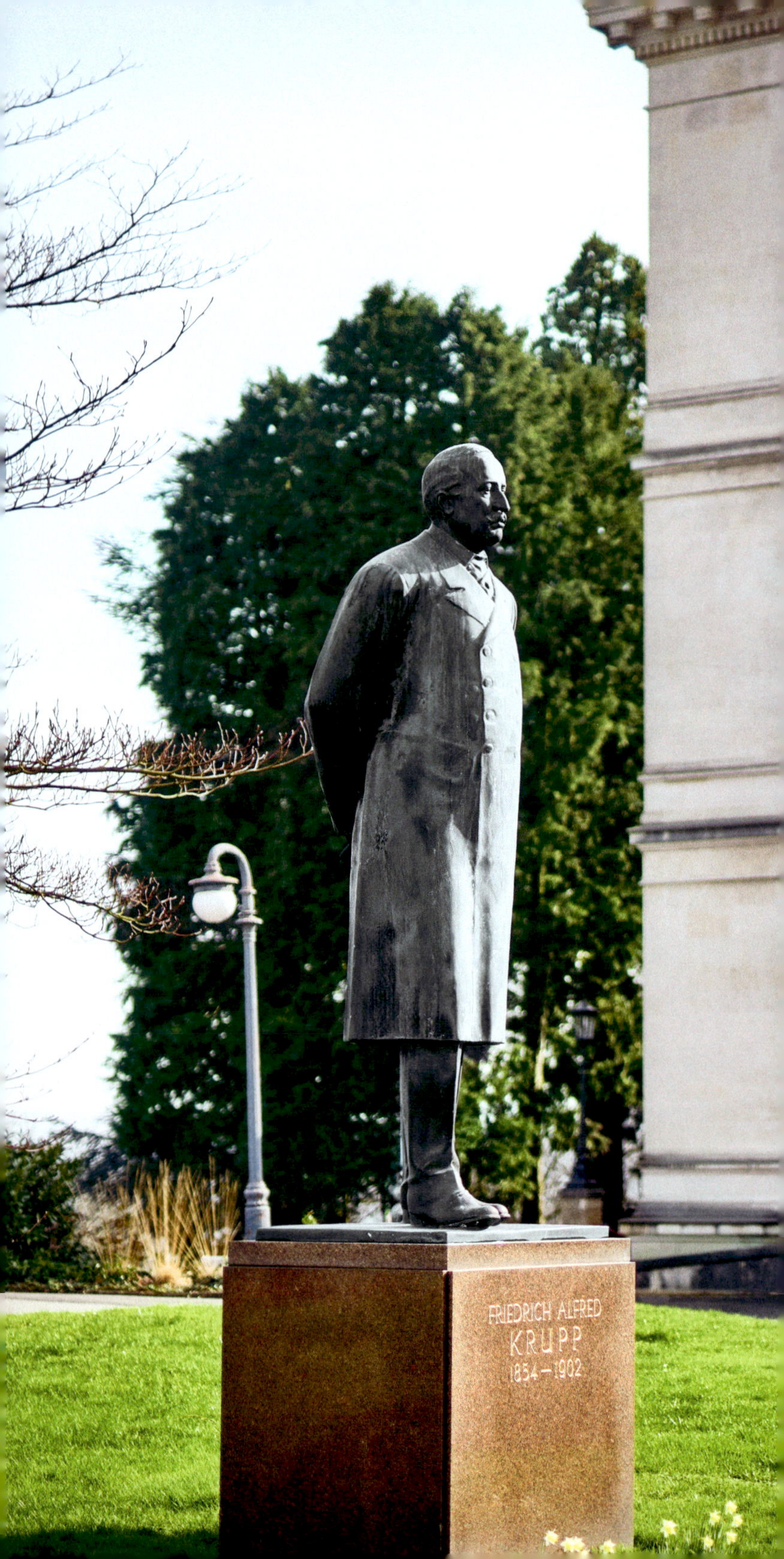
FRIEDRICH ALFRED
KRUPP
1854–1902

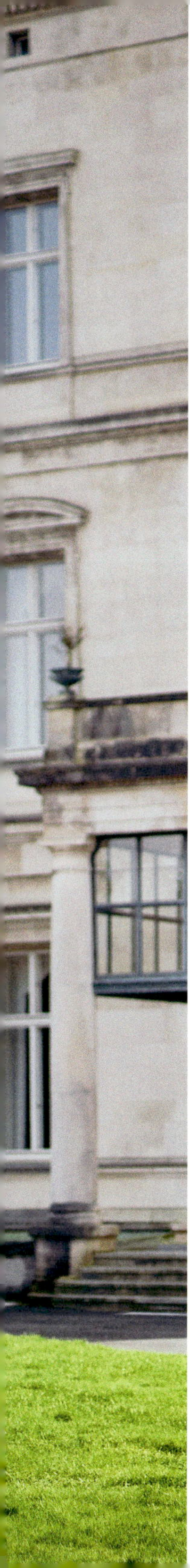

Friedrich Alfred Krupp 27

Das Bronzestandbild gehörte ursprünglich zu einem größeren Ensemble, das von Freunden, den Werksangehörigen und von Vertretern der Stadt Essen nach dem Tod Friedrich Alfred Krupps gestiftet wurde. Geschaffen von dem Bildhauer Hugo Lederer, wurde es 1907 am Limbecker Platz enthüllt. 1937 verlegte man es an die Erlöserkirche, wo es im Zweiten Weltkrieg einem Luftangriff zum Opfer fiel. Die erhalten gebliebene Zentralfigur stand seit 1954 an zwei Standorten im Gelände des Alfried Krupp Krankenhauses und wurde im Frühjahr 2000 vor dem Kleinen Haus der Villa Hügel aufgestellt.

Gefallenendenkmal 28

An der Hauptzufahrt zur Villa Hügel erinnert eine bronzene Namenstafel an die im Ersten Weltkrieg gefallenen 65 Mitarbeiter des Hügels.

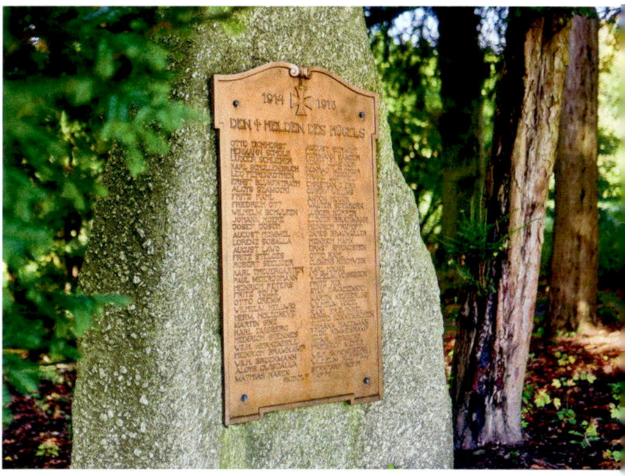

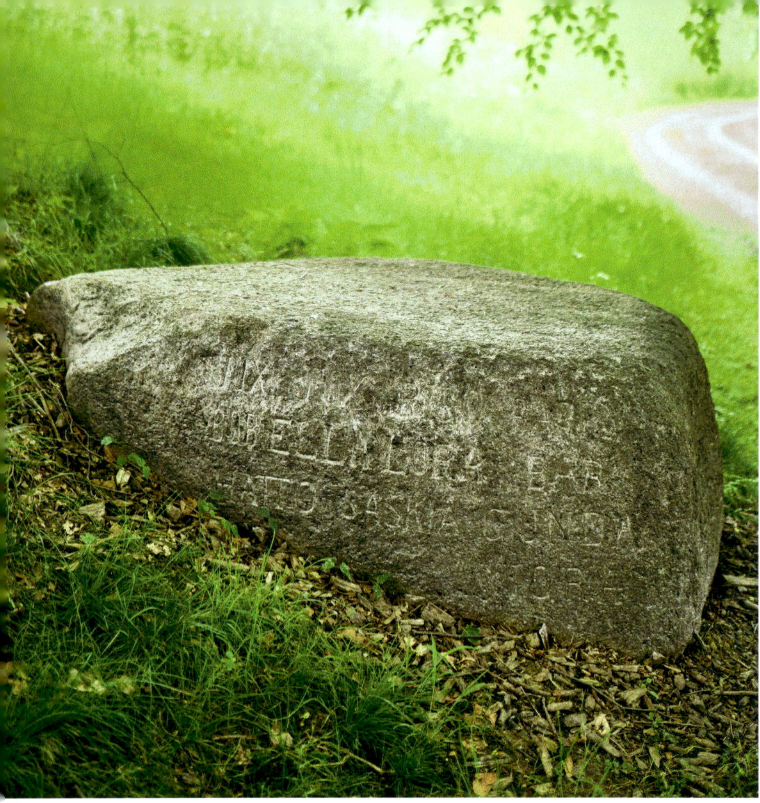

Hundestein 29

Am südöstlichsten Rand des Parks überrascht ein wuchtiger Findling die Spaziergänger. Es handelt sich um den sogenannten ›Hundestein‹. Ebenso wie die Besitzer vieler privater Anwesen hielt auch die Familie Krupp Hunde. Von Bertha und Barbara Krupp, den Töchtern von Friedrich Alfred und Margarethe Krupp, gibt es ein Foto von 1897 (S. 111), auf dem sie mit ihren Hunden Fix und Fox spielend auf der Wiese vor der Villa Hügel zu sehen sind. Die Hunde der Familie Krupp wurden im eigenen Park bestattet, einige der Namen finden sich auf dem ›Hundestein‹ wieder.

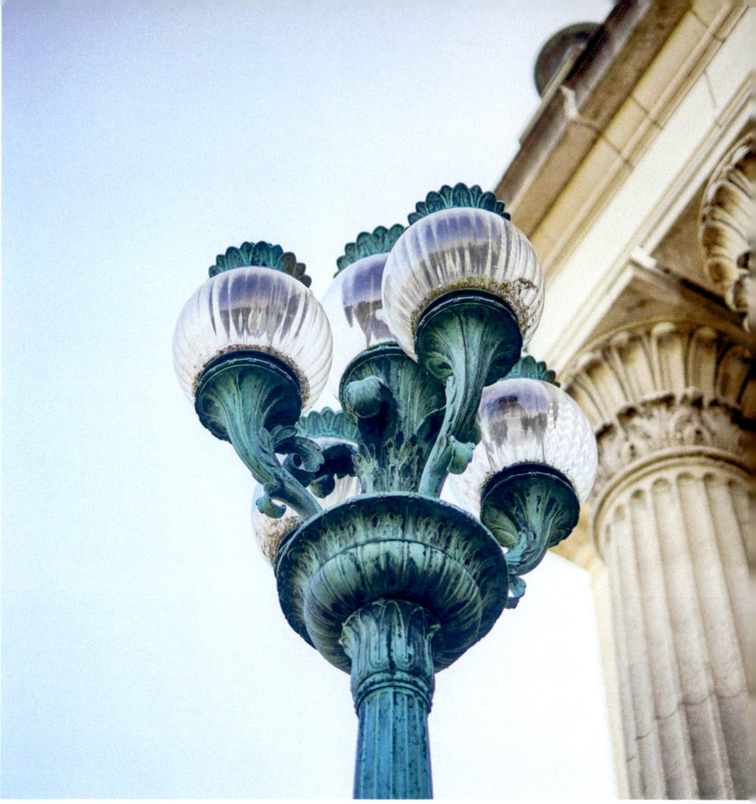

Kandelaber 30

Mit reicher Verzierung lenken mehrere Kandelaber vor den Eingängen des Großen und Kleinen Hauses die Blicke auf sich. Dem Geschmack der Entstehungszeit des Gebäudes entsprechend (1874), sind sie üppig geschmückt. Ein Paar direkt am Portikus des Großen Hauses zeichnet sich durch geflügelte Sphingen, Akanthusblätter und Widderköpfe aus. Die Kandelaber vor dem Eingang des Kleinen Hauses bestechen durch heitere Dekore von Delfinen und Puttenköpfen. Vermutlich stammen sämtliche Kandelaber aus einer Werkstatt – ihre genaue Herkunft ist bislang unbekannt.

Löwen-Paar

Löwen-Skulpturen stellen seit jeher prestigeträchtige Symbole in herrschaftlichen und adligen Anwesen dar. Das imposante Löwen-Paar im Hügelpark krönt bewachend den Garteneingang des Kleinen Hauses. Wann genau sie dort aufgestellt wurden, ist nicht belegt. Sie könnten bei einer der Italien-Reisen Friedrich Alfred Krupps erworben worden sein. Sicher ist, dass sie neuerer Herkunft sind.

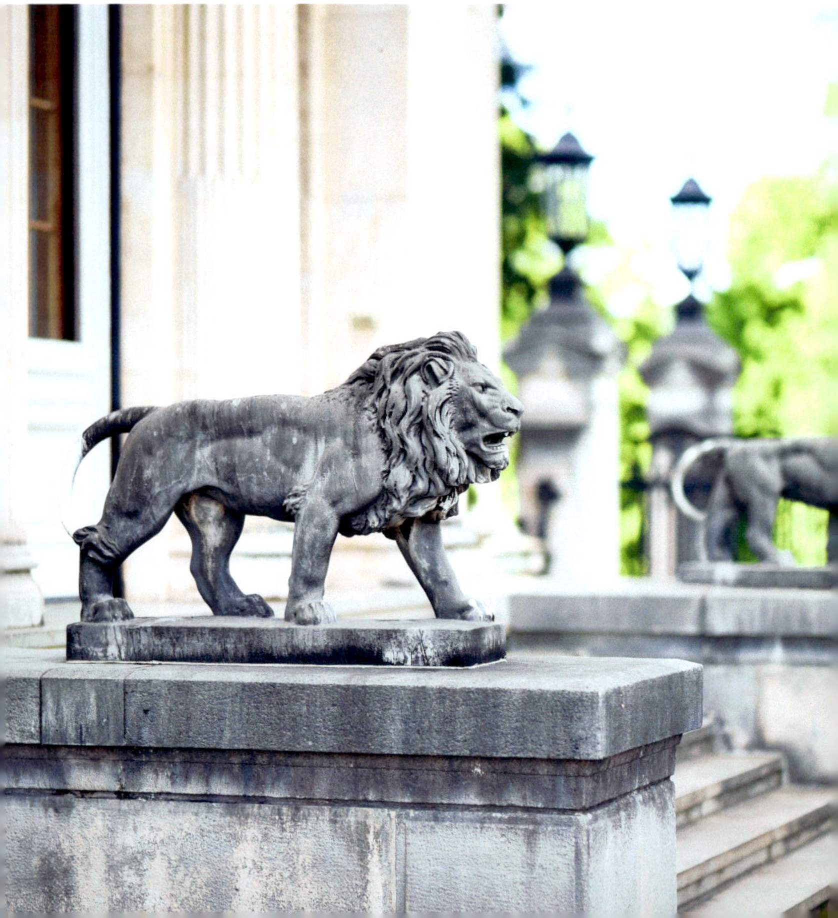

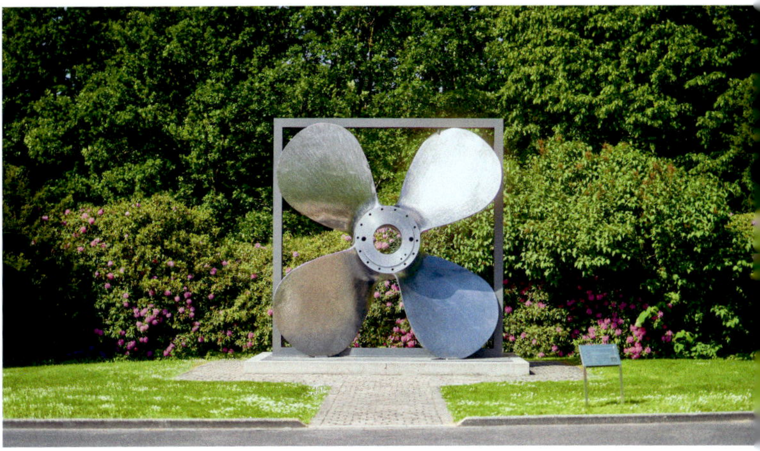

Schiffsschraube 32

Die Schiffsschraube des 1935 erbauten Schnelldampfers »Europa« brachte bei ihren Fahrten über den Ozean ungefähr 49 Millionen Umdrehungen hinter sich. Sie steht für eine der erfolgreichsten Erfindungen von Krupp, den nichtrostenden NIROSTA V2A Stahl, der zu einem Markenzeichen wurde. Die Schiffsschraube wurde 1957 am Eingang zum Kleinen Haus der Villa Hügel aufgestellt und im Herbst 1999 an die Hauptzufahrt versetzt.

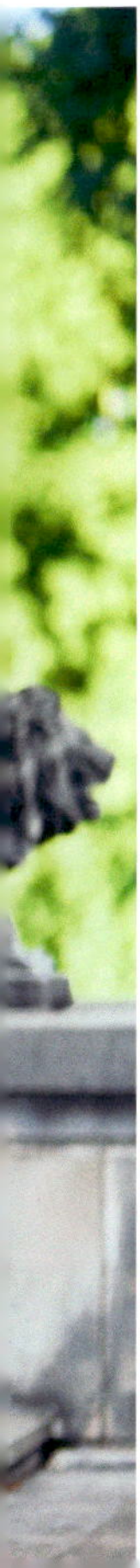

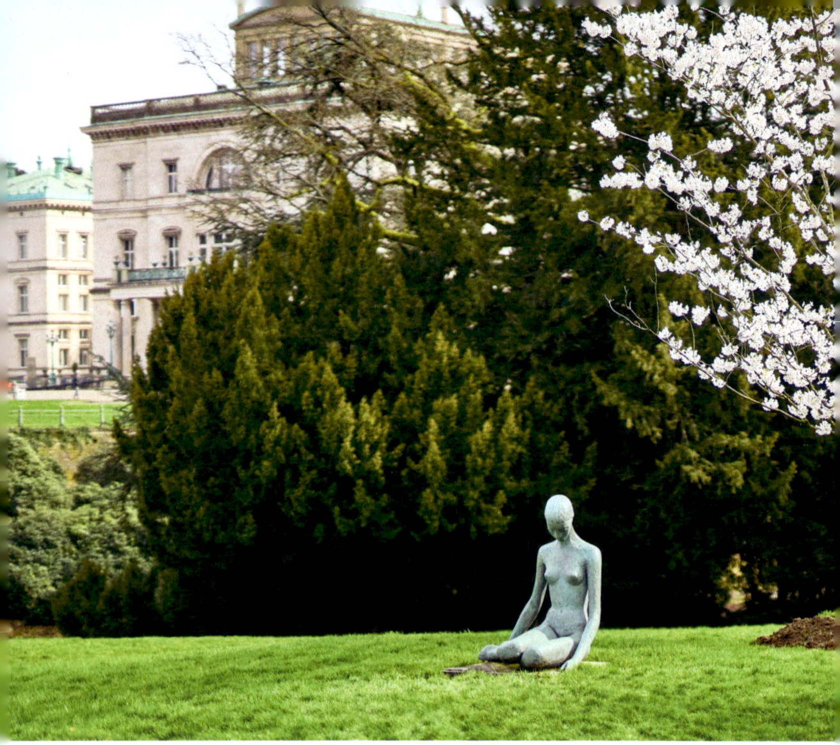

Kleine Sitzende

33

Die Verbindung von Kunst und Natur ist eine jahrtausendalte Tradition. Auch im Hügelpark geht eine Skulptur eine überzeugende ästhetische Symbiose mit der umgebenden Natur ein. Ein gelungenes Beispiel ist die fast lebensgroße naturalistisch geformte »Kleine Sitzende«. Die nachdenklich in sich ruhende Figur eines Mädchens schuf der Essener Bildhauer Jean Sprenger (1912–1980). Berthold von Bohlen und Halbach, Alfried Krupps Bruder, richtete dem Künstler in seinem Haus in Essen-Bredeney nach dem Zweiten Weltkrieg ein Atelier ein. Sprenger entwarf insgesamt 140 Porträtbüsten, darunter von Alfried Krupp von Bohlen und Halbach und dessen Mutter Bertha sowie von Berthold Beitz, Konrad Adenauer und dem Maler Emil Nolde. Bis 2013 befand sich die Skulptur »Kleine Sitzende«, entstanden um 1960, auf dem Grab der Familie Sprenger. Dann erhielt sie 2014 im Hügelpark ihren neuen Standort.

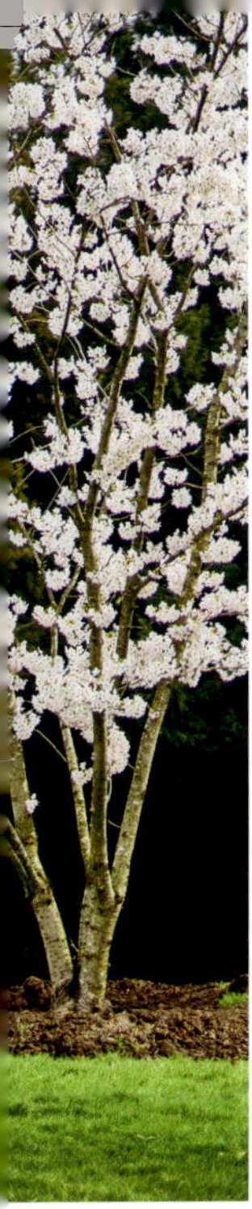

Sphingen

34

Die Sphinx ist seit dem Altertum ein beliebtes Objekt, das am Eingang von bedeutenden Gebäuden, Gräbern und seit dem Barock auch Gärten platziert wurde. Das Fabelwesen – oft eine Mischung aus Löwenkörper mit menschlichem Kopf – dient als Wächtersymbol. Die beiden Sphingen auf der Südterrasse des Großen Hauses sind ein markantes Paar. Fast wie zum Sprung bereit, harren sie dort aufmerksam und steil aufgerichtet aus. Sie blieben als einzige von mehreren dekorativen Plastiken des Berliner Bildhauers Max Dennert (1861–1922) im Hügelpark erhalten. Auftraggeber war Friedrich Alfred Krupp, der möglicherweise durch seine Reisen nach Ägypten inspiriert wurde.

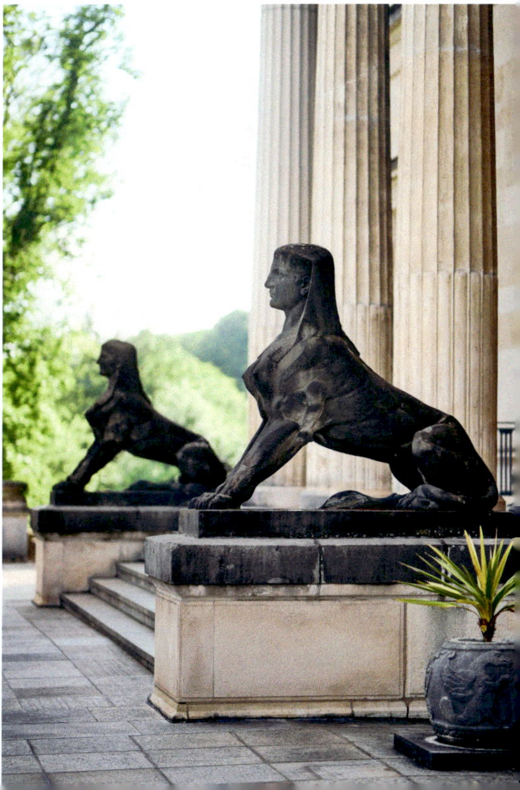

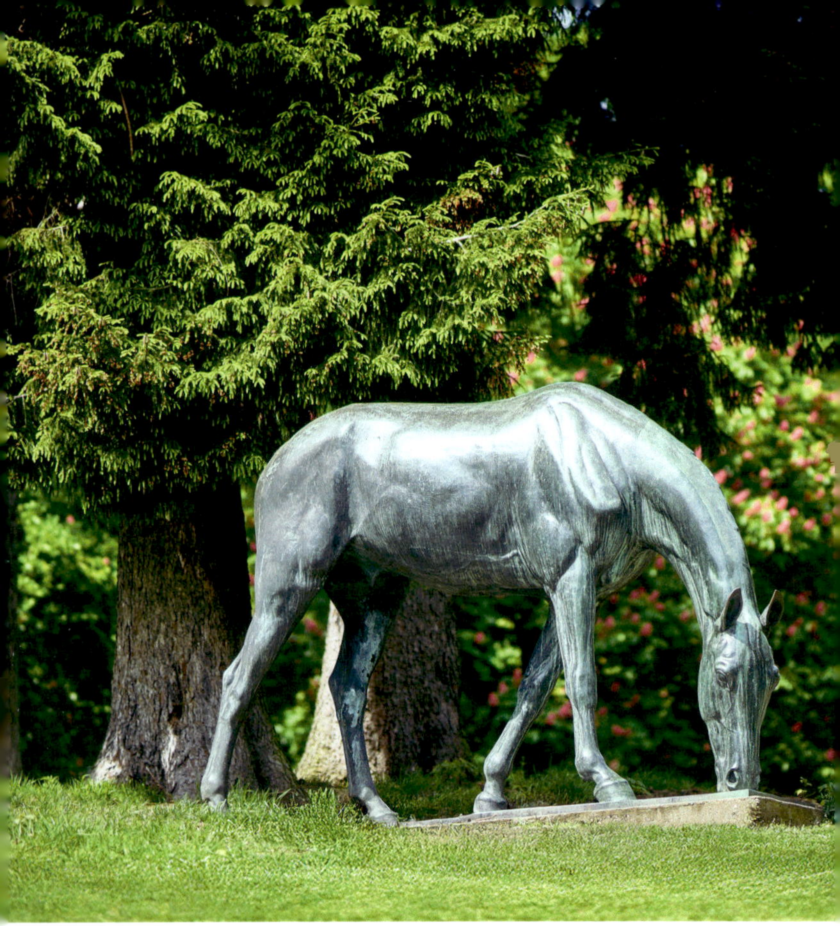

Weidendes Pferd 35

Die Bronzeplastik im nordwestlichen Hügelpark wurde um 1914 von dem Berliner Tierbildhauer Albert Hinrich Hußmann (1874-1946) geschaffen. Hußmann gehörte zu den bedeutendsten Tierplastikern in der ersten Hälfte des 20. Jahrhunderts. Wann genau die Plastik für den Hügelpark erworben wurde, ist nicht bekannt.

Die lebensgroße Skulptur kann von der Villa und etlichen Stellen im Park für ein lebendes weidendes Pferd gehalten werden. Längst ist das Weidende Pferd mit seinem illusionistischen Effekt zu einem ikonischen Motiv des Hügelparks geworden.

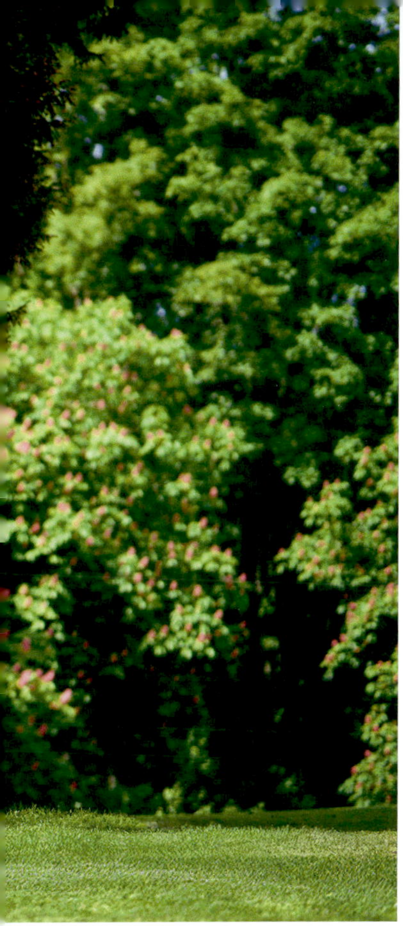

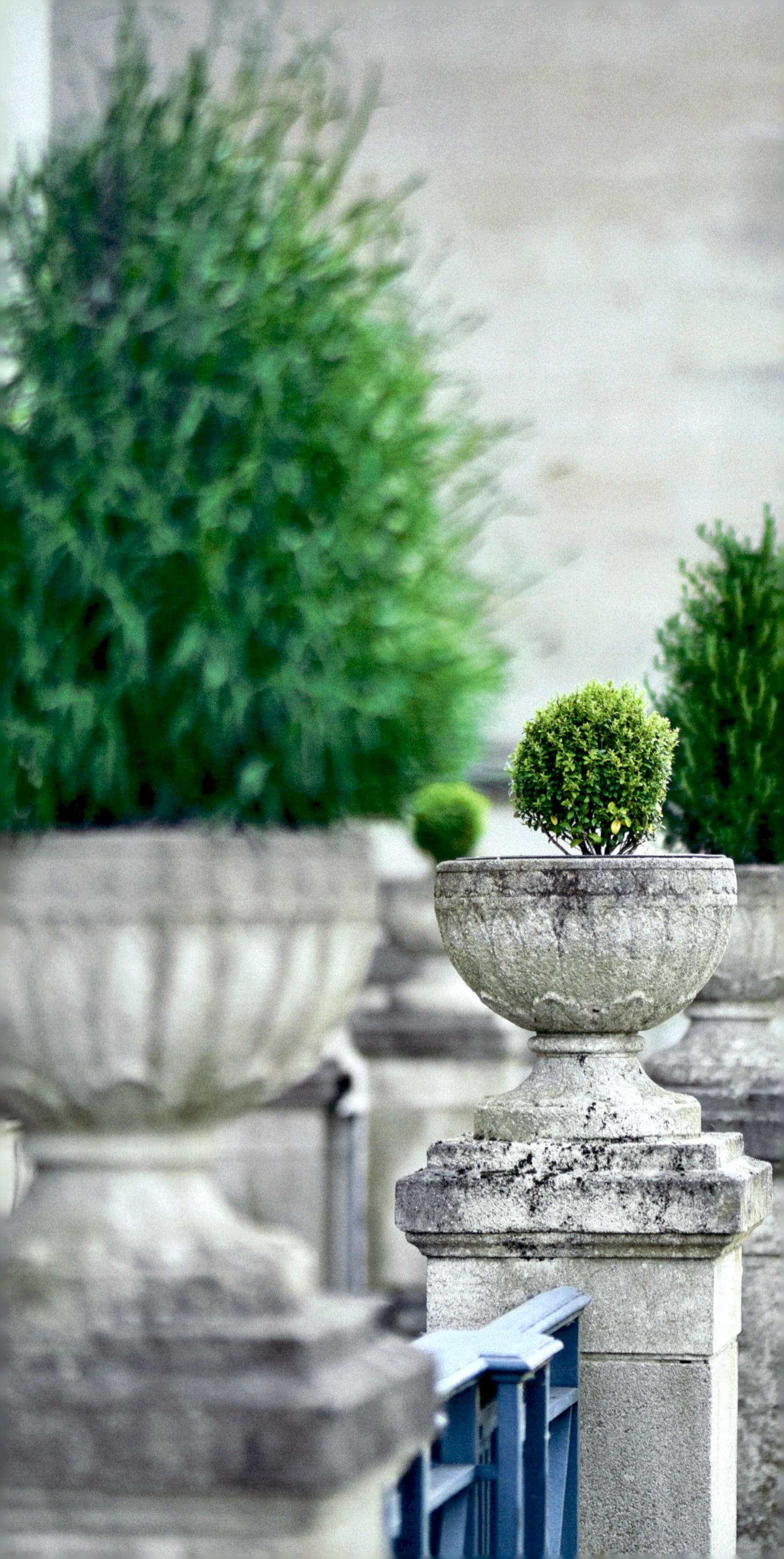

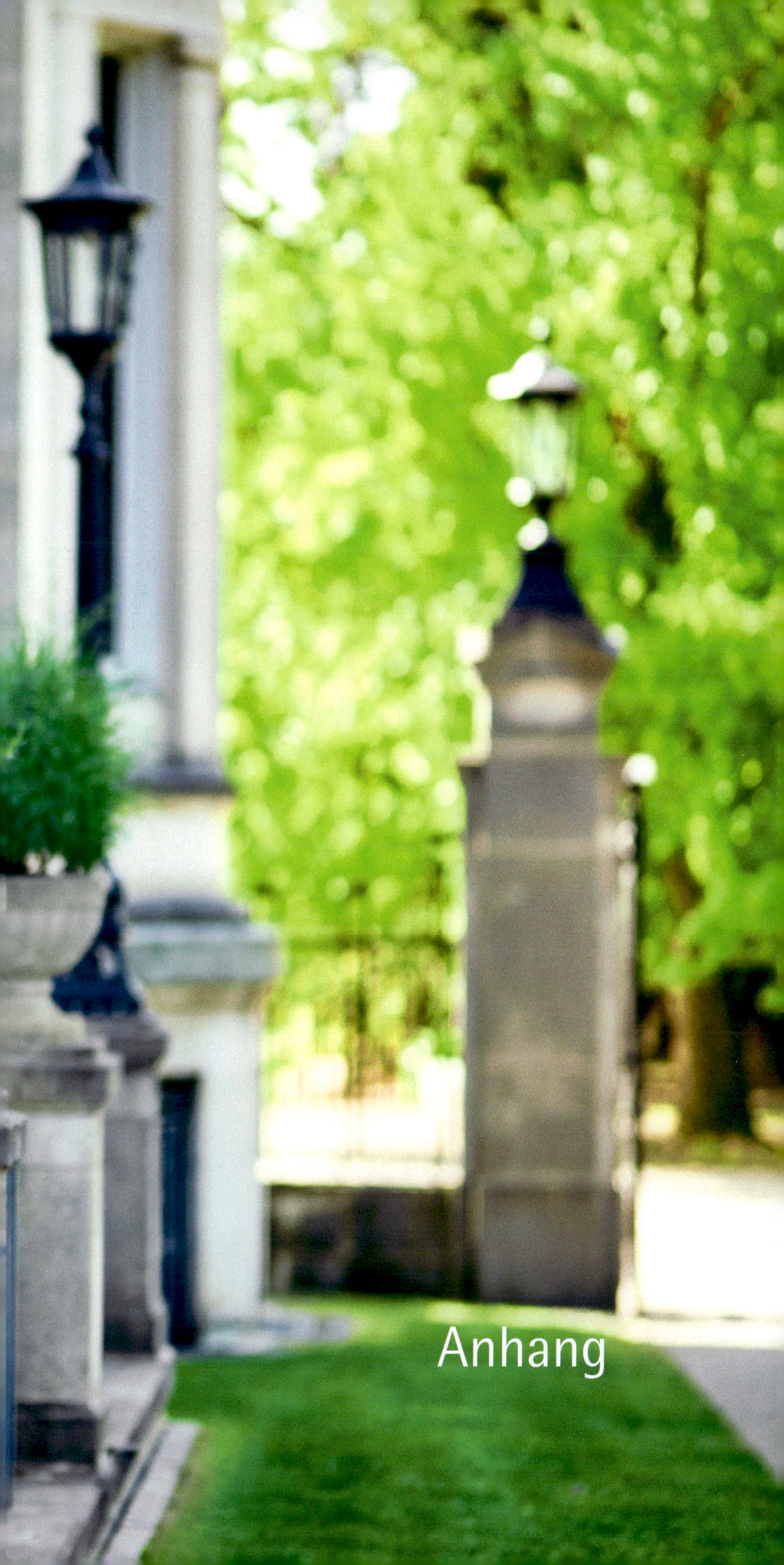

Anhang

Quellen- und Literaturhinweise

Blick auf die Nordseite
der Villa Hügel

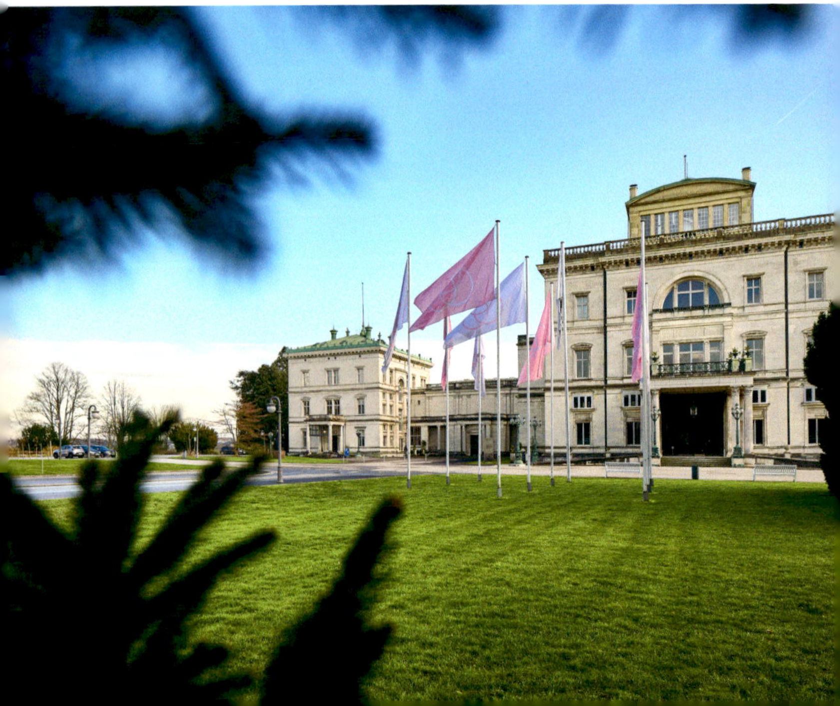

Quellen

Für das vorliegende Buch wurden zahlreiche Unterlagen aus dem Historischen Archiv Krupp benutzt, insbesondere die Bestände

- FAH 2 (Privatsekretariat Alfred Krupp)
- FAH 21 (Verwaltung Hügel)
- FAH 22 (Privatsekretariat Friedrich Alfred Krupp)
- FAH 23 (Privatsekretariat Gustav Krupp von Bohlen und Halbach)
- SH (Bildsammlung Hügel)
- WA 4 (Akten-Altbestand)

sowie die gesammelten »Briefe und Niederschriften« Alfred Krupps.

Südansicht des Großen Hauses der Villa Hügel

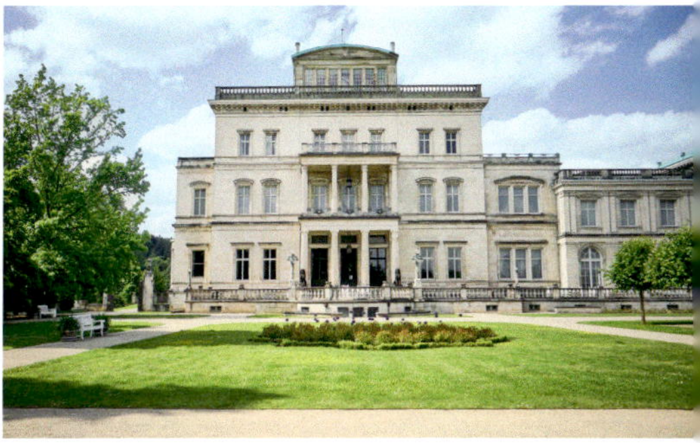

Die historischen Fotografien in diesem Buch stammen sämtlich aus dem Historischen Archiv Krupp.

Alle im Buch verwendeten Zitate sind vorsichtig an die heute gebräuchliche Rechtschreibung und Zeichensetzung angepasst worden.

Literaturhinweise

Buddensieg, Tilmann (Hrsg.), Villa Hügel – Das Wohnhaus Krupp in Essen, 2., überarb. Auflage, Berlin 2001.

Clifford, Derek, Geschichte der Gartenkunst, München 1981.

Erhardt, Walter, Erich Götz, Nils Bödeker und Siegmund Seybold, Der große Zander. Enzyklopädie der Pflanzennamen, 2 Bde., Stuttgart 2008.

Gall, Lothar, Krupp. Der Aufstieg eines Industrieimperiums, Berlin 2000.

Gall, Lothar (Hrsg.), Krupp im 20. Jahrhundert. Die Geschichte des Unternehmens vom Ersten Weltkrieg bis zur Gründung der Stiftung, Berlin 2002.

Hansen, Richard, Villa Hügel – Bäume und Sträucher im Park, Essen (Krupp), ohne Jahr, verschiedene Auflagen, teilweise ohne Verfasserangabe.

Hasselhorst, Christa, Meister der Gartenkunst, Berlin 2004.

James, Harold, Krupp - Deutsche Legende und globales Unternehmen, München 2011.

Köhne-Lindenlaub, Renate, Die Villa Hügel. Unternehmerwohnsitz im Wandel der Zeit, 9. überarb. Auflage, Berlin, München 2024. (Kleine Reihe Villa Hügel, Bd. 1)

Köhne-Lindenlaub, Renate, Krupp. In: Neue Deutsche Biographie, Band 13, Berlin 1982, S. 128–145.

Lepsky, Sabine, Der Terrassengarten im Park der Villa Hügel in Essen. Vom Wiedergewinn seiner historischen Konturen. In: Denkmalpflege im Rheinland 4, Münster 2022, S. 26-36.

Maier-Solgk, Franz, und Andreas Greuter, Landschaftsgärten in Deutschland, 2. Auflage, Frechen 2009.

Nehring, Dorothee, Der Park der Villa Hügel und seine Bauten – Anlage und Funktion. In: Buddensieg, Villa Hügel, S. 330–384.

Pielhoff, Stephen, und Waltraud Murauer-Ziebach, Im Hause Krupp. Die Bediensteten der Villa Hügel, 3. überarb. Auflage, Berlin, München 2024. (Kleine Reihe Villa Hügel, Bd. 4)

Stenglein, Frank, Krupp. Höhen und Tiefen eines Industrieunternehmens, 2. Auflage, Essen 2011.

Stiftung Fürst-Pückler-Park Bad Muskau (Hrsg.), Fürst Pückler – Parkomanie in Muskau und Branitz, Hamburg 2006.

Stremmel, Ralf, Historisches Archiv Krupp. Entwicklungen, Aufgaben, Bestände. 4. überarb. und erg. Auflage, Berlin, München 2023. (Kleine Reihe Villa Hügel, Bd. 2)

Tenfelde, Klaus (Hrsg.), Bilder von Krupp: Fotografie und Geschichte im Industriezeitalter, Vorwort von Berthold Beitz, 2. Auflage, München 2000.

Trenkner, Berthold, Park und Gärtnerei der Villa Hügel. In: Die Gartenwelt. Illustriertes Wochenblatt für den gesamten Gartenbau VII, Leipzig 1903, Nr. 27-29.

Trotha, Hans von, Der englische Garten. Eine Reise durch seine Geschichte, Berlin 1999.

Uerschelen, Gabriele, und Michaela Kalusok, Kleines Wörterbuch der Europäischen Gartenkunst, durchges. und bibliograph. erg. Ausgabe, Stuttgart 2009.

Vercelloni, Virgilio, Historischer Gartenatlas, Stuttgart 1994.

Golo Mann und Berthold Beitz beim Spaziergang im Park, November 1977

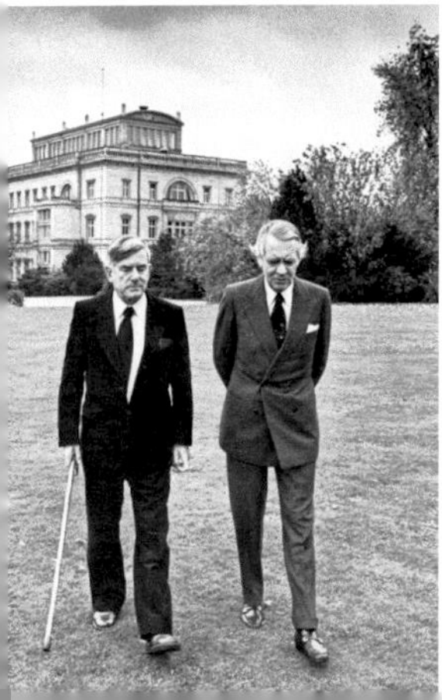

Zeittafel

1864: Alfred Krupp beginnt mit dem Kauf ausgedehnter Grundstücke oberhalb der Ruhr.

Januar 1873: Alfred Krupp zieht mit seiner Familie in die Villa Hügel ein. Große Teile des Parks sind fertiggestellt.

um 1875: Alfred Krupp erlässt eine »Hausregel für den Hügel«. Der Park soll »jedem nicht Eingeladenen verschlossen bleiben«.

ab 1887: Friedrich Alfred und Margarethe Krupp gestalten das Umfeld der Villa Hügel neu. Durch exotische Pflanzen, Teppichbeete und Kunstwerke erhält dieser Teil des Parks ein neues Gesicht. Der Gärtnereibetrieb wird ausgebaut.

1891: Ein Orkan verwüstet große Teile von Garten und Park.

1894: Das »Spatzenhaus«, ein Spielhaus für Bertha und Barbara Krupp, entsteht.

1905: Zwei Obergärtner und 21 Gärtnergehilfen kümmern sich um die Anlagen.

um 1914: Die Skulptur »Weidendes Pferd« von Albert Hinrich Hußmann wird in der Nähe der Hauptzufahrt zum Hügelbesitz aufgestellt.

ab 1918: Die Pflege des Parks beschränkt sich darauf, das Bestehende zu erhalten.

1944: Luftangriffe führen zu erheblichen Schäden an mehreren Gebäuden im Park.

1945: Der Hügel wird durch die Alliierten besetzt und bis zu ihrem Abzug 1952 als Sitz ihrer Kohlenkontrollkommission genutzt.

1953: Mit der ersten Kunstausstellung auf Villa Hügel wird der Park öffentlich zugänglich. Der Gärtnereibetrieb wird eingestellt, die meisten Gebäude im Park nach und nach abgerissen. An ihre Stelle treten weite Rasenflächen und Baumgruppen. Der Hügelpark verwandelt sich in einen Landschaftsgarten nach englischem Vorbild.

1962: Eine Statue von Alfred Krupp findet ihren Platz im Hügelpark. Zwei weitere Denkmäler folgen: das »Denkmal der Arbeit« zur Erinnerung an den Unternehmensgründer Friedrich Krupp (1976) und eine Statue von Friedrich Alfred Krupp (2000).

1986: Die Villa Hügel mit Parkanlage wird in die Denkmalliste der Stadt Essen aufgenommen.

2007: Orkan Kyrill; der Hügelpark bleibt weitgehend verschont.

2014: Orkan Ela verursacht im Juni schwere Sturmschäden. Über 200 Bäume müssen in der Folge gefällt werden. 420 Bäume und fast 2.000 Sträucher werden bis 2024 neu gepflanzt.

2018: Anpflanzung eines Lindenhains mit 49 Kaiserlinden im Oberen Terrassengarten, damit Wiederherstellung der ursprünglichen Szenerie.

2023: 150 Jahre Hügel. Das Jubiläum wird mit einem umfassenden Programm und einem Festakt mit Bundespräsident Frank-Walter Steinmeier gefeiert. Im Laufe des Jahres erleben 160.000 Besucher vielfältige neue Perspektiven in Villa und Park.

Historischer Gebäudebestand

Zu Beginn des 20. Jahrhunderts erreicht die Bebauung des Hügelparks ihren Höhepunkt.

Im Jahr 1909 führt ein handschriftliches Verzeichnis mit dem Titel »Bezeichnung und Nummerierung der Häuser auf der Besitzung Hügel« die Gebäude wie folgt auf (Quelle: Historisches Archiv Krupp, FAH21/812). Im heutigen Hügelpark noch vorhandene Gebäude sind mit einem Punkt gekennzeichnet:

1 ● Haupthaus
(das sind Großes und Kleines Haus, Verbindungsgang)
Heizungsgebäude, Kokskeller, Pavillons, Kegelbahn, Teehäuschen
2 Beamtenhaus I
3 Herrschaftlicher Stall und Reitbahn
4 Wagenremise, Turm mit Maschinenzentrale, Fahrradschuppen
5 Kuhstall, Beschlagschmiede
6 Einquartierungshaus
7 Lichtbad und Bürogebäude
8 Feuerwache mit Baubüro, Spritzenhaus
9 Verwaltungsgebäude / Beamtenhaus II
10 Beamtenhaus III
11 Hühnerhaus mit Hühnerkrankenstall, Schafstall
12 Lorbeerhaus
13 Werkstättengebäude und Lagerschuppen
14 Automobilschuppen
15 ● Gästehaus
16 Schießhaus, kleines Schießhaus, Geräteschuppen
17 Bürogebäude, oberes Weinhaus usw.

18 Küchenhaus für Gärtner, Pflanzhaus, Gewächshäuser
19 Gärtnerlogierhaus
19a Neues Lorbeerhaus
20 ● Portier II (Wohnhaus)
20a Baracken
21 Gendarmeriestation / Beamtenhaus XI
22 Wellblechschuppen im Steinbruch
23 Wellblechschuppen in der Gärtnerei I
24 Wirtschaftsstall
25 Wagenremise
26 Fuhrleutelogierhaus
27 Stallgebäude
28 ● Portier IV
29–93 ● Siedlung Brandenbusch
94 Forsthaus
95 Müllerskotten
96 ● Spatzenhaus
97 ● Portier III
98 Bahnwärterhaus
99–100 Beamtenhaus VIII
101 Stationsgebäude
102 Beamtenhaus IV
103 Bierhalle
104 Konsum-Anstalt
105 Bootshaus
106 Bootsschuppen für Achter
107–108 Beamtenhaus Wasserwerk
109 Gas- und Wasserwerk Hügel
110 Elektrizitätswerk Hügel
111 Fährhaus
112 Bootshaus
113–114 Beamtenhaus VII
115 Oberbarnscheidts Hof
116–117 Beamtenhaus IX
124 Unterbarnscheidts-Nebenhaus
125 Arbeiterlogierhaus

Übersichtsplan

Gehölze:	1	Amberbaum
	2	Blaue Atlas-Zeder
	3	Blauglockenbaum
	4	Blutbuche
	5	Echte Mehlbeere
	6	Eisenholzbaum oder Parrotie
	7	Japanische Blütenkirsche
	8	Japanische Sicheltanne
	9	Kaiserlinde
	10	Kastanie
	11	Korkenzieher-Scheinakazie
	12	Magnolie
	13	Mammutbaum
	14	Riesen-Lebensbaum
	15	Strauch-Rosskastanie
	16	Scheinzypresse
	17	Schwarzkiefer
	18	Seidenakazie
	19	Tulpenbaum
	20	Tulpen-Magnolie
	21	Urwelt-Mammutbaum
	22	Zwergfichte
Denkmäler und Statuen:	23	Alfred Krupp
	24	Brunnentröge
	25	Denkmal der Arbeit
	26	Figurenpaar
	27	Friedrich Alfred Krupp
	28	Gefallenendenkmal
	29	Hundestein
	30	Kandelaber
	31	Löwen-Paar
	32	Schiffsschraube
	33	»Kleine Sitzende«
	34	Sphingen
	35	Weidendes Pferd
Gebäude:	36	Alfried Krupp von Bohlen und Halbach-Stiftung
	37	Pförtnerhaus II
	38	Pförtnerhaus III
	39	Pförtnerhaus IV
	40	Remise
	41	S-Bahn-Station
	42	Spatzenhaus
	43	Villa Hügel, Großes Haus
	44	Villa Hügel, Kleines Haus

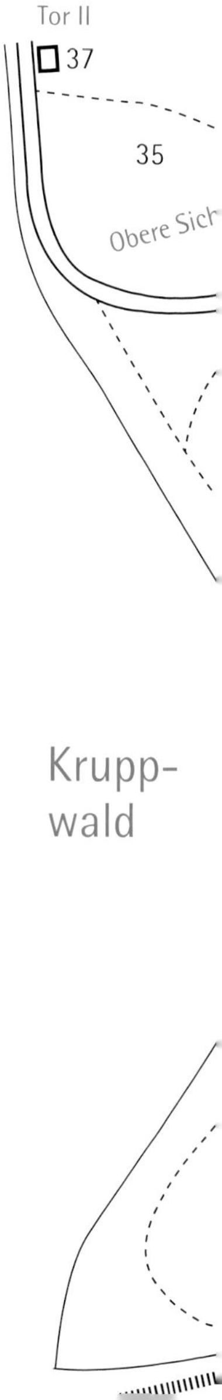

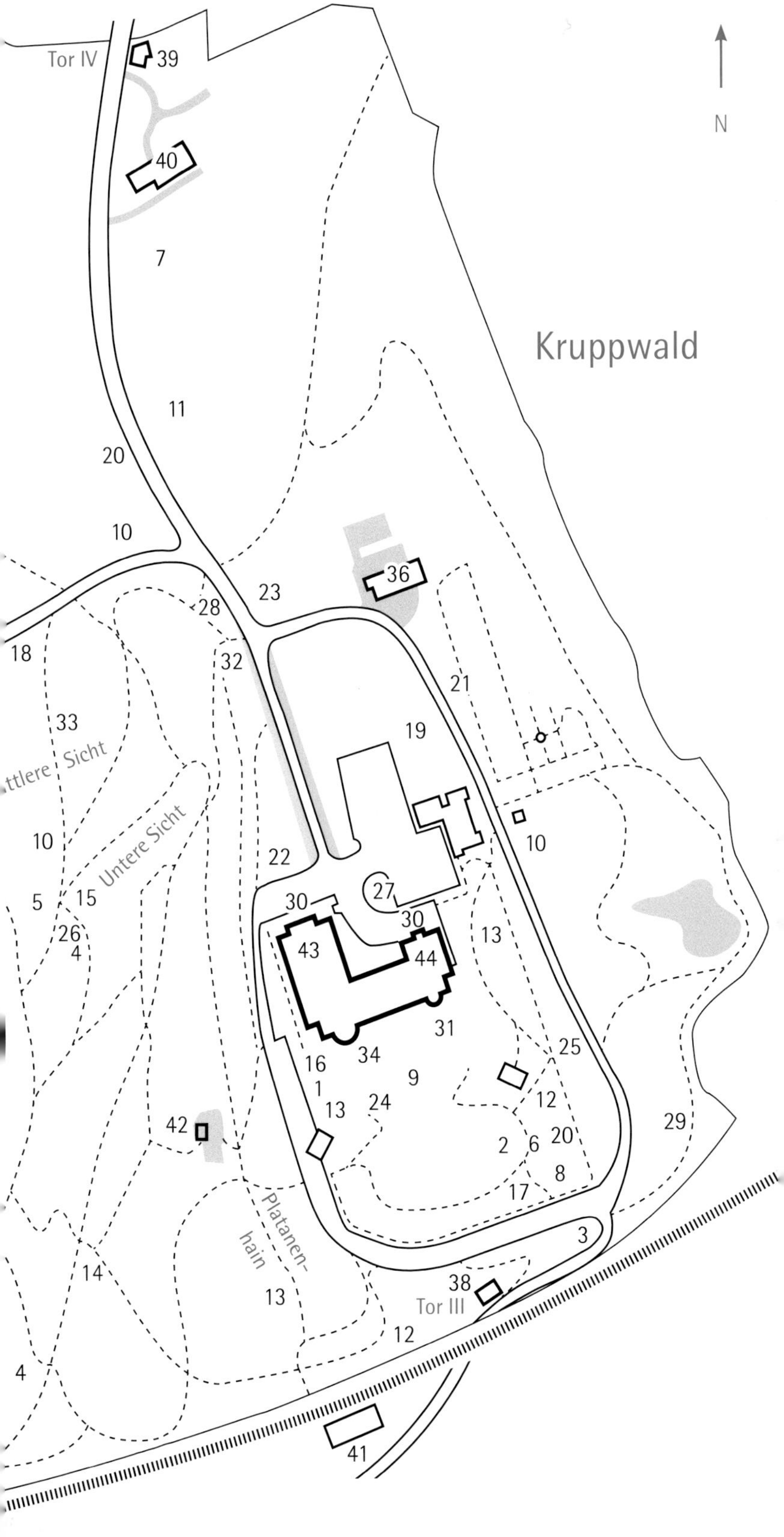

Tor IV
39
N
40
7
Kruppwald
11
20
10
36
23
28
18
32
21
19
33
Mittlere Sicht
Untere Sicht
10
10
22
27
5
15
30
30
26
4
43
44
13
31
25
34
16
9
1
12
13
24
42
29
20
2
6
8
17
Platanen-
hain
3
14
38
13
Tor III
12
4
41

Register